DESIGN REVIEW 2021

デザインレビュー実行委員会

テーマ　**玲明**
れいめい

新型コロナウイルスの影響により、いまだもとの生活に戻ることがで
きず、人と交流する機会や自己表現する機会が減っているのが現状と
してあります。

そのような状況下において今回のテーマである「玲明」には、Design
Reviewを通してクリティークや出展者、実行委員、来場者が作品の良
し悪しだけでなく、それぞれの価値観や思いに触れ合い語り合うこと
で、新たな価値観やアイデアが生まれる場になってほしいという願い
を込めています。

さらに、各々が未来へ輝く機会になると共に、本大会で議論することの
楽しさを実感してほしいという思いが込められています。

本大会が、いまだ自由な学生生活を送れていない学生にとって、夜明
けの光のようなきっかけとなることを願っています。

タイムテーブル

3月13日(土)

9:30〜10:00	入室・接続確認
10:00〜10:30	開会式
10:40〜11:30	オンラインディスカッション①
11:30〜11:40	休憩
11:40〜12:30	オンラインディスカッション②
12:30〜13:30	昼休憩
13:30〜14:20	オンラインディスカッション③
14:20〜14:30	休憩
14:30〜15:20	オンラインディスカッション④
15:20〜15:30	休憩
15:30〜16:20	オンラインディスカッション⑤
16:20〜16:30	休憩
16:30〜17:20	オンラインディスカッション⑥
17:20〜17:30	休憩
17:30〜18:00	1日目閉会式

3月14日(日)

10:00〜10:30	入室・接続確認
10:30〜10:40	2日目開会式
10:40〜11:40	決勝選抜
11:40〜12:30	昼休憩
12:30〜14:25	決勝プレゼンテーション
14:25〜14:40	休憩
14:40〜15:30	受賞者選抜議論
15:30〜16:20	全体講評・結果発表
16:20〜16:40	閉会式
17:00〜18:00	オンライン座談会

実行委員長あいさつ

多くの方々のご協力により、本年度でDesign Reviewは26回目を迎えることができました。また本年度は福岡大学様よりオンライン審査の会場をご提供いただきました。この場を借りてお礼申し上げます。

Design Reviewの趣旨は最優秀賞を決めることではありません。クリティークや出展者、実行委員などの大会に関わった方々全員に対して、建築について議論をする場を提供することに重きを置いています。そのため、予選を通過された出展者の皆様が、司会の平瀬有人先生やクリティークの方々全員と1対1で議論ができる審査方式としました。制限時間はありますが、時間いっぱい議論を楽しんでいただけたのでしたら、実行委員一同うれしく思います。

僕は実行委員の活動を始めて今年で3年目となります。1年生の時に初めて参加した時には、建築について何もわからず大会までぼんやり過ごしたことを覚えています。しかしながら、クリティークの先生と出展者の方が議論を交わすのを見た時に、建築の話のおもしろさに感動したこともよく覚えています。僕にとって建築を学び始めるうえでの夜明けのような経験だったのかもしれません。本大会で関わったすべての方にとっても、Design Reviewでの経験が未来への道しるべのようなものになっていることを願っています。

そして、本大会の開催にあたっては多くの企業様、個人様をはじめ、予選と本選のクリティークの皆様、JIA九州支部の方々、その他多くの関係者の方々に支えられて開催することができました。実行委員を代表いたしまして深く感謝申し上げます。

Design Review2021 実行委員長
板谷 尚樹

目次

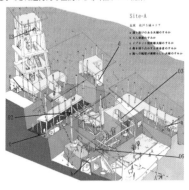

CRITIQUE

クリティーク紹介

設計+制作/建築巧房

高木 正三郎

TAKAGI SHOUZABUROU

1969　　福岡県生まれ
1994　　早稲田大学大学院修士課程修了
1994〜99 早稲田大学石山修武研究室個人助手
1998〜17 早稲田大学非常勤講師
1999　　設計+制作/建築巧房設立
2005〜　福岡大学大学院非常勤講師
2013〜　佐賀大学非常勤講師
2017〜20 九州大学非常勤講師

フィジカルな不自由を強いられていますが、思考や想像、その表現は自由のままあります。この世の現実（Reality）の中の自由（Liberty）を見出してみてください。

中川エリカ建築設計事務所

中川 エリカ

NAKAGAWA ERIKA

1983　東京都生まれ
2005　横浜国立大学卒業
2007　東京藝術大学大学院修士課程修了
2007～14　オンデザイン勤務
2014～　中川エリカ建築設計事務所設立

@yujiharada

かつて私も、卒業設計の講評会で、審査員の建築家にスルーされ
たり褒められたりして、一喜一憂していました。
今となれば、あの経験は建築人生のはじめの一歩であり、なぜそう
いう批評を受けるのかと考え続けたことが、今につながっています。

畑友洋建築設計事務所

畑 友洋

HATA TOMOHIRO

1978	兵庫県生まれ
2003	京都大学大学院修士課程修了
2003〜04	高松伸建築設計事務所勤務
2005	畑友洋建築設計事務所設立
2017〜	神戸芸術工科大学准教授

コロナによってさまざまな困難があるかと思いますが、この社会状況さえも可能性ととらえ、みずみずしいアイデアを生み出してください。

古森弘一建築設計事務所

古森 弘一

FURUMORI KOUICHI

1972	福岡県生まれ
1998	明治大学大学院博士前期課程修了
2003	古森弘一建築設計事務所設立
2010〜20	九州工業大学非常勤講師
2010〜	九州大学非常勤講師

大人たちはコロナの影響でこれまでの経験が通用せずに右往左往しています。さあ、カウンターパンチは今です。

百枝優建築設計事務所

百枝 優

MOMOEDA YU

1983	長崎県生まれ
2006	九州大学卒業
2009	横浜国立大学大学院／ 建築都市スクールY-GSA修士課程修了
2010〜14	隈研吾建築都市設計事務所勤務
2014	百枝優建築設計事務所設立

個人と社会、人間と環境の関係
を再考するきっかけになるような
提案を期待しています。

本選司会 予選審査員 兼任

yHa architects

平瀬 有人

HIRASE YUJIN

1976	東京都生まれ
1999	早稲田大学卒業
2001	早稲田大学大学院修士課程修了
2001〜07	早稲田大学古谷誠章研究室・ ナスカ一級建築士事務所勤務
2004	早稲田大学大学院博士後期課程単位満了
2007	yHa architects設立
2007〜08	文化庁新進芸術家海外研修制度研修員（在スイス）
2008〜	佐賀大学准教授
2016〜18	九州大学大学院非常勤講師
2017	建築作品による博士（建築学）学位取得（早稲田大学）

PRIZE-WINNING WORK

受賞作品紹介

出展者アンケート

まちの内的秩序を描く
― 意図せずできた魅力的な空間から導く住まいの提案 ―

ID18
中野 紗希
立命館大学理工学部
建築都市デザイン学科B4

Answer 1. Illustrator, Photoshop, ArchiCAD, 手描き
2. 1万円未満 3. 3〜4ヶ月 4. 色彩を揃えること 5. 水
彩画 6. 尾道の街並み 7. 設計職

計画都市とは対照的にどこか魅力に感じる自然発生的に出来た路地などの空間。
このような空間に惹かれるのは、何か理由があるのだろうか。芦原義信氏は著書
『街並みの美学』において内部の要因から自然発生的にできた街を「内的秩序」の
街と呼んだ。魅力ある街並みを様々な視点から観察し、街の中に美しく結晶している
人間の知恵を学び、それらを構成するルールを導くことで心地いいスケール感をもっ
た居住空間を提案する。

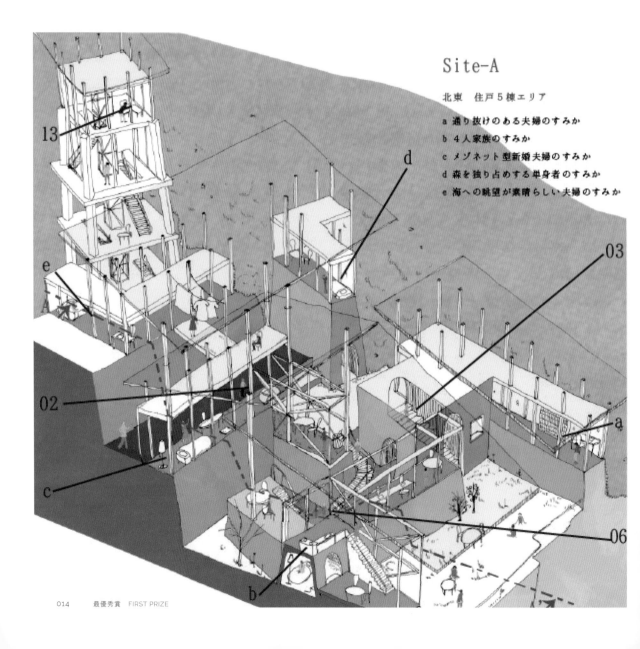

Site-A

北東　住戸5棟エリア

a 通り抜けのある夫婦のすみか
b 4人家族のすみか
c メゾネット型新婚夫婦のすみか
d 森を独り占めする単身者のすみか
e 海への眺望が素晴らしい夫婦のすみか

まちの内的秩序を描く

－意図せずできた魅力的な空間から導く住まいの提案－

私は公団住宅で暮らしている。ある日ふと、私をとりまく無機質な都市環境は住まうことの快楽を満たす空間であるのかと疑問に感じた。

計画都市とは対照的にどこか魅力に感じる自然発生的に出来た路地などの空間。このような空間に惹かれるのは、何か理由があるのだろうか。

意図せずできた街を観察し、美しく結晶している計画都市には見られない人間の知恵を学び、それらを構成するルールを導くことで、新たに意図して心地いいと感じるスケール感をもった居住空間を提案する。

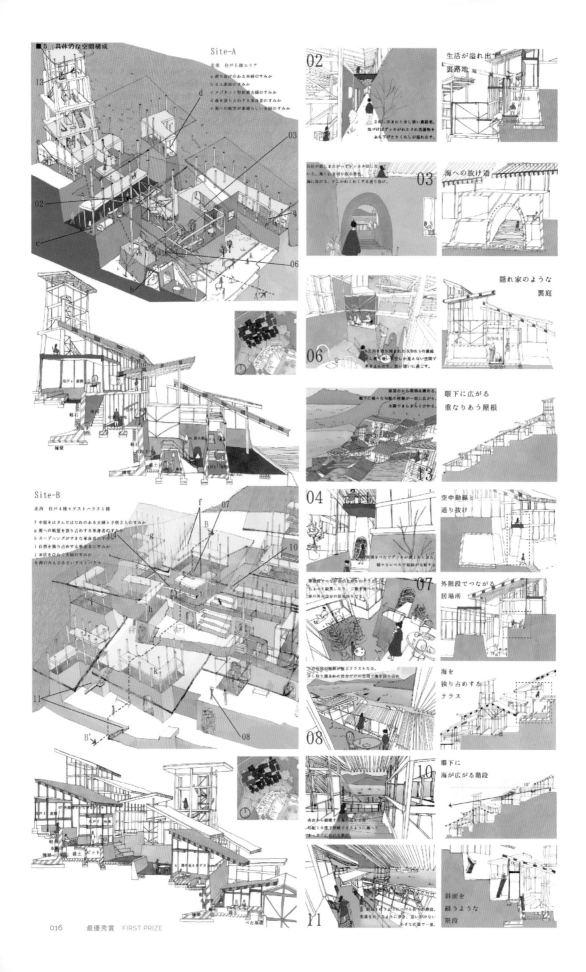

■5. 具体的な空間構成

Site-A

北東 住戸5種エリア

a 通り抜けのある夫婦のすみか
b 4人家族のすみか
c メゾネット型新婚夫婦のすみか
d 森を独り占めする単身者のすみか
e 街への眺望が素晴らしい夫婦のすみか

Site-B

北西 住戸4種＋ゲストハウス1棟

f 中庭をはさんだはなれのある夫婦と子供2人のすみか
g 街への眺望を独り占めする単身者のすみか
h ガーデニングが好きな単身者のすみか
i 自然を独り占めする単身者のすみか
j お店を営む夫婦のすみか
k 海のみえる小さいゲストハウス

02 生活が溢れ出す
裏路地

2階に挟まれた少し狭い裏路地。
気づけばデッキがわたされ洗濯物を
ぶら下げたりくらしが溢れ出す。

03 海への抜け道

住居が道に迫ってトンネル状になっている。海に向かって抜ける景色。
海に抜ける。そこからくらしが溢れ、

06 隠れ家のような
裏庭

13 眼下に広がる
重なりあう屋根

展望台から神楽坂を眺める。
眼下に様々な勾配の屋根が一面に広がり、
太陽できらめくとわかる。

04 空中動線
通り抜け

住居をつなぐデッキが渡される。
様々なシーンで賑わいが見られる。

07 外階段でつながる
居場所

08 海を
独り占めする
テラス

下の住居の屋根が屋上テラスとなる。
少し囲まれた自分だけの空間で海を独り占める

10 眼下に
海が広がる階段

11 斜面を
縫うような
階段

Site-C
南東 住戸3棟＋ゲストハウス1棟

１ 文筆家のすみか
２ はなれの職場と行き来する夫婦のすみか
３ 大人数で泊まれるゲストハウス
４ 母親と子供のすみか

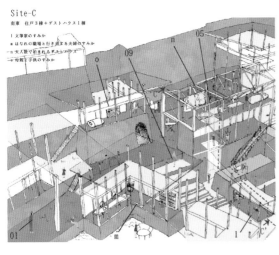

01
あるりがお話したり、ちょっ…したり
そんな心地よく感じるD/H＝1の路地

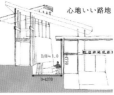
心地いい路地

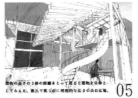

05
建物の高さの2階の距離をとって見ると建地を全体に
してみると、数人で集う心地に理想的な広さの共有広場

数軒のたまり場

09
海へと抜ける主要階段。
心地いいと感じるD/H＝1に伸ばす向に配置された
等高線に対して垂直にうみへとぬける階段を降りる。

海へと
降りていく
表通り

12
動き場から集落を眺める。
同じ手法の建築が並んでいくことで囲われなくなっ
た急斜面の段々を複層一棟の大きな建築のような集落

1棟の大きな建築
のような集落

South Side Elevation

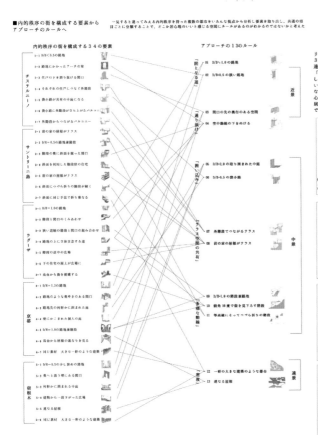

■内的秩序の街を構成する要素から
アプローチのルールへ

一見すると通ってみえる内的秩序を持った複数の都市をいろんな視点から分析し要素を取り出し、共通の項目ごとに分類することで、どこか居心地のいい感じる空間にルールがあるのがわかるのではないかと考えた

内的秩序の街を構成する34の要素

チステルニーノ
サントリーニ島
ラグーザ
京都
宿根木

アプローチの13のルール

近景
通り抜け
囲い込み
テラス空間の共有
多様な動線
密度
遠景

「内的秩序のまち」を構成する13のルール

リサーチしたまちの特徴から抽出した34種類の要素を取り出し、近景から遠景まで様々なスケールで観察した。「内的秩序のまち」を構成すると仮定した「図となる道」「通り抜け」「囲い込み」「テラス空間の共有」「多様な動線」「密度」の6項目に分類し、心地いいと感じるスケール感をもった固住空間を新たに意図してつくるうえでの13のルールを作成した。

I 「図となる道」のルール
・01 D/H＝1.0の路地
・02 D/H＝0.5の狭い路地

II 「通り抜け」のルール
・03 開口の先の奥行のある空間
・04 空中動線の下をぬける

III 「囲い込み」のルール
・05 D/H＝2.0の取り囲まれた中庭
・06 D/H＝0.5の袋小路

IV 「テラス空間の共有」のルール
・07 外階段でつながるテラス
・08 前の家の屋根がテラス

V 「多様な動線」のルール
・09 D/H＝1.0の階段兼路地
・10 斜角10度で街を見下ろす階段
・11 等高線にそってつづら折りの階段

VI 「密度」のルール
・12 1軒の大きな建築のような都市
・13 連なる屋根

今回取り出した13のルールとその土地の特徴をくみあわせることで、再び人間の心地いいと感じるスケール感をもった住宅をその土地にあわせたちがった形で意図してつくることはできないだろうか？

PRESENTATION

私は公団住宅に暮らしている。ある日ふと私を取り巻く無機質な都市環境は、住まうことの快楽を満たす空間であるのか疑問に感じた。一方でどこか魅力的に感じる自然発生的にできた路地との空間。このような空間に惹かれるのには何か理由があるのだろうか。意図せずできた街を観察し、美しく継承している人間の知恵を学び、構成するルールを導くことで新たに意図して心地良いと感じるスケール感を持った住空間を提案する。芦原義信氏は著書『街並みの美学』において、長年にわたりお互いが暗黙のうちに守っている決まりごとによって自然発生的にできた街を、「内的秩序の街」と呼んだ。自らがつくり出した街並みではなく、与えられた住宅公団のような社会は無機質な都市環境へと進んでいる。内的秩序を持った街並みは構成の手法の中で1つの空間秩序を流動させ、計画的にこのような近隣意識をうまく醸成させている。一見すると違う内的秩序を持った都市をさまざまな視点から分析し共通の要素を取り出すことで、人間の心地良いと感じるスケール感を持った住宅を意図してつくることはできないだろうか。チステルニーノ、サントリーニ島、ラグーザ、京都、宿根木。自然発生的にできた魅力的な5つの街並みを、スケッチを通して観察する。スケッチの手法と要素の抽出。どこか魅力に感じる空間に対しスケッチから私の街の見方を深め、なぜ魅力に感じるのかを学ぶ。さらに私の中に蓄積した街の魅力をいろいろな場で適用可能とするため単純化し要素として表す。このような手法で人間のスケール感にあった居住空間を生み出すものが何かを学び、内的秩序をつくり出す特徴的な空間を34種類の要素に落とし込んだ。それらから内的秩序を持った居住空間を構成するルールを導く。リサーチした街の特徴から抽出した34の要素を取り出し近景から遠景までのさまざまなスケールで観察し、6項目に分類する。1)「図となる道」のルール、2)「通り抜け」のルール、3)囲い込み、4)テラス空間の共有、5)多様な動線、6)「密度」のルール、内的秩序の街を構成すると仮定した近景から遠景を6項目に分類し複数の街並みから共通点を導き、13のルールを作成した。今回取り出した13のルールとさまざまな地形とを組み合わせることで、人間の心地良いスケール感を持った住空間を意図してつくることができないだろうか。対象敷地。現代の日本において内的秩序の空間を新たに構築するのに最適な場所を探すための調査を行なった結果、長年にわたる特殊な地形操作、海の眺望などから、魅力ある磯の段畑と内的秩序の街と特殊地形に共通点を見出した。どの敷地に対しても13のルールを適用可能とするが、今回のルール適用のケーススタディとして遊子水荷浦の段畑を選定した。ルール適用と設計プロセス。凄まじい労力をかけてできた特殊な地形に対し住居のスケールにあわせて石積みを掘り下げ、奥へと居住空間を広げる。上へと居住空間を広げ主要な道、上下動線、広々とした中庭ができる。新たにL字擁壁が増え、取り囲まれた狭い中庭や路地、空中動線ができる。屋根が架かり心地良いスカイラインを形成し、1棟の大きな建築のような都市に見える。具体的な空間構成。Site A、ここでは4つのルールが散りばめられています。時間の関係上、抜粋して説明していきます。通り抜けのルール。海への抜け道。住居が道に跨ってトンネル状になっている。海と山を切り取る景色は海に抜けるどこかワクワクする通り抜け。囲い込みのルール。チステルニーノの袋小路から着想を得たルール。道幅の2倍の高さの高い壁に囲まれた落ち着く共用中庭。袋小路の庭から外階段から立ち上がり、2階のバルコニーを結ぶ。密度のルール。眼下に広がる重なり合う屋根。展望台から集落を眺める。眼下にさまざまな勾配の屋根が一面に広がり太陽でキラキラと光る。Site B、ここでは5つのルールが適用されています。テラス空間の共有。斜面上に折り重なるようにサントリーニ島から導いたルール。住居の前庭が下部の住居の屋根を兼ねており、後ろが壁で囲まれ、前方は海へと視界が抜ける極めて落ち着く空間である。多様な動線のルール。眼下に海が広がる階段。魚のいる環境を増やすことは街の魅力を増加させる。勾配10度で俯瞰できるように海へとまっすぐ抜ける階段。Site C、ここでは4つのルールが適用されています。密度のルール。1棟の大きな建築のような集落。船着き場から集落を眺める。同じ手法の建築が増えていくことで使われなくなった急斜面の段々畑に1棟の大きな建築のような集落景観が広がる。内的秩序を持った街の魅力の分析で得たルールから住空間を新たに構築することで、現代人の失いがちな住まうことの快楽を再発見することを期待し、このルールが意図して内的秩序を持った空間をつくる手引きとなることを願う。

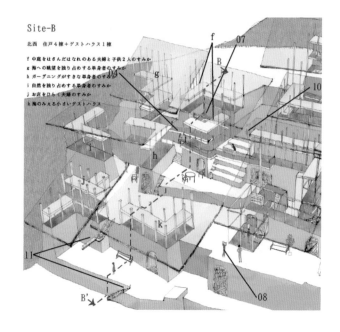

Site-B

北西　住戸4棟＋ゲストハウス1棟

f 中庭をはさんだはなれのある夫婦と子供2人のすみか
g 海への眺望を独り占めする単身者のすみか
h ガーデニングが好きな単身者のすみか
i 自然を独り占めする単身者のすみか
j お店をひらく夫婦のすみか
k 海のみえる小さなゲストハウス

TAKAGI's SESSION

高木　想定した敷地が3つくらいあったのですか?

中野　想定している敷地は1つです。愛媛県の宇和島市の遊子水荷浦の段畑を選定しています。

高木　4つ程度のパターンをどういう場合分けしたのですか? 手法は13あるんだっけ?

中野　手法が13あり、その空間の適用として1番見やすい場所を3つ選び、そこで表現しています。

高木　敷地は一緒なのだけれど、手法の取り上げるパターンが4つあり、変えてみたら同じ敷地だけれど、違う答えが出てきたということですか?

中野　今見えている左下の空間が全体構成のパースですが、その空間に対して13のルールを適用していき、この3つの部分を取り上げて説明しているという形です。

高木　設定上分けて説明しているということですか?

中野　そうです。

高木　実際の想定としては、あなたがこの全体を計画してくださいと言われてやることなのですか、それとも、住民にこのような要素を与えて、自由にやっても良いとするのですか、どちらですか?

中野　そうですね。この提案は、この敷地であることにこだわりはなく、どの敷地でも内的秩序を持った街並みの要素を適用できるような13のルールを遊子水荷浦の段畑に選定させていただきました。

高木　どこでも良いのだけれど、あなたがアーキテクトとして13個設定したものを、場所によっ

て使い分けていくのか、住民たちに時間をかけてつくってくださいと言うのか、どちらかに分かれるよね。後者ですか?

中野　後者です。

高木　後者だね、わかりました。このような中世的な街並みは、個人的には僕も好きです。

NAKAGAWA's SESSION

中川　先ほど一瞬だけ出たのですが、これは愛媛県の計画なのかな?

中野　そうです。愛媛県宇和島市の遊子水荷浦の段畑を選定しています。

中川　そこを選んだ理由は、段々状の棚田のような地形がもともとあるからですか?

中野　そうですね、この段々畑の形に造成した形が残っているけれど、今は使われなくなり、その形だけが残っているという状況です。

中川　それで、その段畑の放置された地形に目を付けた中野さんがオリジナルで設計をしたけれど、もともとの宇和島の内的な秩序だけというよりは、いろいろな段々の世界各国の街のうまみを抽出して、設計に生かしたということですか?

中野　そうです。この地形に対して、こだわりというよりかは、その内的秩序を持った街並みを分析していくなかで、いろいろな地形で適応可能とするルールをつくりたいと考えていて、今回は宇和島の段畑を選定しているという形です。

中川　パタン・ランゲージ的な手法は、これまでもたくさんやられてきたし、ある有効性を持っていると思うのですが、いろいろな段々の場合、先ほ

ど言ったように、いろいろなパターンを最終的にアッセンブルして、宇和島の段畑に入れていく時の入れ方が1番設計の腕の見せどころなわけじゃないですか。だから、そのパタン・ランゲージのパターンを持ってきただけだと、単語を集めただけという感じで、それを組み合わせてコンテクストをつくって文章にしていくのが設計の腕の見せどころじゃない? だから、どうやって組み合わせたかをちょっと手短にアイデアを教えてもらえますか?

中野　具体的な空間ということですかね?

中川　うん。1つ1つの言語を3番や2番とか、通り抜けのルール、図となる道のルール、いろいろなルールを集めたじゃないですか? それで、このルールをどのように組み合わせていったか、パーツのルールじゃなくて組み合わせ方のルールを教えてください。

中野　組み合わせ方のルールですと、この段々畑に対して、住居のスケールに合わせて石積を掘り下げ、そこから奥へと居住空間を広げたところから、その奥行きのある空間ができたり、前の家の屋根がテラス空間になったり、そこから住居が増えていくことで、さらに細い道になったり海へと抜ける階段が入っていたりしています。具体的な空間構成としては、例えばルール06であれば、袋小路の空間で3方向を取り囲まれていて、中庭に対して壁が2倍の高さでせりあがっていて、少し落ち着いた空間で空しか見えない空間になっていました。そこの小上がりの空間がルール07の外階段で繋がる居場所であったり、袋小路に対して少し小上がりになっていたり、上から眺めることができたりという組み合わせで空間をつくっています。

MOMOEDA's SESSION

百枝　面白いと思うけれど、僕はスケッチ的なものは半分信じて半分疑ってしまうので。日本人独特のこのようなタイプのスケッチは国際コンペでは絶対ないんですよ。だから、スケッチに騙されないように見るのだけれど、模型にした時にそれが本当に面白いのかな。それが見てみたいという感じですね。パースが良い感じだけれど、梁もないね。柱に梁がないと屋根が乗っからない。

中野　わかりやすくするために梁を描いていません。

百枝　特殊な伝達方法であり、すごく有効な部分と本当にそうなっているのかわからない部分がよくある。具体的には何を設計しているんでしたっけ? 1つの敷地にズラッと設計しているんですね?

中野　そうですね。

百枝　模型はあえてつくらなかったのですか?

中野　コロナの影響でつくれませんでした。

百枝　なるほど。全体的に力作だと思います。

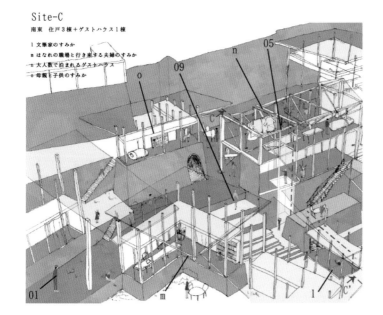

Site-C

南東　住戸3棟＋ゲストハウス1棟

Ⅰ 文筆家のすみか
Ⅱ はなれの職場と行き来する夫婦のすみか
Ⅲ 大人数で泊まれるゲストハウス
Ⅳ 母親と子供のすみか

優秀賞
SECOND PRIZE

木雲

持続可能な建築形態への関心が高まる中、短小線部材の相互依存のみで強固な空間を構築するレシプロカル構造物が注目されている。従来、設計・施工の難しさからほとんど実現されなかったこの構造システムは、現代技術によって実現可能性が広がった。本作ではレシプロカル構造物をデジタルファブリケーションツールを用いることで実現化させる新たな接合システムと、そのプロトタイプとしての形態を提案する。

ID63
齋藤 拓海
九州大学大学院
人間環境学府空間システム専攻M2

Answer 1. Rhinoceros, Grasshopper, ShopBot, da Vinci Pro　2.30万円以上　3.4〜5ヶ月　4.シンプルに、わかりやすく。　5.服飾　6.森の墓地　7.設計者

1．背景

レシプロカル・フレーム（以下 RF）とは線形部材の相互依存により成立する構造システムである。部材を交互に重なるように配置していくことで、短小部材で空間を覆うことができるが、三次元で構成される梁の角度や組み方を数値化しにくく、施工が困難で誤差が生じやすいため、現代の構造として用いられることは極めて少ない。しかし近年、持続可能な建築形態への関心から、他の建築構法では使用されることのない広葉樹や低品質の針葉樹などの短小部材の組み合わせでスパンを得ることが出来る RF は再び建築構造として注目されるようになり、アルゴリズミックデザインやデジタルファブリケーション 等の発展により RF のような複雑な設計と部材の加工を一貫して正確に行えるようになった。しかし RF を構造として用いるための具体的な接合方法、施工方法については未だ確立されていない。

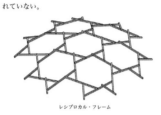

レシプロカル・フレーム

2．調査研究

RF が一般化に至らない理由として接合方法と施工法が確立されていないことがあげられる。事例調査により既存の RF 接合システムは大きく4パターンに分類することができ、RF 接合部を新たに検討するにあたって以下の点を両立する必要があると考えた。

①部材同士の接点がずれないようにする。
②部材軸方向の力を効率的に伝達する。
③部材の断面欠損を極力小さくする。
④組立時に部材が重なり合わないようにする。

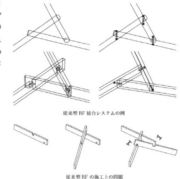

従来型 RF 接合システムの例

従来型 RF の施工上の問題

3．提案

RF の構造特性を活かしながら施工を簡易化する方法として回転脱着式接合部を用いる手法について提案する。一般に RF の施工時には梁部材が重なり合うため、組み上げていくに連れ部材同士が干渉し合い、施工が困難となるが、部材を接点で固定しながら回転可能にすることで部材間の角度に「遊び」が生まれ、複数部材が同時に動くことで、施工時に部材同士が干渉し合うことを回避できる。また接合部分の形状を球とすることで部材に対する断面欠損を最小限に抑えることができ、接合部を部材で挟み込むように中心部に設けることができるので、正負荷重両方に同様に対応し、曲率が変化する自由な形態を同様の接合部で実現することができる。

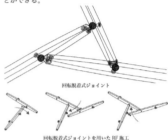

回転脱着式ジョイント

回転脱着式ジョイントを用いた RF 施工

4．設計

■架構

手法の実現化の過程でのディテール検討や問題点の把握のため、回転脱着式接合部を用いた木造仮設 RF 構造物「木雲」を設計した。本架構は CNC ルーターと 3D プリンターによって加工した杉無垢材の梁部材と PLA 製の接合部を用い、架構全体が全て同一の接合システムによって構成されている。本提案の特徴である架構の構造的両面性を再現するため、従来の RF で実現例の少ない正負の曲率変化を伴う形状を、RF の基本形状の1つである Da Vinci-Dome を組み合わせることで再現した。

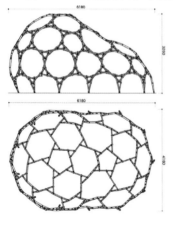

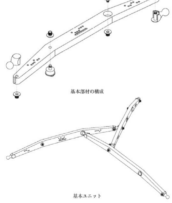

基本部材の構成

基本ユニット

■接合部

接合部分には 3D プリンターによって制作した PLA 製の回転脱着式接合部を用いた。本接合部は球形の先端部、その受手部と固定用のキャップで構成される。また本架構の RF 三角形ユニットの施工に最適な角度と引き抜きへの抵抗力を考慮し、受手部分を部材から 60°傾け、そこから上下左右に 30°まで回転を行えるように設計した。また施工時に部材が回転することで受手の縁部分に応力が集中し、破壊が起きる恐れがあるため部分的に厚みを増す補強を行った。また各寸法は杉と PLA の構造性能を考慮し、可動性を保ちながらもスギと同等の強度を発揮するように設計を行った。

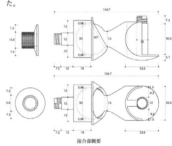

接合部概要

■梁部材

本架構は長さ 900mm 〜 1100mm、厚さ 30mm、幅 30mm 〜 55mm の全て異なるアーチ形状の 116 本の梁部材によって構成される。材料は杉の無垢材の両面を CNC ルーターで切削することで制作した。両端と中央部に接合部との接合のための計 4 箇所の仕口を施し、部材の表面には施工時の部材管理のための記号を記した。

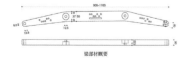

梁部材概要

■連結

接合部と梁部材の接合方法はそれぞれに CNC の 3 軸加工に対応した仕口を設け、ネジとキャップによる固定を行うことで金物や特殊な工具を用いることなく組み立て解体が容易に行えるよう設計した。

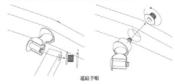

連結手順

5. 施工

試行建設は底部を固定せずに架構上部から下部にかけて行った。端部が縦材になる際に自重によるスラストにより形状が大きく開く変形が見られたが、その後横材を繋いでいくことで順次変形を修正して行くことができた。部材間にねじれが発生し周辺の部材を一部持ち上げるなど角度を微調整しながら組み立てていく必要があったが、全体として人力を超えた応力を加えることなく、円滑に組み立てていくことができた。

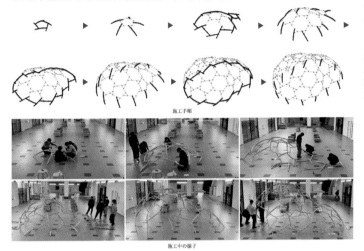

施工手順

施工中の様子

6. 結果

施工後、レーザースキャナーによる3Dスキャンを行い、設計形状との比較を行った。架構下部と曲率が反転する部分で誤差が生まれやすいことが確認されたが、本手法によって人力のみで特殊な工具を用いなくても自由な曲面のRFの施工を行うことができることを確認し、RF施工の新たな手法としての有用性を明らかにできた。今回の実現は小規模の仮設構造物に留まっているが、この手法は恒久的な実建築の構造へも応用可能性があり、屋根架構や床スラブを短小部材のみで構成するための一手法となりえる。また本研究でPLAを素材として用いたことで樹脂性接合部を用いた構造物の新たな可能性も示した。

| 設計形状 ‥‥‥‥ |
| 施工後形状 ──── |

変位

施工後の形状変化の様子

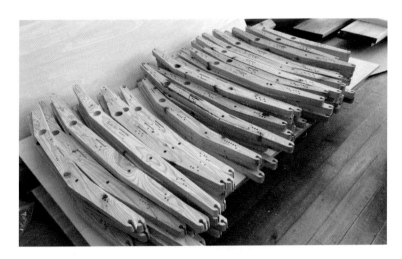

私は木造レシプロカル構造のパビリオンを設計施工しました。まず始めに背景です。レシプロカルフレーム、以下、RFとします。これは部材を相互依存させることにより成立する構造システムです。しかし、施工と形状の整理が困難のため、現代の構造として用いられることは極めて少ないという実情があります。一方近年では持続可能な建築形態の関心から、他の構法では利用されない短小部材の組み合わせでスパンを得ることができるRFが建築工法として注目されるようになりました。また、アルゴリズミックデザインやデジタルファブリケーションなどの発展により複雑な設計と部材の加工を一貫して正確に行うことも可能になりました。しかし構造体全体をRFでデザインするための接合システムや施工方法について確立されたものはありません。RFは1つの接点に部材は集中しない相互依存形式の構造です。構造を安定させるためには、接合部において部材をずらすことなく圧縮力を効率的に伝達することが重要です。また、RFの課題を成立させるために既存の施工方法を4つのパターンに分類分析を行いました。重ねるのみのパターンと重ねて固定するパターン、切り欠きを設けるパターン、小口を止めるパターン。しかし、これらは結果としてどのパターンも施工が困難で形状の自由度が低いので、改善するための要点を整理しました。1）部材同士の接点がずれないようにする。2）部材軸方向の力を効率的に伝達する。3）部材の断面欠損を極力小さくする。4）ユニット形成時に部材が重なり合わないようにする。以上のことを踏まえたうえで手法を提案します。手法についてです。本提案ではRFの構造特性を生かしながら施工性を改善する方法として、回転と脱着が可能な接合部を用いる手法について提案します。一般にRFは組み上げていくにつれ部材が干渉し合い施工が困難で大きな応力導入を必要とします。しかし部材を接点で固定しながら回転を可能とすることで施工時に部材同士が干渉し合うことを回避できます。また接合部分の形状を球とすることで部材に対する断面欠損を最小限に抑えることができ、正負荷重同様に対応することで曲率が変化する自由な形態を実現することができます。このように本接合部では施工時に部材が干渉し合うことを避けることができ、部材の断面欠損を最小限に抑え、いかなる角度にも追随するボールジョイントが間接として複雑な自由形状を簡素化することができます。次に設計についてです。提案した接合システムを用いて、木造のRF仮設構造物「木雲」を設計し、さらなるディテールの検討や問題点の把握を目指しました。本作は縦6,180mm、横4,160mmの高さ3,260mmのRF構造物で、本提案のシステムでは理論的にあらゆる形状の面を再現することができますが、今回の形状は本提案の特徴である架構の構造的両面性を確認するため、正負の曲率変化を伴う形状、最小限の規模の空間として再現するためRFの基本形状の1つであるダヴィンチ・ドームを組み合わせることで形成しました。本作は116個の全て異なるアーチ形状の基本部材で構成され、基本部材は梁部材と接合部から構成されます。梁部材についてです。杉無垢材を架構形状に合わせてCNCルーターを用いて全て異なる形状で加工しました。両端と中央部に接合部とつなぐための計4箇所の印と部材管理のための記号を同時に加工しました。可動域の確保と構造的観点から先端が先細りする形状としました。接合部についてです。本接合部は、PLAを原料として3Dプリンターにより制作された球形の先端部と受け手部分、固定用のキャップで構成されます。本架構のユニットの施工に最適な角度として、受け手部分を部材から60度傾け、そこから上下左右に30度まで回転を行えるように設計しました。また杉のPLAの強度を比較し、同様の強度を発揮するよう断面設計を行いました。接合部と梁部材の接合は受け手部分・先端部分ともにねじとキャップによって固定するものとし、金具めや特殊な加工を用いることなく、組み立て解体が容易にできるようにしました。次に試行建設を以下の手順で1/1スケールで行いました。施工中に部材が回転することで部材間にねじれが発生し、周辺の部材を一部持ち上げるなど角度を微調整しながら組み立てていく必要がありましたが、全体として人力を加えた応力を加えることなく円滑に組み立てていくことができました。また、本架構の最終形状を検証するため、レーザースキャナーを用いた3Dスキャンを行い設計形状との比較を行いました。結果として概ね形状を再現したものの誤差も生まれました。これは接合部の固定を再検討することで改善可能であると考えています。まとめについてです。結果としてRF施工上の多くの問題点を解決し、実大スケールにおいても形態を安定させることができました。また人力のみで特殊な構法を用いなくともRFの構造特性を生かしながら自由な曲面を再現できることを確認し、RFを主構造とした建築における新たな可能性を示すことができました。また一般的なデジタルファブリケーションツールのみで大きな空間をつくる新たな可能性についても示すことができたと考えています。展望と可能性についてです。まず、"どこにでもある原料"と"どこにでもある加工機"で簡単につくる仮設構造物としての可能性があると考えています。また、マテリアルやスケールを変化させていくことで本手法はより恒久的な実建築への構造でも応用可能であると考えており、屋根架構や床スラブを短小部材のみで構成するための一手法となり得ると考えています。

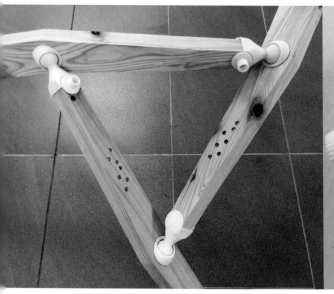
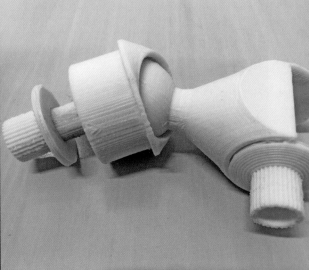

NAKAGAWA's SESSION

中川　ありがとうございました。レシプロカル構造の持送りをフリーホームに応用して使っていくという組み立て方だと思うのですが、齋藤くんの今の説明で接合部のこともわかったし、提案の意味もわかりました。ただ、今の時点ではこのような組み方をする技術を発明しましたというだけで、今後この技術をどのように実際に活用していくのが良いと思っていますか？

齋藤　はい。こういったレシプロカル構造物をまず3DプリンターやCNCでつくり、どこにでもあるような工具を用いて一般の人でも同じようなシステムで組み立てられるので、実際に、これを組み立てた時も中学生の子たちも問題なく組み立てられました。誰でもつくれるような仮設構造物として、使えるのではないかなと思っています。あと、今回は木材とプラスチックというマテリアルを使ったのですが、同じシステムでより大きな規模で鉄骨を用いてジョイントのマテリアルも変えてつくることもできます。極論を言うと、これで全部建築がつくれるくらいになるのではないかと個人的には思っています。

中川　うん。レシプロカル構造は基本的には持送りだから、どこかが欠損すると持送りができなくなるので、構造的に不利になるじゃないですか。架構の模型写真を見る限りでは、組み立ての原理としてはよくわかるのだけれど、例えば実際に建築にする時に、どこに入り口をつくるのかという時に、ある程度欠損が出てくるじゃない？

齋藤　そうですね。

中川　この場合は跨いで入ればもちろん入れるけれど、例えば、被災した地域の仮設の居場所として使うという時に全員が跨げるわけではないので、ちょっと欠損して入り口をつくろうという意見が出る場合もあるじゃないですか。

齋藤　はい。

中川　そういうことへの追従性がやはり使えるかどうかということに関わってくると思うのです。空間の組み立て技術が純粋な形で実現できない可能性があることについて、展望があれば教えてください。

齋藤　そうですね……。

中川　ちょっと難しい質問になって申し訳ないけれど、それが1番重要なところだと思ったのであえて聞かせていただきます。というのも、例えば日本の技術者の人は皆すごいから、商品開発の技術でいろいろ新しい素材などをつくれるわけ。だけど、つくったものの、それをどうやって使っていいかわからないので、使い方を提案してくださいと言われるパターンがある。だから、建築の技術を生み出したという意味で、つくることを発明したのだと思うけれど、これをどうやって使うかという発明も同時にしたほうが、より上手く世の中に新しい働きをもたらすよね？

齋藤　はい。

中川　だから、これが実際に世の中で働いていくためにはどういうことができるか、もし考えていることがあれば教えてください、という質問です。

齋藤　そうですね。かなり技術的な提案になっているので、具体的な使い方というのは本当におっしゃった通り、そこまではちょっと考えられていなかったかなという。

中川　そういうことを考えることに齋藤くんは興味ある？

齋藤　興味はあります。もちろん、この先必要なことであるとは思っているのですけれど、今回の場合はちょっとそこまで至ってはいなかったので。

中川　はい、わかりました。基本的に私は構造駆体が好きなタイプの人間なので、このレシプロカル構造も理解しているつもりなので、面白く聞かせていただきました。

HATA's SESSION

畑　すごく面白い。興味があります。まず少し聞きたいのだけれど、"関節"というボールジョイントが非常に面白くて、仕組みをちょっと教えて欲しい。要するに、1個1個の部材が直線であるけれど曲率を持っているじゃないですか。折れ曲がっているというか、直線状のものではない。これはやはり最初から球体のようなものを組み立てることを前提にしているから、この曲がり角度は決まっているのですか？

齋藤　そうですね、もとの球体のサーフェスからこの分割をつくっているので……。

畑　なるほど！先に外形があり、これを組み立てるためにということか。

齋藤　外形を1回決めて、その形に合わせて分割して組み立てるという。

畑　なるほどね。

齋藤　だから、真っすぐの部材であれば平面でつくることも……。

畑　なるほど。このように切り出す時は、部材の歩掛りもちょっと気になるのだけれど、今見ているやつだと結構するんだね。おそらくもう少し合理的な切り出し方も考えられるだろうね。難しいのかな。要するに、クリアランスが材料に要るのかな……。

齋藤　もとの部材も一般的な幅と長さのものを、なるべく歩留まりが良いように形状もなるべく変化させられるところを詰めていっていった結果なので……。

畑　なるほどね。難しいのかな。では、ドームとドームを繋いでいるところは、反曲点をつくって曲率を変えているから、同じ部材で繋げているということですか。

齋藤　そうです。

畑　なるほど。はい。良くわかりました。

FURUMORI's SESSION

古森　素晴らしい。ある程度、ここの仕口の強度の実験はしているのかな？

齋藤　はい。部分的にこの接合部に関しては荷重の試験をして、ある程度の荷重に耐えることを検証したうえで制作しています。

古森　あと、せん断とかは？

齋藤　せん断でかかる力を考えたうえで、木の強度とプラスチックの強度を見ながら設計しています。

古森　君の研究室は、構造系の研究室なの？

齋藤　意匠系です。

古森　意匠系なのにこういうことが興味あるの？

齋藤　そうです。

古森　研究室のテーマではなくて君自身のテーマ？

齋藤　研究室の大きな枠組みのテーマではありますが、その中で僕が。

古森　（画面を見て）これは九州大学のキャンパスかな？

齋藤　そうです（笑）。

古森　九大の意匠でこのようなことをやっているんだ。末廣香織先生か！

齋藤　そうです。

古森　面白いね。これは卒業設計？

齋藤　修士論文です。

古森　これを2年間研究して開発を行ったの？

齋藤　はい、そうですね。

古森　すごいね。この研究は研究室の誰かに引き渡されるの？

齋藤　誰かにやって欲しいとは思っていますけれど……（笑）。

古森　これまでの設計の提案とは全く異なる形でやっているところに非常に感心しました。皆は社会的問題を扱っているけれど、君は純粋にテクノロジーを扱っている。これまでにない卒業設計としてとても感心しました。発展を楽しみにしています。

伊勢ノ水面二柱ハ眠ル
～御用木の水中乾燥を祭事とする計画～

伊勢神宮の御用木を作る「水中乾燥」という特殊な工程に対し、式年遷宮の祭事を行うために独自に設けられる所管社として提案する。神宮の特徴である唯一神明造に対し、その伝統的様式をプログラミング言語で記述し、活用可能なコードに保存することで、単胴船構造のシステムと融合させるアルゴリズムを設計した。水上に浮遊する水中乾燥を行う社を新築して伝統的建築様式の新たな保存手法を開発し、その再解釈を行う。

ID64

小笠原 隆
名城大学理工学部建築学科B4

Answer 1. Illustrator, Photoshop, Rhinoceros, AutoCAD, InDesign, Grasshopper, Twinmotion 2. 12万円程度 3. 2～3ヶ月 4. 手描きの表現に劣らないコンピュータグラフィックスによる表現的なパース 5. デジタルファブリケーション 6. ソーク研究所 7. 建築家

概要【社ノ建立】

宮の御用木を作る「水中乾燥」という特殊な工程に対し、式年遷宮の祭事を行うために独自に設けられる所管社として提案する。

神宮の特徴である唯一神明造に対し、その伝統的様式をプログラミング言語で記述し、活用可能なコードに保存することで、単胴船構造のシステムと融合させるアルゴリズムを設計した。水上に浮遊する水中乾燥を行う社を新築して伝統的建築様式の新たな保存手法を開発し、その再解釈を行う。

背景【伊勢神宮ノ祀リ】

所管社という、神事を無事に行うために独自に設けられた社が神宮には多く存在する。

正宮	2社	皇大神宮・豊受大神宮
別宮	14社	正宮を除く格の高い神社
摂社	43社	延喜式神名帳に記される
末社	24社	延暦儀式帳に記される
所管社	42社	御料や祭典に関わる

や祭事とは、物事の振舞いを抽出して形態・形式として現したものだ。伊勢神宮は計125社設けられていて、それぞれの社や祭事は役割を持ち、その中で年間1500回の祭事が行われている。

【所管社事例】

御塩殿神社	神饌として神事に使い奉納する堅塩を作る施設を備えた神社。
御酒殿神	神酒が収められ、諸神前に備える御酒の全てをここで醸造した。
神麻続機殿神社	神御衣祭に供進される荒妙(麻布)を織る御機殿を備えた神社。

背景【御用木ノ水中乾燥】

材木を扱う際に水中乾燥という工程を踏むことがある。丸太や材木を水に沈めることで、木材の割れの原因となるアク(樹脂)を水に溶かし出し、均一で良質な材へと加工するものだ。

水よりも木材は比重が小さいため、水に浮かぶ。丸太上部は腐敗が進み、日光も当たることから劣化しやすい。丸太を沈めるために重石を載せる場合もあるが、一般的には半年から一年の間で水中乾燥を終え、水面に浮かべるのみとする場合が多い。

年遷宮の20年間で約2万本の丸太を使う神宮工作所では、期間の短いもので3年、長いもので10年の間、御用木を水の中に貯木して水中乾燥している。これらは神事に関わる工程であるが、社は建立されていない。

神宮の造造物を構成する全ての材木に敬意をもって奉り、守護するための所管社を設け、御用木を水中に沈めるための装置となる社を設計した。

提起【伝統ノ更新手法】

伊勢神宮の建造物に見られる伝統的な建築様式、唯一神明造。
建築の形態は時代によって変化しており、様式はあれど、それぞれの社に同じ形態はない。

伝統的様式は目に見える形でなく、構法の情報へ保存し、遺伝子を組み換えるように現代における唯一神明造の在り方を提起する。

【唯一神明造】

伝統的な建築様式を評価するために、システムをアルゴリズムとして保存し、伝統的な様式を用いた建築を生成する。

船体が転覆せず水に浮かぶ仕組みは、傾いた時に水を押しのける空気の形状が変化することによって起きる復元力に要因がある。

単胴船では、バルジと呼ばれる浮力を持たせたボリュームを船底の両脇に付着することにより、復元力を高めることができる。水中乾燥する丸太を、復元力として用いる。

【単胴船構造】

【 御沈木ノ御舟 】

御用材を扱う外宮敷地内の工作場に、新たな社を建立する。
それは、水面に浮かぶ126社目の神宮所管社。
丸太を水中に眠らせて、その目覚めを待ち望ませる新たな神明造。
船舶のようでありながら、重心は低く揺れ動く。
伊勢ノ水面ニ柱ハ眠ル
いつの日か堂々たる社となる為に。

【社ノ配置図】

伊勢ノ水面ニ柱ハ眠ル

～御用木の水中乾燥を祭事とする計画～

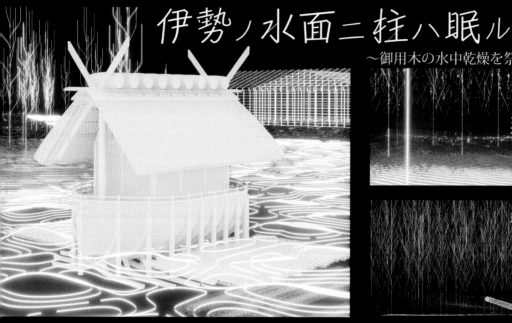

信仰　儀式
　祀り　祭り
　　様式
遷宮

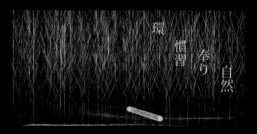

　　　　自然
　　慣習
　環　奉り

提案【解放的様式ノ記述】

御舟の船底が押しのける空間によって生まれる浮力
から、船体の自重を支える。
船体が傾いたときには水中乾燥を行う丸太がバルジの
役割を果たす。社は丸太を沈め、丸太が社の水平を保
つ仕組みを実現する。

伝統建築様式

$\times$

船舶構造形式

御舟の船底が押しのける空間によって生まれる浮力
から、船体の自重を支える。
船体が傾いたときには水中乾燥を行う丸太がバルジの
役割を果たす。社は丸太を沈め、丸太が社の水平を保
つ仕組みを実現する。

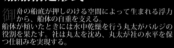

輝　水　静
　　平

源　在　動
　　　命

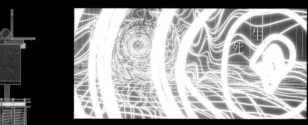

死　生

【南側立面図】

【東側立面図】

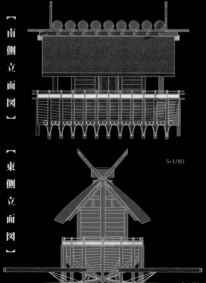

S=1/80

S=1/1800

S=1/80

太を引き上げるため
に、トロッコのもと
まで水上を移動させるこ
とから、元来、水路中央
には水上の道が存在して
いた。御沈木御舟は、水
中乾燥だけでなく、この
道において丸太の移動を
担う役割も持つ。

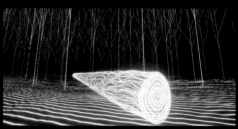

年遷宮で建て替えられる前の建
築は、新たな建材として神宮に
所縁のある神社の社殿や鳥居に用い
られる。数百年かけて森で育った樹
が、10年かけて水中で眠り、20年

の歳月を神宮の社として使命を果た
し、百年以上をかけて大地へと還る。
とこしえのねむりへと向かう樹を安
らかにする水中乾燥の過程を建築で
讃える。伊勢の水面に柱は眠る。

PRESENTATION

僧侶としての名前は隆範と申します。この場で発表させていただけることを光栄に思っております。運営の皆さんありがとうございます。そしてクリティークの先生方よろしくお願いします。宗教には、心の中にある見えない畏れに対し解釈を与えることで見えないままに納得させる側面がありました。しかし、多くの情報が見えるようになってきた現代では隣にいる人とも信じているものが異なります。父と母はどちらも寺の生まれでありながら仏教の中でも離れた宗派で、言うなれば私は仏教間のハーフとも言えます。世界中の建築を巡った時は、ムスリムの同居人と過ごしたり、修道院で一晩過ごしたりすることもありました。宗教とはなんだろうか。僕は1年間伊勢に移り住み神宮のあり方を身体で感じて設計に挑みました。この提案はある意味で神を暴くような行為かもしれません。しかし宗教は建築によってより豊かになると僕は信じています。「伊勢ノ水面ニ柱ハ眠ル 〜御用木の水中乾燥を祭事とする計画〜」です。伊勢神宮の建築には1つとして同じ形態の社はありません。それは八百万の神が存在する神道の宗教観に起因していると考えます。祀る神が異なり、土地の環境が異なり、社の目的や機能が異なるなかで、伝統的建築様式というものによって神宮という宗教感が反映された社が建立されています。今回私は125社の神社から構成される伊勢神宮において126社目となる神社を所管社として設計しました。所管社とは一般的な神社と異なり、内宮や外宮に奉納するものや神事に用いる材料を製造する役割を持つ伊勢神宮特有の神社です。海水から塩を焼く神社や麻布を織る神社、稲を保管する神社などがあり、つくられる過程そのものに神社が当てられています。敷地は外宮宮内に位置する山田工作所。ここで神宮の社の建設や修繕が行われています。神域内で関係者以外は立ち入り禁止の場所ですが、神宮幼稚園に通う子どもの親は、外宮の駐車場に車を停めて暗黙の了解でこの道を通っています。私たちの世界と神域との狭間のようなこの場所では、丸太を水中乾燥する不思議な光景が広がっています。空気のない水中では腐敗菌が繁殖しないものの、水上に浮かんでいる部分は腐ってしまうので、遷宮で重要な箇所に用いられる丸太はコンクリートブロックで押し沈めています。重要な丸太を水中に沈める機能と丸太を引き上げる場所に移動させる機能を持った社“御沈木ノ御舟”を設計しました。これまでの建築保存の分野では、寸法を実測し、部材や意匠を図面という形式で保存してきました。しかし、様式はツールとなり更新されるものです。唯一神明造をツールとするために、その伝統的様式をプログラミング言語で記述し、活用可能なコードへと保存しました。そのうえで、単胴船構造のシステムとコード上で融合させるアルゴリズムを設計し、水面に浮かぶ社を完成させました。この提案は、単に伊勢神宮の様式である唯一神明造を更新する提案ではありません。1300年と繰り替えされるうちに少しずつ変化してきた様式を1000年後の伊勢神宮に届ける手法の提案です。神話において神々に血縁関係があるように、更新される様式をDNAのように情報に遺し、その編集の痕跡を後世に遺すべきだと考えます。20年周期で社を建て替える式年遷宮ですが、解体された社の行先を知っていますか。棟持柱として使われていた木材は伊勢の大きな鳥居の柱につくり替えられ、そのまた20年後の式年遷宮では再び解体され、神宮に所縁のある神社へと送られます。木曽の森で数百年生きて立ち続けた1本の樹。伊勢の地へと運ばれて社となってからもまた数百年、朽ちるその時まで建ち続けます。この生と死の境界をつなぐ僅か10年という水中乾燥の時間に対し、この社を持って水面で安らかな眠りを捧げます。伊勢の水面に柱は眠る。御沈木ノ御舟という社の提案です。

TAKAGI's SESSION

高木 この水面に浮かぶ社は、伊勢神宮の五十鈴川のどこですか？

小笠原 これは五十鈴川ではなくて、外宮の敷地内の裏側なのですが、ため池のようなものがあり、雨水や湧水などの流れのほとんどない──。

高木 貯木場として使われていたということ？

小笠原 そうです。実際に使われている。

高木 この社は新しい社なわけですね？

小笠原 はい、新築します。

高木 それでは、これは参拝者の御祈願の対象になるんですか？

小笠原 伊勢神宮において、この所管社というものは参拝のためにつくられた神社というわけではなく──。

高木 所管社としてつくるということ？

小笠原 はい。そうですね。

高木 この中に、先ほどの所管社の説明にあったような神様の食べ物を奉納するというような機能があるわけですか？

小笠原 「御沈木ノ御舟」と名前をつけさせていただきましたが、この社は、社の自重によって丸太を水の下に沈めて、丸太を水中乾燥するということを行っています。そして、浮かんでいる丸太はレールに持って行き、トロッコで地上に引き上げます。つまり、丸太を地上まで引き上げる船としての機能を持っています。

高木 話がずれますが、建築を学びつつ、今は僧侶もされているのですか？

小笠原 はい、そうです。

高木 "宗教建築とは""建築とは"と言うけれど、僕は同義だと思っています。とはいえ、これは裏方のものをつくる建築なので、少しずれると思うんですよ。あなた自身が神事とともに生きていると思うけれど、これは事務的な建築に寄ってしまう気がしています。これはこれで祭りの一貫であるという意味では神事だと思うのですが、もう少し真正面に宗教建築ということを考えると、ずばり建築と宗教の繋がりのところから少しずれていないかと。言っていることわかりますか？

小笠原 プレゼンの仕方が少し偏ってしまったかもしれません。

高木 宗教建築とは何かと言っていたフレーズがやはり引っかかるので、それとのずれを少し感じました。明日の審査で会う機会があれば。でも、清々しい提案です。

HATA's SESSION

畑 盛り上がってきたところで発表が終わってしまった感がありましたが（笑）、これまで式年遷宮などをして技術が途絶えないように、継続的にこのような更新方法を行ってきたところに、21世紀になり、どうしてアルゴリズムを用いた伝統継承の方法に切り替えなければいけないので

POSTER SESSION

しょうか？ 今までの方法ではダメなのですか？

小笠原 伊勢神宮はそもそも1つとして同じ社の形態というものがなく、代表的な内宮とか外宮と呼ばれるものも、江戸時代の資料を見ると、変わってきているんですよね。なので、今、視覚的に認識している伊勢神宮の唯一神明造と呼ばれる様式自体というものは、実は定まっていないものなのです。

畑 なるほどね。

小笠原 定まっていないにも関わらず、様式が定められており、それを決めているものがブラックボックス化していることに対して僕は疑問を抱いています。その様式というものをパラメーター、いわゆるパラメトリックなあり方として保存し、その様式のテクトニックな部分を保存することによって、今後どんどん更新する方法がきちんと明確にできていくのではないか、きちんと資料として残していけるのではないかという提案になっています。

畑 なるほど、なるほど。つまり図面は保存されているわけなんですよね？

小笠原 図面が保存されているかどうかはわからないのですが、公開はされていません。

畑 なるほど。最後にちょっと聞きたいのですが、御用木を水中乾燥させるための社は今あるのですか？

小笠原 今はないです。この用途として、現在はコンクリートブロックを乗せて木材を池の底に沈めている状況となっています。

畑 それを新しい社の1つとして、あなたが考案したということですか？

小笠原 そうです。伊勢神宮に今ある125社に対して、その次の126社目を設計しました。

畑 125社というのは、時代とともに少しずつ増えていったのですか？

小笠原 そうなんです。

畑 なるほど。だから、現代になって1つ増えるのは自然な流れということなのですか？

小笠原 そうです、自然な流れです。この貯木池ができたこと自体も、神社が増えたことによってこのような貯木池が必要になってきたということなのです。

畑 なるほど。式年遷宮によって少しずつ変容してしまうもののデータの残し方、あなたの言葉で言うと、様式のテクトニックな部分の残し方への提案と、新しい社の設計、その2つの提案と理解して良いですか？

小笠原 そうです。そのテクトニックな部分が必要となるため、水に浮かばせるというシステム自体をどうやって強固に固められるか。固められてしまっているように見える、唯一神明造をどのように崩そうかというのが、この設計のミソになってく

るかと思います。

畑 最後に、案のことではありませんが、仏教のお坊さんなのですか？

小笠原 そうです。僕自身は浄土真宗本願寺派──。

畑 浄土真宗の本願寺派のお坊さんが、神社の提案をするということなのですね？

小笠原 はい。両親ともにお寺出身でお互いに正反対な宗派だったんですね。そのことや、僕が世界を旅してイスラム教徒の人と一緒に生活したり、教会を見に行ったりするなかで宗教建築をつくりたいと思って卒業制作に取り組みました。

FURUMORI's SESSION

古森 1番気に入ったのが、欄間が映っているところがすごく戦略的で良いなと思いました（笑）。

小笠原 ここにしかなかったので（笑）。

古森 しかも浄土真宗でありながら、伊勢神宮を扱うという捻りもなかなか素敵な感じがします。

小笠原 ありがとうございます。

古森 基本的には、本殿とは関係がないの？ 伊勢に対する提案ではないの？

小笠原 これは伊勢神宮の神社をつくっています。伊勢神宮というのは125社あります。

古森 その1つ？

小笠原 126社目をつくろうとしています。

古森 126社目をつくっているんだね。これは木を水中で乾燥させるための場所？

小笠原 そうです。水中乾燥というのは丸太を水に沈めておくと──。

古森 うん、乾燥させるよね。

小笠原 水につけておく時間がすごく長いんですね。一般的なものよりも10倍くらい長いのですが、それを現状ではコンクリートブロックを用いて水の堀の底に押し付けているという。そうではなく、水中乾燥を行っている場所の景色に対して、建築物で答えたかったというのがこの提案になっています。

古森 この社が重さになって木を押し付けているということ？

小笠原 はい、そうです。建築物が重石となりつつ、機能としては、丸太をトロッコで引き上げる場所があるのでそこに向かうための移動する機能も持っています。

古森 なるほど。舟みたいになっているのか。

小笠原 そうです。舟のようになっています。

古森 非常に面白い……（笑）。

小笠原 ありがとうございます。

古森 次は是非是非、真宗の本丸に迫ってください（笑）。楽しみにしています。

ID39

鈴木 音々

名古屋工業大学
工学部社会工学科B3

Answer 1. Illustrator, Photoshop, ArchiCAD 2. 1万円
未満 3. 3〜4ヶ月 4. 色味を可愛くする。 5. 服飾 6.
まだわかりません。 7. 未定です。

高木賞
PRIZE WINNER

神社再構 　建築が神社をつくる

これは、形骸化しつつある公民館と神社を合わせて再構築し、にぎわいの場から憩いの場、信仰の場へと時代に沿って変化しながら町民の拠り所となる場をつくる計画である。敷地には今は閑散としている小さな神社と公民館が存在する。そこに新たに神社を内包した公民館を建てることを提案する。新たな公民館、その中の神社は身近に想うものへと変わり、にぎわいの場が生まれる。そして将来、その場に残された神社は心の拠り所となる。

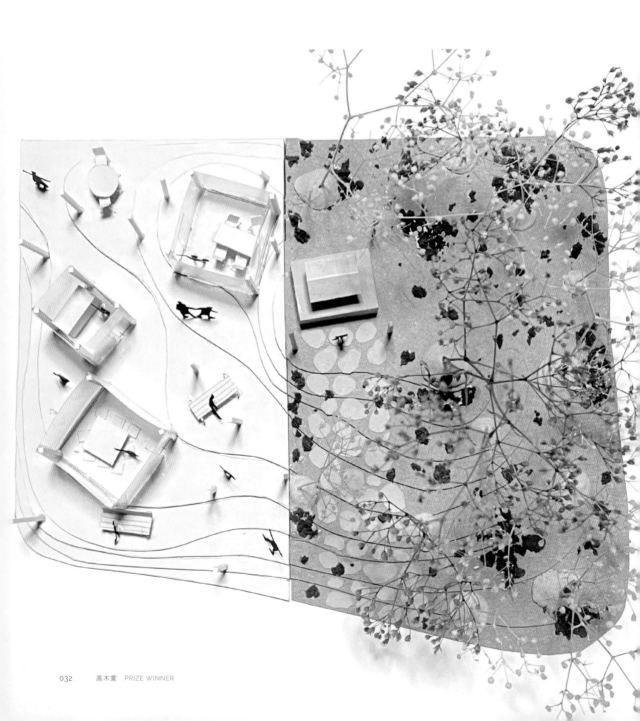

街の神社という、ある意味建築の世界からなおざりになっている状態のもの、コミュニティの起点になりうるというところを"朽ちること"をテーマに切り込んでいるのは面白いと思いました。僕個人としても建築の具体と抽象があるなかで、建築というカテゴリーを超えた人間の抽象的思考の塊だと思っており、関心を持っています。それに近い案として39番「神社再構」の作品が出てきたので、たった1票ですが、頑張って推しています。最優秀賞の時に63番「木雲」か64番「伊勢ノ水面ニ柱ハ眠ル」の二択を迫られた時に、39番の"街の神社"と64番の"伊勢神宮"を天秤にかけて考えました。伊勢神宮は言うまでもなくいろいろな議論があるし、放っておいても人は集まるし、いろいろな議論の土台に乗ると思いますが、街の神社をなんとかしていこうという想いを僕は拾い上げたいと思ったので、クリティーク賞にしようと思い、それで僕は63番に投票したというのがあります。それくらい僕は39番が好きです。

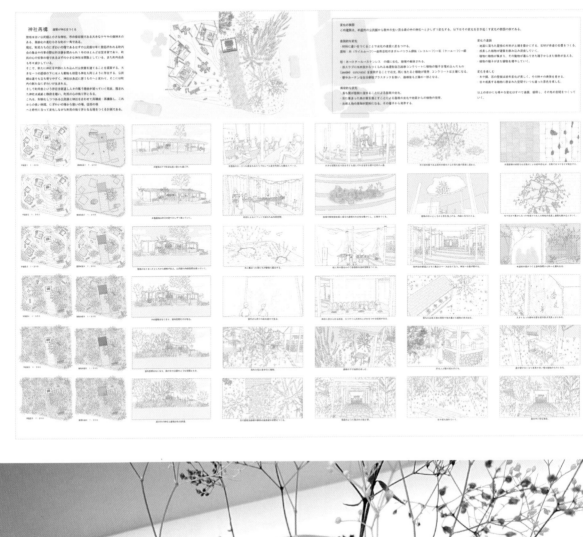

これは形骸化しつつある公民館と神社を併せて再構築し、これからの長い時間、ふれあいの場から憩いの場、新興の場へと時代によって変化しながら町民のよりどころとなる場をつくる提案です。敷地は古い公民館と小さな神社と神木のある街の一角です。現在公民館は1年のほとんどを閉じられ、小さな神社は閑散としています。新たに公民館を建て直し、その内部に神社を取り込みます。大屋根の下には人も神社も同じく存在し、高台にある神社とのレベルを変えずに神社までを地形のようにつなぐ空間構成とすることで、レベル差によって様々な場所ができたり、誰でも入りやすく神社を身近に思い、神社が人々を見守るような公民館とします。人の憩いがなくなったり、集まる機会が減っていくとともに空間が変化していき、最後には森の中の神社が残り、集まりや人のいる場所がなくなっても町民のよりどころである場所が現れるという計画です。この図面のように大屋根の公民館から森の中の神社へと少しずつ神社への道を開き、変化していきます。変化をつくる要因としては、まずは屋根に木や石、銅など、柱に木やスチールや

ステンレスなど、材料を使い分けることで劣化のスピードに違いを与えて徐々に内部が減っていき、神社が残るように操作します。次に地面のスラブには、日光と雨に当たると土に還るコンクリートへ種を植えたものを使い、屋根がなくなるにつれてそこには植物の居場所がつくられていきます。そして木からの落ち葉によって屋根の劣化が進んだり、木に集まった鳥の糞から植物が発芽するなどの偶発的な変化も同時に起こります。これらの変化が連鎖し、解体や崩壊した木の屋根が土壌を豊かにしたり、石の屋根が参道の石畳をつくったり、成長した植物が建物を浸食していったり、そしてその植物を木材にして新たな建築をつくったり、変化が循環し合い、空間がつくられていきます。この左上から右下に向かって変化の様子が示されているのですが、屋根がない部分から空が見えたり、壁から植物が透けて見えたり、建築空間に時間という軸を取り込み、変化していく地球だからこそその時々現れる空間の暖かさが感じられる建築となっています。

POSTER SESSION

TAKAGI's SESSION

高木　これは既存の神社を改修するということですかね?

鈴木　はい、既存の公民館と神社があり、公民館は建て直して、神社はそのまま残しつつ公民館の中に含ませるという計画です。

高木　絵からわかるようでわからなかったのは、ものが朽ちていく様相そのものがデザインされているということで良いですかね?

鈴木　はい、そうです。建物全体が少しずつ森に侵食されていくのを議題にしました。

高木　それは公民館と神社のどちらも?

鈴木　公民館が侵食されることによって、最後には森の中に神聖な感じの神社を残すという建築です。

高木　公民館は普通に維持されて、社殿そのものが朽ちていき、自然に還っていくということですかね?

鈴木　建物が朽ちていき、神社の核となる社のようなものに向かう参道に社だけが残って、その周りは木に囲まれるという。

高木　絵があまりわからなかったので、絵を大きく見たい。ただ、物語そのものがとても面白いです。ちょっと話が長くなるので話さないけれど、日本の神道に式年遷宮というのがあるじゃないですか。それに対して、九相詩絵巻という平安末期の仏教の無常観を表現した絵があるんですよ。知っています?

鈴木　知らないです。

高木　九相詩絵巻を勉強しといて。その神仏習合の考え方とすごく合っている。

NAKAGAWA's SESSION

中川　時間とともに建物が朽ちていくというか、経年変化していくことを利用しながら公民館

が神社になって、土地とともに変化していく時間を設計するような提案だと思うのですけれども、ちょっとわかりづらかったのが、初期設定の公民館は鈴木さんが設計されるということですよね?

鈴木　はい。

中川　材料の話はわかったのですけれども、公民館がどれくらいの大きさで、どのような架構によってできているかという建築自体の説明はありますか?

鈴木　これが1/200の最初の図面で、点で柱が打ってあるのですが、鉄骨造のラーメン構造のような感じで、普通の大屋根の切妻の形にはなっています。

中川　最初の建物の大きさはどうやって決めていますか?

鈴木　既存の配置図があるのですが、もともと右側に神社の空間があり、左に公民館が現存していたのですが、その公民館と神社の2つの土地を目一杯使った建築にしています。

中川　というのも、最終的に朽ちて森とともに生きる建物だから、初期設定が小さいほうが有利というか、朽ちやすいというか、森と融合しやすいじゃないですか。だけど、最初の建物はあえて大屋根ですごく大きくつくっているから、それがなぜかなと思ったのですが、その辺りをちょっと教えていただけますか?

鈴木　最初は自然よりもどちらかといえば集まりの場が必要とされているという想定で、最後に自然がたくさんになるという、時間が経つにつれて少しずつ変化する空間の豊かさのようなものを、変化の幅のようなものを引き出すために、最初は建築のみという感じの大きな空間を提案しました。

MOMOEDA's SESSION

百枝　ちょっとわからなかったのが、この左上の状態は、大きな建物になって、それがだんだん小さくなっていき、最後は神社だけが残るんでしたっけ?

鈴木　はい、そうです。

百枝　それはどういう周期で?

鈴木　決まった周期はないのですが、部分的に屋根の素材を変えていき、この木の部分から劣化していくのですが、その部分が劣化し始めたら解体されるとか、自然崩壊をして、その図になっていくという感じです。木の劣化の速度としては、20年から30年というのが法定されているので、20、30年からスタートして、50~100年くらい続く変化と考えています。

百枝　神社だけが残る理由は何でしたっけ、石葺きだから?

鈴木　残るようにしているのは銅葺きにしています。それは耐用年数において銅葺きが1番守られるからと、神社は街の人に手入れをしてもらうことを想定しています。

百枝　そうか。消えていくのは面白いですけれど、今の話だと、素材の話ということですよね。木と金属。周りの街並みなどをもう少し考えられても良いのかなという気はしました。ただ、絵は上手いですね。

長島協奏曲

岡山県の南部、瀬戸内海に浮かぶ「長島」。ここは、日本初の国立ハンセン病療養所がある島である。この島のハンセン病患者らの生きた記憶を継承するために、5つの建築と音楽の提案を行う。

ID38
篠山 航大
神戸大学工学部建築学科B4

Answer 1. Illustrator, Photoshop, Rhinoceros, Cinema 4D, LUMION　2. 8万円程度　3. 6〜7ヶ月　4. 彩度の統一　5. グラフィックデザイン　6. コロンバ美術館　7. 建築設計業

NAKAGAWA's COMMENT

二次審査の議論で音響設計の話が出ましたが、音響設計とは基本的に良い音にするためのものであるにも関わらず、あの場所では必ずしも良い音である必要はなく、普段と違う美しさのようなものを追求しようとしているところもさらに良いと思いました。

PRESENTATION

敷地が岡山県の南西部に浮かぶ長島という島で、ここはハンセン病の療養所として一世紀近く、今も続いている島で、現在も元患者さんが住まわれています。人口はあと25年すると0になってしまい、ここで行われている差別の歴史や国の政策によって行われてしまった政策の誤りなどが消えてなくなってしまうという問題を抱えている、そういう島です。そこにどうやって記憶を引き継ぐかということで、島の中に5つの土地を選び、それらを巡ることによって記憶を継承するという提案を行っています。昨日の発表では言えなかったのですが、ルートの中には新築だけではなく既存も含まれています。新築で音楽の機能があることからプラスのイメージがあるとは思うのですが、それだけでなく、既存の生々しい感じというかそういう負の歴史も継承しつつ、負の歴史と正のイメージである音楽という2つのベクトルを持った提案であり、ルートをめぐることによってハンセン病の歴史の中に内接する2つのベクトル、差別の歴史と患者さんのレジリエンス性という2つのベクトルをそのまま感じられる島にしていこうという提案です。プログラムは小学生の歴史体験と音楽体験です。そもそも何故音楽かというと、この島に閉じ込められて一生ここで暮らさなければならないとなった人たちが、音楽という手段を用いて自らの生きる意味などを見出していたという歴史があります。1つ目の建築は、埋められてしまった監房の横にチェロの練習場を全く同じスケールで平面もトレースしながらつくりました。チェロの周波数は人の声に1番近い楽器と言われていて、その音が響くことで、ここにいた囚われの他者という存在を認知することができます。これは一見モニュメントに見えますが、島で最初に来る場所なので総合受付や音楽家の裏側動線など、モニュメントに見えてモニュメントではないというもので、先ほどの20番の作品と被るところがありますが、そのような提案になっています。長い地下道はコールテン鋼でできていますが、日常から非日常への切り替え装置として、歩くと音が出るようになっています。次がフルートの練習場で、ここは肉体労働が行われていたところで、かつて使われていた斧や鎌と一緒の素材、鉄を用いています。その鉄を使った楽器であるフルートをここで演奏することを想定しています。フルートは金属なのですが、非常に優しい音が出るという二面性があり、患者の作業も一方では苦しい作業だったけれど、もう一方では患者の生きがいにもなっていたので、それらの二面性がある歴史を投影しつつこの建築をつくっていきました。ピアノの練習場は、308人の卒業生が出たので308本の柱が用いられています。まっすぐの建築を曲面の波打ち際に挿入することによって、まっすぐ歩いているけれど、いつの間にか海の上に出ていて、そこでピアノが弾ける。ピアノはずっと見えていて、ピアノに導かれるように建物内の端まで行くという感じになっています。そして、自殺スポットの崖にバイオリンの練習場を計画しています。バイオリンの音の出る仕組みと建築自体が同じ仕組みになっていまして、建築の中でバイオリンの音が響いたり、岩に打ち付けられた波の音が建築の内部に響いたりすることによって独特な体験ができるようになっています。かつて海が隔離壁としての役割を果たしていたのですが、縦に切り開かれたスリットによって海が見えるようになっています。最後にホテルを設けて宿泊できるようになっています。以上、5つの建築によってハンセン病のストーリーが学べるような提案になります。

NAKAGAWA's SESSION

中川 ちょっと不勉強でよく知らないのですけれども、"長島"は現在どのような状況なのですか？ 将来的には役割を終えるという話はわかったのですが、現在はどのような状況なのだろう。

篠山 現在は法律として強制収容されているわけではないのですが、60年以上ここに住んでいる人がほとんどで、生活基盤を失ってしまった人が住んでいることから、厚生労働省がその人たちが亡くなってしまうまでは管理していくという感じになっています。既存の建築なども多く残されています。

中川 今住んでいらっしゃる方たちがお亡くなりになったら役割を終えるから、その後にこの島の歴史を伝えていくような場所として、島全体を活用していくという提案ですね？ その場合、チェロの練習場とかフルートの練習場というのは、島を訪れる人が練習しに来るというイメージですか？ 例えばコンサートを聞きに来るとかならわかりやすいのだけれど、練習場となっているのが、なぜなのかなと思って。

篠山 もちろんコンサートも開けますが、常に開かれているわけでもないので、個人に開かれた使われ方といいますか、想像しやすいために練習場としています。あとは、年間1万人の小学生が来て歴史体験をするというので、実際に差別が行われていた土地でその話を聞くための講堂として。あとは、何も使われていない時にも、例えば波の音などが反響して、音楽ではないけれど音

POSTER SESSION

楽のような自然が体験できるような施設として計画しています。

FURUMORI's SESSION

古森 できあがったら、行ってみたいね（笑）。いつできるのですかというくらい楽しみだね。それぞれの建物は新築なのよね？

篠山 新築と、既存も完全に残すので……。

古森 今説明してもらったものは、ほとんどつくるものなのよね？

篠山 はい、説明したものはつくるものです。

古森 それらは何か共通させていることはあるの？ 共通させないほうがいいか、木造だったりRCだったりとか……。

篠山 とりあえず土地に根ざしたストーリーを建築化しているので、共通してこれというものはないのですが……という感じですね。

古森 例えば素材に正直につくるとか、ルールのようなものをつくったほうが良いんじゃない？

篠山 その場の移り変わりの切り替え装置のような感じで、アプローチは統一しています。例えば、自然の中で白いコンクリートを打ったアプローチにしているのは全部一緒なのですが、それくらいですね。

古森 歴史的に封じ込められた時期があったわけじゃない、それと素材の関係とか、何かそれに関連したことを……。僕だったら、例えば素材を

ありのまま使うとか、何かそうしたテーマのようなものを共通して持つと、全体がもっと一体の物として見えていくような気がするけどね。それがさらなる可能性に繋がると良いなと思っています。いずれにしても行ってみたい（笑）。

MOMOEDA's SESSION

百枝 バランスは良いなと思ったのですけれど、チェロとかフルートのための空間みたいなところは、どういう変換の仕方で設計しているのですか？ 例えば、音楽を聴くのであれば、反響音がすごく大事だと思うのですが、そういうところは考えられているのですかね。

篠山 全体的に、大まかな構成に関しては楽器の形態や歴史などを参照しつつ、個別のストーリーがあります。2分では話しきれなかったのですが、そういうのを参照しつつ、音響に関しては、例えばここだったら、反射板のようなものを設けるといった工夫によって、その辺りをクリアにしている状態ですかね。

百枝 では、しっかり詰めて計画しているということですかね？

篠山 そうですね、一応そのつもりです。

百枝 ここは地元ですか、どうしてここを選ばれたのですか？

篠山 出身が岡山県で、この島のことを小さい頃から学校の授業で学ぶんですよね。だからずっと気になっていて、たまたま行ったということですかね。

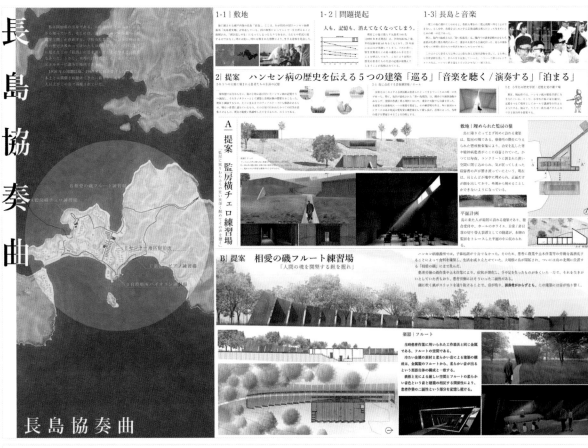

ID01

山下 裕子

慶應義塾大学
環境情報学部環境情報学科B4

Answer 1. Illustrator, Rhinoceros, Python, xyプロッター
2. 15万円程度　3. 1〜2ヶ月　4. グリッドシステム　5.
ファッション　6. 海の博物館　7. 建築事務所

畑賞
PRIZE WINNER

編戸 ―網戸を編む―

本制作は、自宅網戸に風景を編んだものである。私は、網戸などの物理的にそこに
あるのにないことにされてしまう黒子のようなものに光を当てて制作を行いたいと
考えている。

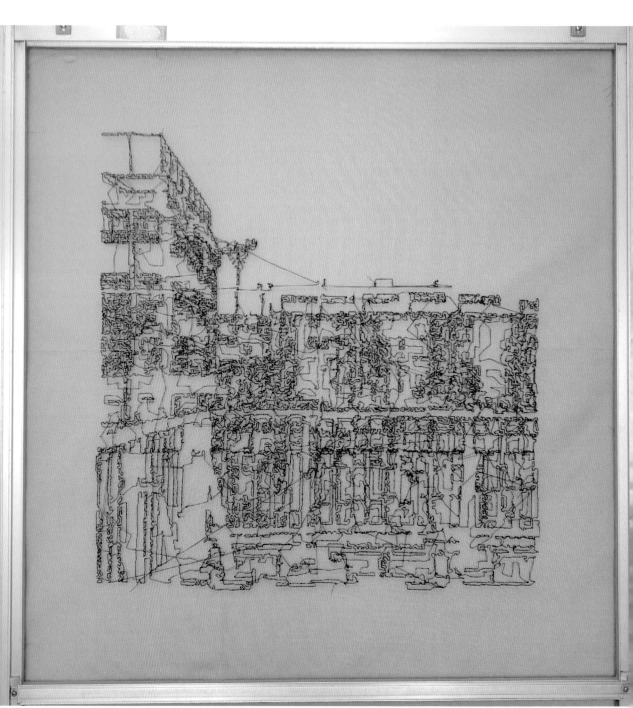

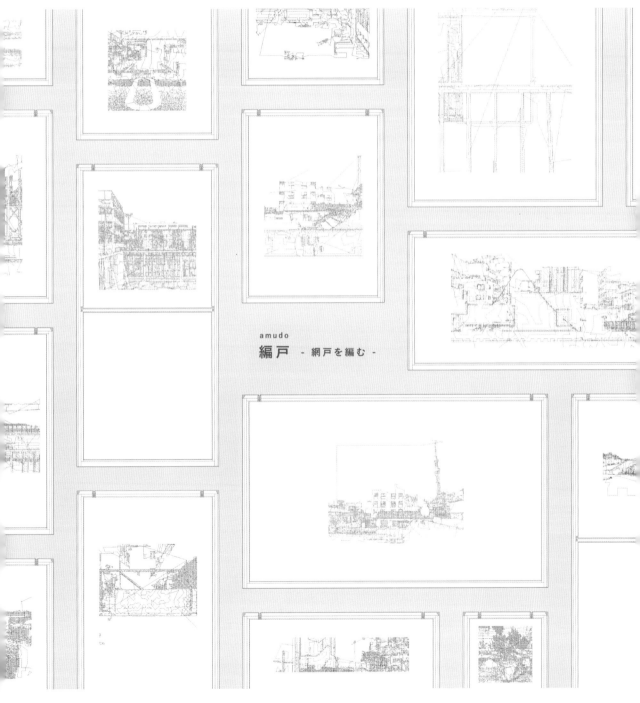

amudo

編戸 - 網戸を編む -

本制作は自宅の網戸に風景を編んだものです。私は網戸などの物理的にそこにあるにも関わらず、なかったものにされてしまうものに光を当てて制作を行いたいと考えています。背景です。私たちの大学には滞在棟があります。しかし、滞在棟の網戸には中桟がなく、網戸が見えずに衝突する事故が多発していました。そこで網戸プロジェクトを発足し、衝突防止の目印、かつ景観を損なわないものを慶應のペンマークやロゴマークとして制作しました。同時に高さのない網戸を採用したことから、設計者の網戸の存在をなかったことにしたいという記号的な透明性を求める意図が伺え、芸能の黒子と同様、物理的にそこにあるにも関わらずなかったことにされてしまう網戸の黒子性に気がつきました。それから今年、役に立たない機械をつくる課題ではフェルメールの「真珠の耳飾りの少女」を作成しました。最終成果物は全て手動でしたが、機械化と環境に適用するソフトが開発できれば網戸の多品種適量生産の可能性があると考えました。そこで本制作の内容を網戸の自動生成、半自動編み機の作成、網戸を編むことの3点によって以下の目的を達成します。1つ目は、本来なら決して光が当たることがない黒子に黒子のまま光を当てるという矛盾の成立です。2つ目は少品種大量生産の既存の網戸に対して、多品種適量生産の新しい網戸を制作することです。手法について説明します。網戸から見える風景画像をグレースケールに変換、任意の大きさに分割し、1つのセルの輝度の標準偏差つまり、色のばらつきを取得します。色のばらつきが任意の値より少なければ分割なし、大きければ分割ありとします。これを繰り返して四分木分割を行い、分割後にセルの中心点を繋いで網戸の自動生成とします。半自動編み機では既存のXYプロッターを用いて、ヘッドの部分を刺繍針に付け替え、カラーアングルとクランプを用いて垂直に設置します。ミシンの仕組みを踏襲し表糸を編み手に裏糸をプロッターに分けます。Pythonを用いてプロッターを制御し、網戸を編んでいきます。同じ

PRESENTATION

風景からは、同じ座標が取得されますが、このように糸を貼ったりわざと遊ばせたりなど、編み手によって絵肌が出ます。つまり、盆栽のように半分は自然発生的に、もう半分は編み手の審美眼によって設定される仕組みです。実験です。1枚目の網戸の風景と編み図はこのようになりました。このように閾値を設け、その中心点は2万点程、かかった時間は18日でした。出来上がったのがこちらで、糸にテンションがかかっているので編み図と似た直線に近い仕上がりです。2枚目の網戸の風景と編み図はこのようになりました。同じ閾値を設定し、総中心点を1万点弱、かかった時間は5日でした。出来上がったのはこちらで、1枚目とは異なり、遊ばせて絵肌を出しているので表糸と裏糸が重ならないルーズな仕上がりです。手元を実時間で撮影した動画がこちらです。このように編んでいきます。目的が達成されているかを考察します。風景を編んだことで主役にならず、網戸と同化し黒子性を維持しているので、目的の1つ目を達成したと言えます。さらに四分木分割することで情報の密度が低いと粗く、高いと細かくなります。そのため、窓やベランダなど人のいる可能性が高い場所から、または自分からの視点を遮ります。プライバシーと場所性を考慮した多品種適量生産の新しい網戸だと考えられます。最後に網戸を編むとはどういうことだったのか。それは物理的にそこにあるにも関わらず、なかったことにされてしまう網戸のような黒子に対して、そこにいていいという存在意義を付与し、居場所つまり網戸にとっては、ここにしかあり得ないという場所を創出する行為だったと自身は考察します。展望について述べます。スケールを大きくし、都市の中で塀や駐車場のフェンス、マンションの柵などを編むことによって、網戸と同じように、存在するのにいないもの、厄介者として扱われる都市の黒子に対しても制作を行いたいと考えています。最後に、網戸のような黒子が都市や建築のあり方を変える可能性を感じています。

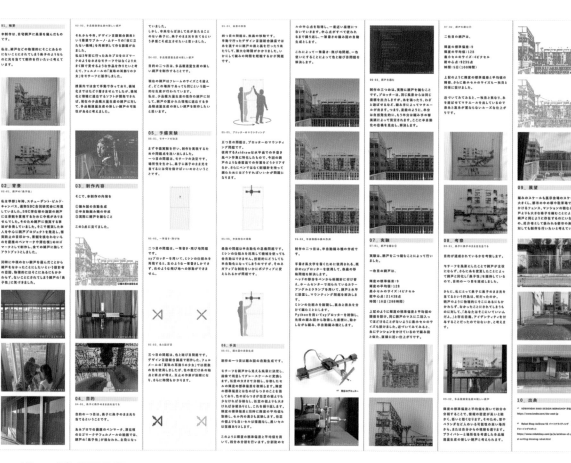

TAKAGI's SESSION

高木　今回は、あなたの大学にある施設を使って実験的につくったけれど、そこからの展開は考えていますよね?

山下　大学の網戸から始めましたが、扉絵で使っていたのは自宅の網戸です。

高木　今回は手で編んだけれども、機械化して各所に個別のデザインを出したいという狙いはありますよね? 場所によってパターンは変化しますが、それに対するプログラムは何か考えましたか? 繰り返しになるかもしれませんが、網戸に編まれたパターンによって、何をどう変えたいのかもう一度教えてください。

山下　網戸のような建築の中では比較的主役にならないものを……。

高木　ないほうが良いとされているものね。

山下　ないほうが良いとされているものをできれば主役にしたいと思っています。花形に昇華し、目を向けられることで可能性を広げていく。そこから建築を考えるのが本制作の狙いとしてあります。

高木　それは制作のスタートの話であり、各所に対応する際の共通した考えが聞きたい。編まれるパターンの法則性というか、ルールのようなものは考えていないのですか?

山下　現時点では、網戸から見える風景を写真で切り取り、それを輝度の標準偏差を用いて四分木分割をし、風景からプログラムを書き出してそれに基づいてXYプロッターで座標を打ち出し、半分機械、半分自分で編むようにしています。

HATA's SESSION

畑　網戸の機能は、開口部を開けながら虫を中に入れないという機能ですよね。これは、基本的な網戸のメッシュの上に単にグラフィックパターンとして現れてくるものなのでしょうか? 機能について教えてください。

山下　これは自宅の網戸を壊すとかではなく、それに付け加えるという制作を行っています。そのため、網戸の機能はそのままで絵を挿入したということです。

畑　なるほど、要するにガラスの上にステンドグラス化するというような、目に見えていないものを、ある表現のサーフェスとして用いる手法ということでしょうか?

山下　そうですね。

畑　それだけではないですよね。あなたは環境解析をして、光の当たり方によって網戸の目の細かさや粗さをコントロールすることで、何か他の意図もあったのではないでしょうか?

山下　輝度の標準偏差というのは色のばらつきのことであり、例えば、編み図で見ていただくと、窓やベランダの人のいる可能性の高い場所から編み込まれていくため、自分への視線を遮ることができます。そのため、プライバシーを考慮した網戸とも考えられるし、その場所から見える風景を編み込んでいるので、その場所由来の風景が創出されるプロジェクトだと思っています。

畑　つまり、虫を止めるという機能を超えて新しい機能が網戸に張り付き、それがグラフィックパターンになっているということですよね。よく理解できました。

FURUMORI's SESSION

古森　最終的に網戸の中桟をなくすまではよくわかったのだけれど、その後に何か編むの? その黒子は最終的には何に繋がっているの?

山下　大学にある滞在棟に中桟がないのは、設計した人が網戸の存在をなくしたくて中桟のない網戸を選んだからだと私は思っており、同様に網戸が黒子として扱われていることが多いと思ったので、網戸に光を当てて、例えば建築のファサードのような花形に昇華できるような制作を提案したいと思いました。

古森　網戸にデザインを加えるということね。

山下　そうですね。例えば網戸が主役になるような建築や、歩行者のほうが黒子と考えられるようなフェンスなどに、黒子が昇華されるような建築や都市群を想像しています。

古森　なるほどね。そういうことはあるよね。もともと必要のない、消えて欲しいものにあえて積極的にデザインを加えて恥ずかしくないものにしようとする。なるほど。

山下　新しい建築などになりそうだなと考えています。

古森　商品化されると良いね。感心しました。

ID35

近藤 宏樹

名古屋工業大学工学部
社会工学科B4

Answer 1. Illustrator, Photoshop, Rhinoceros, SketchUp, Twinmotion, 手描き 2.3万円程度 3.2〜3ヶ月 4.コンセプトのわかるパースづくり 5.風景画 6.六甲ガーデンテラス・自然体感展望台 六甲枝垂れ 7.ゼネコン設計部・組織設計関連

古森賞
PRIZE WINNER

Inter-change MARKET
モビリティを活用した次世代型マーケット

ネットスーパーの普及により、実店舗としてのスーパーマーケットの役割が大きく変わろうとしている。商品が陳列される空間だけでなく、この場所ならではの体験価値が求められる。また、各家庭への配送を目的とした新たな流通システムが望まれる。そこで、交通の便の良い高速道路沿いを敷地とし、食の旬に対応するために新モビリティを活用し、柔軟に変化するマーケットを設計する。

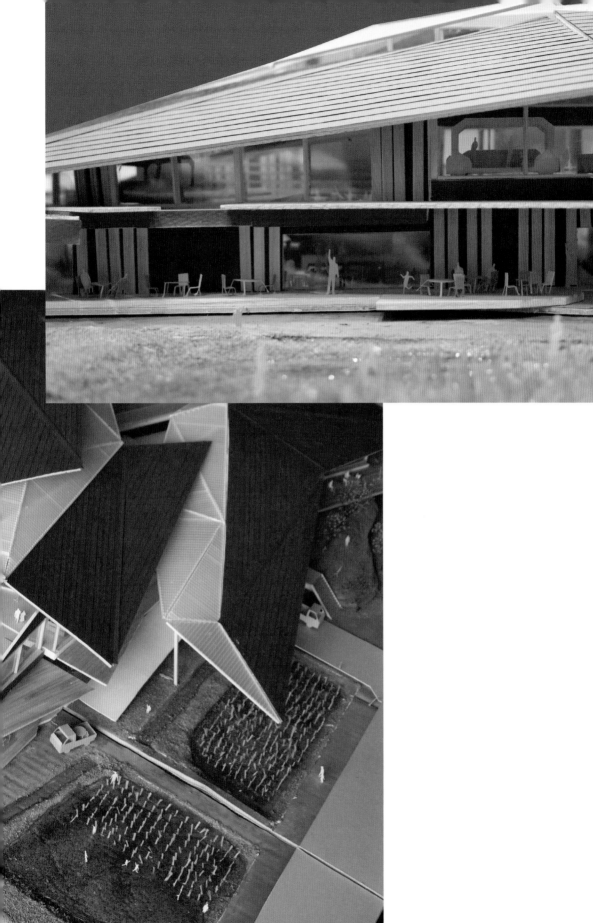

Inter-change MARKET

モビリティを活用した次世代型マーケット

ネットスーパーの普及により、このようなスーパーマーケットの役割が大きく変わろうとしている。
売る場が便利される空間だけでなく、この場所ならではの体験価値が求められる。
また、各家庭への配達を目的とした新たな流通システムが導入されることから、
次世代モビリティを活用し、食の旬に対応して柔軟に変化する新たなマーケットを設計する。

01 背景　ネットスーパーの普及

多種も商品を扱うスーパーマーケットの役割は、時代とともに変化してきた。現在、対面形態える消費者が増加し、個々のスーパーの商品を自宅で配達するネットスーパーが拡大している。

02 問題提起　流通拠点としての体験型マーケット

オンラインとは違い、実際に購入が予想される実店舗のスーパー。食の価値体験する体験の場が求められると考えた。また、従来の大規模な流通拠点だけでなく、各家庭への小規模な流通拠点が必要になる。

03 提案　MARKET × MOBILITY

配送モビリティとして購入が予想されるように次世代モビリティを活用。体験型マーケットと、可変性をもつ流通拠点が集約する施設を提案する。食をモビリティのポートを配置することで、旬り変わる食の旬に対応する多様性と広がりある空間となる。

04 ダイアグラム　スラブとスロープが重なる空間

01. 高速道路にポエスラブ
02. モビリティが乗降となるスロープ
03. スラブとスロープを重ねる
04. 大屋根に入れ込み一つの立体構造

05 敷地　住宅地を分断する高速道路

敷地は日本中にある開発地である。開発第一空住宅群に、食品流通ラインによって多くの住宅地が広がり、一度、IC上が位置する交通の要所となる。高速道路としてT開発がめ、名所高速道路と新幹線道路がある位置を形態にした。更に、多くの車が通るために多くの利用者があり、高速道路の交差しが広がり、高速との接がIC上で分断され、約を分断する壁のような白を呼びかけた。

06 プログラム　高速道路直結型マーケット

全国各地から最も早く食材をより迅速に届けるため高速道路入口を設ける。高架下の道路で各食品が流通を最短距離搬送する。モビリティのためのこの実送を最短を確保する。体験型マーケットとして、立体のポート食い取目が利用される空間となる。多くの在庫がある自己空間に、英の空食材を有意とするテーブルが置ける各自位を提案する。食材を有意とするテーブルなどにる各自自を提案する。

高速道路と新幹線沿線の間に生まれる変化する断面形状

SECTION1

SECTION2

高速道路とつながる地上

Farm → 〔Logistics mobility〕 → Inter-change MARKET → 〔mobility〕 → Table

PRESENTATION

アフターコロナでマーケットはどう変わるのでしょうか。私は住宅が通る高速沿いにモビリティを活用した次世代型マーケットを提案いたします。コロナ禍の中、ネットスーパーが普及しました。既存スーパーにはオンライン上の販売を通して、買うだけではない体験価値と各家庭へのラストワンマイル拠点が必要になると考えました。そこで次世代型モビリティを活用したマーケットと流通拠点の複合施設を提案いたします。モビリティを介入させることで可変性を生み、食の旬に対応する柔軟な関係を目指しました。用途は高速直結型マーケットとして、生産者と各家庭を結ぶ施設です。販売機能として商品陳列を減らし、販売されている商品を使った料理を提供することで食の価値を確認する場を追加しました。敷地は名古屋のベッドタウン愛知県一宮市萩原町です。免震高速道路と幹線道路の交点を対象敷地としました。ダイアグラムです。高速へとつなぐスラブとモビリティのスロープを重ね合わせるように形をつくり、大屋根をかけ空間をつくりました。スラブ、スロープ、屋根の組み合わせをスタディし、高速にかかるような三層のヴォリュームと三枚に分かれた屋根と半透明材を用いた形状を決定していきました。多面的な屋根と重なるスラブにより連続した空間が変化していきます。建物内部には常設のキッチンとの関係性をもつ、仮設的なモビリティのポートを設けます。こちらが1階平面図です。幹線道路沿いに販売機能、高速下に流通機能を配置し、その中央にモビリティ動線を置きました。既存高速と車線を増やして、高速上から荷物を直接降ろせるようにしました。建物内部にはモビリティ動線を置き、モビリティ動線上にポートを設けるようにし、営業中はこの動線が人の動線となります。決まった席ではない野外のお祭りのような自由な飲食を想定しています。これから必要となるインフラ機能とオンライン上ではないその土地に根ざした実店舗の形を考えた提案になります。

TAKAGI's SESSION

高木 造形的には2つのモビリティの動線と、すごく面白く絡められていると思うんですよね。とはいえ、これが成立する前提のようなものが機能として気になります。高速道路と国道だから車の通りは多いはずだということなのだろうけれども、高速道路に乗っている一般の自家用車の人たちが、ここで新鮮な野菜を買いたいかというのは、ちょっと考えてみると良いと思う。

近藤 施設としては、この場で食材を買うというよりは、商品の基幹店としての役割で、あくまで販売はオンライン上を狙っています。

高木 なるほどね。

近藤 ここでは実際に食べて価値を知り、その場でネット購入するようなことをメインに想定しています。

高木 ご飯を食べる程度だということね。

近藤 そうですね。多少小さなものはその場で買うことが可能なのですけれど、あくまで価値を普及することを役割にしています。

高木 わかった、なるほどね。僕は、流通センターだとしたらもっと大きくなるのだろうと思う。要は、プロ同士が荷物を搬送中継するみたいなことになり、物流がものすごく大きくなって、結果的に野菜なら野菜の値段が下がるとかね。そのついでに、築地市場ではないですけれど、そこから残ったものが個人の消費の店に流れるという。でも、メインが物流拠点としてあるのだったら、それはあり得るのかなと思うんですよ。

POSTER SESSION

近藤 今回あえて住宅地に設計している点として、今おっしゃっていたような巨大な市場のようなものとは異なり、今後オンライン上の便利なところで各家庭への配送が必要になると考えており、より小規模、かつ、より住宅地に近い場所に機能が必要な提案として今回は出しているので、あまりにも大きくするのは……。

高木 わかりました。僕はそういう前提が気になったので、それであれば良いと思う。造形も楽しくて面白いと思いますよ。

FURUMORI's SESSION

古森 これは非常に、僕も実際に行ってみたいというか。僕は今畑をやっているので、非常にこのような物流にも興味がある。インフラを疑っているところが何よりも非常に感心しました。高速道路はもういじることができないものとして考えているけれど、インフラと建築の接点を考えているところは、これからいろいろな可能性があると思う。楽しみにしています。

MOMOEDA's SESSION

百枝 先ほどもスーパーの提案の方がいましたが、スーパーは魅力的ですか?

近藤 僕は既存のスーパーは規格化されていて、あまり良い印象は持っていません。どちらかというと、目指した空間は卸売り場のような集まる雰囲気が良いなと思って。それが今回住宅地寄りにあることで、もっと消費者がより参加できるような形で空間をイメージして内観を考えています。

百枝 何箇所か聞き取れなかったのですが、どのような機能がモビリティにはあるのですか?

近藤 中に入っている機能としては、キッチンカーのように移動型飲食店のような機能を持ったもの、販売できるようなものを想定しています。あと、流通機能のほうでは配送モビリティ、トラックのような機能。これら2つのパターンの機能を持ったモビリティが介入しています。

百枝 移動販売と何でしたっけ?

近藤 流通機能のほうは、シンプルにものを運ぶだけのトラックのような機能を想定しています。

百枝 なるほど。この屋根はどのように決めたのでしたっけ?

近藤 屋根は全体を繋ぐようにまず1枚の屋根をかけたのですけれど、その中で断面的にスロープを介入させることで、途中途中に中庭のようなものを立体的に介入させたく、結果的に3枚に分けてその間を半透明材で覆うような形で屋根を決定しました。これはいくつかスタディしたうえでの形になります。

百枝 現代的で全体のバランスが良いと思いました。

FURUMORI's COMMENT

高速道路のインターチェンジではないけれど途中で停まることができるようにしてあり、ネットなどで物を買えて今までの物流を変えるという提案だと思うのです。そこに停まって降ろして家まで届けられるのではないかという、壮大な話をしているように感じられました。僕が日常で目の前の建築のことだけを捉えているのに対し、もっと大きな、特に食べることに関して新しい可能性を提示してくれたことに、もっともっと話が聞きたかったという想いも込めて古森賞にしました。

ID58

増田 真由

慶應義塾大学総合政策学部
総合政策学科B4

借りぐらしの公共空間

「みんなの居心地の良い空間」を突き付けられる公共空間
を生き延びるために

居心地の良さというものは個人の認知による。しかし、公共空間は均一化され、これ
が「みんな」の居心地というものを一定に明示する。これは渋谷の公園に住付きなが
ら自分の小さな居場所を形成していき、普遍的、均一的「みんな」と個人を比較した
手法論のプロジェクトである。

百枝賞
PRIZE WINNER

Answer 1. Illustrator, Photoshop, Rhinoceros,
InDesign, 手描き, レーザーカッター　2.7万円程度　3.
1年以上　4. 主題を外れてまでスタイリッシュにしない
事、見やすい事、写真の色が多すぎるので同じオーバー
レイを使って色味をある程度揃えた　5. 都市、言語　6. 蟻
鱒鳶ル、中銀カプセルタワービル　7. 研究職か都市デザ
イン

借りぐらしの公共空間

「みんなの居心地の良い空間」を突きつけられる公共空間を生き延びるために

問題意識 渋谷公園に存在する共通ルールとは何なのか

本制作の意図

流れ

ハックのルール

人が入れるものとして作られたスペースで自分の体を使って場所を少し「借りて」ハックを行うこと

一般化の方法

ハックツールができるまでと実験

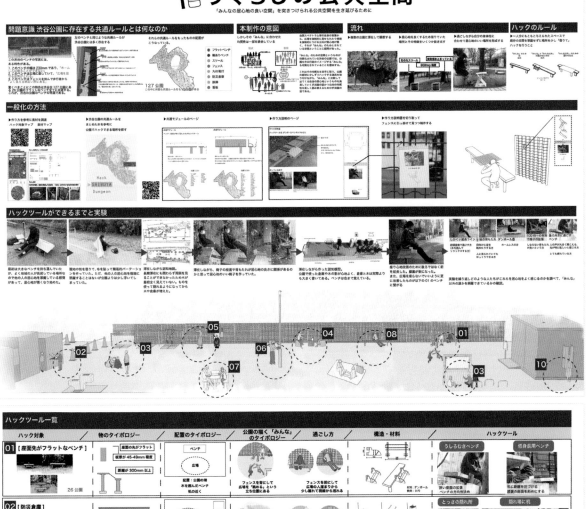

ハックツール一覧

ハック対象	物のタイポロジー	配置のタイポロジー	公園の描く「みんな」のタイポロジー	過ごし方	構造・材料	ハックツール
01 [座面先がフラットなベンチ] 26公園	座面の先がフラット 床面が45-49mm程度 / 距離が300mm以上	ベンチ / 広場 配置：公園の植木を囲んだベンチ 机の近く	フェンスを背にして広場を「眺める」という立ち位置にある	フェンスを前にして広場の人だまりから少し離れて視線から隠れる	材料：ダンボール 費用：0円	うしろむきベンチ / 低身長用ベンチ
02 [防災倉庫] 40公園	鉄で出来ている 主に石の基礎の上に乗っている	遊具、広場 / 倉庫 / デッドスペース 配置：公園の端	防災の為に公園に置かなければいけない 食器は端に寄せている	「隔離的」な公園の中、一緒に過ごす倉庫の側でひっそり過ごす	材料：100の延長500 100角の板 費用：770円	とっさの隠れ所 / 隠れ場に机
03 [看板と鉄棒、遊具] 看板：70公園 鉄棒：30公園	上下3つ左右2つ 六角ナットで締めている 鉄棒の間が1500*820 看板の下が1500*750	看板、フェンス / 広場 / 看板、フェンス / 広場 配置：入り口、公園の隅	遊具は子供が遊ぶもの 夜は誰も使わない	夜は大人がスクリーンにして遊具を使い、海藻されている看板の看板には遊具がスクリーンになっている黒板ボードを使う	材料：ダンボール 100円の板 費用：110円	落書きできる看板 スクリーン遊具
04 [丸いスツール] 66公園	その間の距離は600-1000mm程度	スツール / 遊具、広場 配置：石の丸、四角のスツールが複数個まとめてある	一人の人がそれぞれ座ぶもの 保護者が子供を見るような位置	机を作ることで方向性を作り向かい合って話す	材料：ダンボール 費用：0円	小さな待合机
05 [フェンス] 94公園	金網目スパンが90mm	フェンス / 周囲	人の視線を通すフェンス 禁則事項看板がおいてある	フェンスにものをかけたり、禁則事項看板の看板を机に変わるもので机でゆっくり過ごせる	材料：A4の台紙 費用：300円程	役に立つ禁則事項看板 / 机になる / 看板
06 [丸柱電灯] 79公園	GL+1100mmで、縦590mmから約290mmに切り替わる	広場 / 電灯 / 植物 中央、植物の中	中央にある電灯 電灯の側に広場が続いている	電灯の側が広場である為電灯の側を展開して過ごす	材料：ダンボール 費用：0円	即興スタンディングディスク 半径が狭くなるところに固定してテーブルに
07 [机]						即興のサブ机
08 [背もたれがないベンチ]						球場の背もたれ / カバンかつ延長ベンチ / 枝の背もたれ
09 [柵ありベンチ]						足伸ばしベンチ
10 [普通のフェンス]						めかくしフェンス
11 [広場]						段ボールの畳

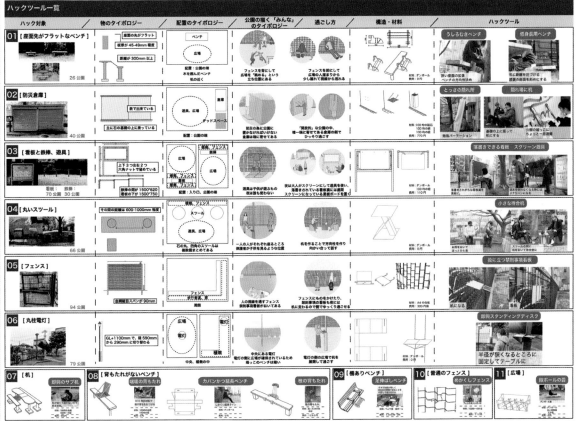

Hack
▶▶ SHIBUYA
Dungeon

area   15.11 km²
overdensity 15,538/km2
mapscale   1/20000

PRESENTATION

これは渋谷の公園のベンチの写真だ。何の変哲も
ないようだがある特色がある。幅は狭く寝ることは
できない、広場と面している、歩行者からよく見える
ところにある。なんとこの特色は渋谷の127公園のう
ち26公園の全てに共通する。つまり皆のための公共
が均質化されているのだ。私はこの"皆"に当てはまら
なかった人のためのハックツールを制作した。具体例
として先ほどのベンチのハックツールができるまで
を説明する。自閉スペクトラムを持つ私は開放的空間
では人がいないと最初は地面で過ごしていた。次にベ
ンチで背もたれなどを付けて過ごした。しかし、覚書
した認知地図や認知模型をつくるうちに、私にとって
の本当の排他性とはベンチや広場がセットで眺められ
る場所であるということだと気づいた。そして、最終
的に座面を延長し後ろ向きに過ごすツールへとたどり
着いた。つくるなかでさらに板厚が約45mmだという
ことに気づいた。これもフラットベンチ全てに共通し
ていた。この均質性を逆手に取ると、1箇所でつくった
ものがさまざまなところで利用が可能になる。そして
他のハック手法を考えていった。ここで徹底したルー
ルが1つある。ハックによって第2の公共をつくらない
ために占有を行わないこと、少し場所を借りて居場所
をつくること。これを踏まえて具体的なハックツール
の説明に入る。例えば石のスツールという特徴を公園
から抜き出し、そこに配置パターンを見出して間に机
を置くことで2人バラバラの過ごし方ができる。公園
の机とベンチの間が広いことを修正したほか、開放的
空間でなくてはならない渋谷公園の中で厄介者のよう
に端に寄せてある防災倉庫は、鉄製かつ基礎の上に乗
っているということを利用して、磁石でくっつくパー
テーションや机になる。これは基礎の上に座って行う
座談会の様子だ。渋谷区の電灯はGLから1,100mmの位
置で直径が変わるので、その形を利用して1枚の段ボ
ールを簡単な形に切り折りしただけでできるテーブル
をつくった。フェンスは朝日スチール工場製で波打っ
ていて縦目が90mmスパンであることと、どのフェン
スにも禁則事項看板がかかっていることを用いて、横
にするとライトスタンドとして使える看板の制作を行
う。そして、フェンスがそもそも人の視

線を通すための仕切りであることから逃れるべく、
コートなどをひっかけて目隠しをして過ごす場をつ
くった。また手すりで区切られたベンチなどは行政が
まとめて買っており、手すり同士の間が約600mmであ
る。そこに足を伸ばすお昼寝ベンチや、説明看板の下
と鉄棒の下、健康遊具の下が約1,500から800mmとサ
イズが近いことを利用して、落書きの多い看板の裏を
昼は黒板に、夜は子どもやお年寄りがいなくなって佇
む遊具などに引っかけて使うスクリーンをつくった。
そのほかにも折り畳める広い座面や机を延長する道具
などもあるが、これらは全て即興的につくれる素材で
できている。まだ紹介していない椅子だけでも過ごし
方によって多種制作してきたが、これを他者に向けて
実験していくうちに誰が何を使うのかが見えてきた。
座面を後ろに延長していたものを使って仰向けに過ご
し寛ぐ人、座面を前に延長し前傾姿勢で寛ぐ人など人
の居心地のタイプの細かな差異が見えてくる。個人の
身体知から始まったプロジェクトだったが、公園の示
す普遍というものを定規に個人の認知と向き合うきっ
かけとなるべく、最後に研究をまとめた本をオンライ
ンで公開した。「渋谷ハックダンジョン」と題して攻略
本に見立ててハックできる共通モジュールの在処や私
が過ごしてきた公園での過程などについても詳細に公
開している。段ボールのカットデータやつくり方は一
から図で解説しており、これを切り取って折り畳んで
フェンスに針金を通してひっかけると、解説を見なが
ら制作できる。さらにハックをより身近にするために
Excelをもとに、Google Mapに分布を落とし込んだ。
例えばフラットベンチの欄をクリックすると同じルー
ルが適応されている公園が出る。ツールをつくる際の
素材も現在地に近いところから探れる。妙にきれいな
ゴミが放置されていることも渋谷の場所性といえるだ
ろう。最後に、公園は行政の理想の"皆"とは誰かを暗
に示してくれる場所であった。私は公園で1年半借り
暮らしをしながら、普通の居心地というものへの疑問
を公共空間へ投げかけた。そしてデータベースに溜ま
ったツールで同じようなツールを使ったもの同士、似
た認知の人が出会うことがあるまで、これを続けてい
く。

NAKAGAWA's SESSION

中川　公園のベンチは、実は行政が一括管理し
ているから共通性がある。だけど、このようにあっ
て欲しいという居心地はそれぞれ違うから、増田
さんが言うハックという展開の仕方を用いて、部
材をくっつけて個別性を生み出していく提案なの
だと思います。1個ずつの試みは面白いと思った
し、実測しながら自分の実感を伴いながらつくっ
ていたこともよくわかって、共感を持っています。
そのうえでちょっとお伺いしたいのは、このハック
というのは無限にできてしまうじゃないですか。ど
のようになったら、このプロジェクトは達成したと
なるのですか？

POSTER SESSION

増田　そうですね。まだ実験は繰り返し行って
いて、最終的に公共がどのようにあるべきかと
か、公共をどのようにハックできるかということに
落ち着くのではなく、例えば、ハックツールを咄嗟
の隠れ家と同じように使った人たちが、公共とい
う不変を示すものを定規として自分たちはその
不変から少しだけ外れて、このような居心地の良
さという認知を持っている。そういう認知が似て
いる人たちがハックツールを通じて、少し出会え
るというのが、私がこの研究の先に見ているもの
だと位置付けています。位置付けて、それができ

た時に達成したと言えるのだと思います。

中川　昨年、事務所全員で南米のチリにリサー
チへ行ったのだけれど、チリは細長い国だから、
都心部と田舎で材料が違うんだよね。それで、風
景の色も違うし、同じベンチ1つとっても材料が
全く違うわけ。もちろん組み立て方も違う。そうい
う時に、今の増田さんの提案は渋谷でとりあえず
やってみようということなのだけれど、渋谷は東
京で都会だから、どんな材料でもある程度手に
入ってしまうんだよね。だけど、地方の街で同じこ
とをしようとすると、全然材料も違うし、ハックの
仕方も変わってくると思う。だから街によっていろ
いろな材料が違うし、風景の色も違うなかで、ど

のようなハックをすると良いのかを、いろいろな場所をリサーチすることによって、増田さんが今時点で気付いていること以上の発見が起こりそうだという展望を、今日のプレゼンを聞いて感じました。

増田 ありがとうございます。確かに渋谷以外の場所、自宅近くでもハックツールを一度つくってみたのですが、電灯の高さなどが明らかに違ったり、ベンチなどにも柵がついていなかったりと、ハックツールをつくろうとする過程で、都心部と田舎で公共の形が違うことに気付くきっかけにはなりました。ありがとうございます。

中川 うん。特に今見せてくれているものを渋谷でやるとしたら、確かに百均とかでなんとか駆使するのだろうなと思うのだけれど、地方都市の離島などに行ったら、とりあえず島にある石で何とかしないといけない。おばあさんの漁村の縄の編み方で何とかするとか、その時特有の材料や方法がもっとあるような気がする。ハックの仕方が場所によって違うのは、それぐらいの広がりがあるのかなと感じました。

増田 確かにそうですね。百均の届かない場所。

畑 1年半、公園で過ごしたのですか？

増田 連泊ではないです。連泊したり、ずっと置いていたりすると法律に抵触するので。1泊寝てから帰ってまた行ったり、12時間以上過ごす場合は、夜は過ごさないで昼間の時間にしたりというようにして安全を確保しつつ、寝たり、机を使ったり食べたりという作業をしました。

畑 なるほど。考え方は非常に良くわかりました。こうやって面白いのが標準化されて均質化されてルール化されているからこそ、汎用性があるというハックに汎用性が生まれてくる点が非常に面白かったのだけれど、今紹介してくれたもの以外に、いろいろ考えたものがありそうでしたので、時間の限りちょっと紹介してもらえませんか？

増田 わかりました。先ほどの45mmの鉄という素材であることを利用して、磁石をくっ付けています。こちらは電灯の地面の上から上がっているところで径が切り変わっているのを利用して机にしています。例えばこれは、看板と鉄棒のサイズが似ているのを利用して、そこから切り替わるスクリーンと黒板を使っています。あと、丸椅子ツールがここにあるのですけれど、丸椅子ツールというのは、寝られないようなサイズなのですが、だいたい2、3個まとめて置いてあるという特色があるので、そこの間に机を置くことで小さな待合室にするとか。フェンスの幅の縦スパンが900mmであることと、あさひスチール工場製造ということも共通しているので、その波の形状に合わせて机をつくり、その机をつくることによって波の形状にひっかけるものをつくるとか。ホームレスが寝られないようにベンチの中に柵が設けてあるベンチというのは、行政でまとめて買っているので、柵と柵の間が同じであることを利用して、ベンチの柵を延長することができ、足を置くことができるというのをつくっています。

畑 うん、なるほど。もっと他にありますか？

増田 あと、フェンスの間柱とか……。机と椅子の距離が300mm以上というのが共通しているので、机を鉛直にするとか、開放的な空間にするために、名前に遊園地が付いているところは広場があるので、それを利用して、そこに過ごすことができる中身をつくるなどしました。

畑 なるほど。では最後に質問します。パブリックスペースにこのようなツールがあり、使えるようになることによって、どのようになって欲しいと思ったわけですか？ 自分1人がなんとなく空地を気持ち良く使えれば良いという話では、おそらくビジョンとして違うと思うのですが。どのようなことを考えて、例えばいろいろな人と共有して、もっと皆で公園のようなパブリックスペースを使えるようにしたいというビジョンなのか、どのようなビジョンがありますか？

増田 そうですね。実は、最後は公共論に落ち着くわけではないのです。どちらかというと、身体性から始まったプロジェクトだったので。公共という、均質性とか、普遍とかを示してくれるものを定規にして、こういったオープンソースとかにある、買ったデータとかを使っている人同士だとか、実際に実験した時に同じハックツールを使った人同士で、実は居心地に対する認知が似ているのではないかというような気付きがあったので……。認知の共通性というか、それをこのプロジェクトの先に見つけられることを、私は展望にして……。

畑 すごい。うん、面白い。よくわかりました。目的もよくわかりました。つまらない公共性に向かわないという、身体であるというのがすごく説得力があって良いですね。大変面白いと思いました。

百枝 1年半公園にこうやって住んでいたのですか？

増田 連泊はしていませんでした。1回寝たら一度帰って、その次の日に12時間くらい昼過ごすなどのように借り暮らしをしていました。

百枝 デスクというのは、コロナなどを考えて外で仕事できるような場所を考えたのですか？

増田 コロナの前からやっていたプロジェクトなので、コロナのことを考えてつくってはいませんでしたが、オープンエアで仕事ができる場所としても応用が効くと思います。

百枝 なるほど。これは1人ではなく集まるような描き方があると想像しやすいのかな。数人集まる仕掛けのようなもの。今一人の場所という感じがしたのは、そういうわけではないんですね。

増田 そもそもの始まりが、自分が居心地が悪いので自分の居心地を良くしようということでしたので、1人の場所というのはあっています。ただ、応用して集まるなどはできるかと思います。

百枝 それは他者が使えるように展開することができるということですか？

増田 素材が段ボールなどであること、そしてその素材とハック対象の場所をオープンソースで公開しており、カットデータもオープンソースにしてあるので、他の人も到達できるようにしています。

百枝 本当に段ボールでつくるんだ。

増田 はい。他の人もすぐにその場で手に入る道具にしました。

百枝 それが流行ると1人1人がそれにハックをするから、結果的には集合するだろうというシナリオですか？

増田 いえ、私が、ハックが広まった先に目指したいのは、公共を良くするということではなく、例えば実験した際に、同じハックツールを居心地が良いと感じた人同士で似た認知を持っているのだと気付くような、公共という"普遍"を定規に自分たちがハックツールをつくることによって、それぞれの居心地の良さに対する認知を持つことです。

百枝 身体性を回復するとか、そういう話ですかね？ 研ぎ澄ませるみたいな。そういう環境的な装置ということですかね。

増田 そうですね、最後は身体感覚に戻っていきたいです。

MOMOEDA's COMMENT

コロナ禍というキーワードが今回の審査時には出なかったし、コロナの前からやっていた取り組みらしいのですが、現状の都市の生活というか、建築がどう変わるかのような関心に対しても、今後の社会において少しヒントになるようなものだと感じたので票を入れました。

JIA賞
PRIZE WINNER

ID11

大本 裕也
熊本大学工学部建築学科B4

舞手はをどり, 神はわらふ
― 神楽のショー化と地域の風景 ―

島根県に、昔からある石見神楽は、時代の変化によりショー化が激しくなった。この地区に神楽の雰囲気がなくなる事を危惧し、神楽の舞や地域のコンテクストから、建築の形態をつくり、神楽をアーカイブ（保存）する建築を提案する。

Answer 1. Illustrator, Photoshop, Vectorworks, 手描き　2. 8万円程度　3. 2〜3ヶ月　4. 建築のコンセプトを表す手描きとCADを合わせたメインパースを大きく配置し目を引くように工夫しています。　5. 映画や写真などのメディアについて　6. バイエラー財団美術館　7. 設計事務所

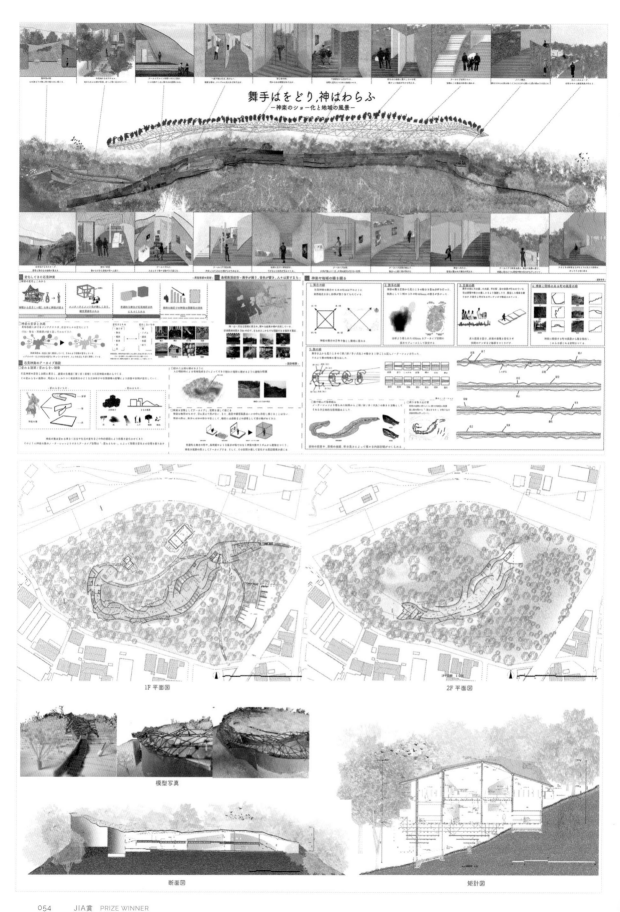

舞手はをどり,神はわらふ
ー神楽のショー化と地域の風景ー

1F 平面図

2F 平面図

模型写真

断面図

矩計図

島根県西部の石見地方には昔から伝わる石見神楽があります。石見神楽は時代と共に変化していて、神職から一般の人の手に渡り、エンターテイメント化が激しくなり、観光資源化され、石見地方外にも関連の施設がつくられるようになりました。しかし石見地区では人口減少や担い手不足といった問題が起きており、まちに神楽の雰囲気が薄くなることを危惧しました。そこで私はただ単に不変的な建物をつくるのでは無く、石見神楽を建築としてアーカイブする施設を提案します。神楽をアーカイブする設計手法として、神楽に関する5つの点をまとめました。1つ目は、舞台の四方が方角を表していることから、この軸を建物の基本的な軸としました。2つ目は、舞の動きの分析から得た606ミリを空間の基本的なモジュールとしました。3つ目は、音楽のリズムを床の段差と踏面の大きさによって表現しました。4つ目は、神楽に関する地域の風景の線を抽象化し、それらを空間で感じられるようにしました。5つ目は、舞の動きを上から見たものをグラフ化し、

そこから屋根をつくりました。またその屋根を支えるように、壁の配置を決定しました。5つの線によってできてきた建築の平面図がこちらになります。アプローチ空間では地域の線や神楽の線を感じながら向かい、エントランスでは床・壁・屋根の変化が少なく穏やかに始まります。メインであるアーカイブ空間では要素がそれぞれ複雑に変化し、絡み合ったり、壁の間から外部空間を取り込みます。そしてそれぞれの要素が半屋外の舞台で集結します。帰りは屋根を見下ろしながら余韻に浸るように帰っていきます。この建築が1つの神楽の演目のようになっています。神楽の舞は変化せず、神楽を取り巻くコンテクストは再解釈・再構築され変化してきました。本提案では変化をポジティブな要素として捉え、舞からできた建築は変化せず、壁の間から周辺環境を取り込むことによって、時間の変化によって舞の空間も変化させていきます。

TAKAGI's SESSION

高木　非常に緻密に造形の根拠を、神楽の人の動きからポイントを取って形にするなど、秀逸だと思うのですが、この建物の使い方がアーカイブだから、言ってみれば美術館ですよね？

大本　はい。

高木　これは実際の神楽の舞台にはならないのですか？

大本　山頂部分に舞台を設けていて、展示とかを見ながら歩き、最終的に舞台を見るという感じになっています。

高木　そうですか。僕は、やはり実物の神楽を新しく見せていくのが神楽の生き延びる1つのポイントだろうと思うんですよね。今まで舞台ではなかったところで、新しい演目をつくっていくという点で、この建物が生きると、とても良いと思います。その辺りの考えを加えられるかどうかわからないけれど、すごく面白いですよね。

NAKAGAWA's SESSION

中川　全体の平面図を見せていただけますか？建物の長手方向を中心に曲がった壁が挿入されていて、短辺方向については入っているところがたまにあるけれど、あまりないよね。この長辺方向に曲線の壁を入れていた理由は何ですか？

大本　基本、まず屋根を決めてから壁を決めたのと、その壁の間から外部環境を取り込みたくて、壁の分析とか光の取り入れ方を考えた結果、長辺方向に対して真っ直ぐな壁の配置になっています。

中川　では、光と風を解析した結果なのかな。地形を読んだとか神楽の演目と関係して、このような長辺方向というわけではない？

大本　周辺環境と屋根を支えているという意味もあるので、壁の位置とかは神楽の舞の分析から出た位置でもあります。

POSTER SESSION

中川　次に、屋根も理解が追いつかなかったので教えて欲しいのですが、屋根の架構はその神楽の動きから導いたんだっけ？

大本　そうです。神楽を上から見たものをグラフ化して特徴が出てきているのですが、それを自分なりに1本にまとめて、最初から最後まで構成したという感じです。

HATA's SESSION

畑　石見神楽が非常に面白いと思ったのですが、ちょっと教えて欲しいのは、今回設計したものは、具体的には機能としては何になるのですか？

大本　アーカイブ空間として、基本的には美術館とか博物館です。

畑　それは石見神楽の伝承するための？

大本　そういうことです。

畑　アーカイブということですね。そうすると本来であれば、舞台の寸法とか、舞台のそでとか、いろいろな形式があると思うのですが、そういったものはアーカイブしないのでしょうか？

大本　最後の舞台だけは、舞台の大きさの寸法などは正しくしています。昔舞台があった場所に舞台を計画しているのですが、昔はずっと神社でやられていて、伝統的な形式というのが神楽の一部だったけれども、時代が進むにつれて仮設舞台などが増えてきた面も、石見神楽の工程の1つの要素だと思ったので、そのバランスを考えて今回計画しています。

畑　そこが重要なところなので、もう一度聞きたいです。石見神楽と他の神楽の大きな違い、あるいは石見神楽の特徴は何でしょうか？

大本　簡単に言うと、右側の観光資源化というのが他の神楽と大きく違っており、海外で演じられていたり、大阪に専用の舞台ができたり、オリ

ンピックで演じられる予定があったりと、この地域外ですごく盛り上がってしまっていて、この街にはどんどん薄くなっているのが特徴だと思っています。

畑　わかりました。最後に教えてください。石見神楽では何でもありの世界になった時に、何をもって石見神楽と言うのでしょうか？大阪の舞台でやっているのに、なぜそれは石見神楽と言えるのですか？

大本　……。

畑　それが大事な問いだと思うんだよね。おそらく単なる演目の問題ではない気がするんですね。だから、石見神楽というのが、僕はすごく面白いテーマだと思っています。もちろん石見神楽とは、どういうことなのかわかっているのですけれど、なんでもありになった時に、何をもって石見神楽なのかということが改めて見えてくるのかなと思ったので、ぜひこのプロジェクトを通して、興味を持って考えてみると良いかもしれませんね。

ID17
濱崎 拳介
九州大学工学部建築学科B4

シン・メタボリズム

日本初の世界的な建築運動、メタボリズム。その時代の建築たちは一度も新陳代謝されることなく老朽化、解体され始めている。しかし、当時の建築は、現在において歴史的価値を強く帯びはじめている。そこで、メタボリズム時代の建築である坂出人工土地を対象に、躯体をかたどって小さなモジュールを作成する。その組み合わせで多様な空間を生み出す新たなメタボリズムのあり方を提案し、人工土地を未来へと継承していく。

Answer 1. Illustrator, Rhinoceros 2. 2万円程度 3. 1〜
2ヶ月 4. 手描きパース 5. 絵画 6. 九龍城砦 7. 未定

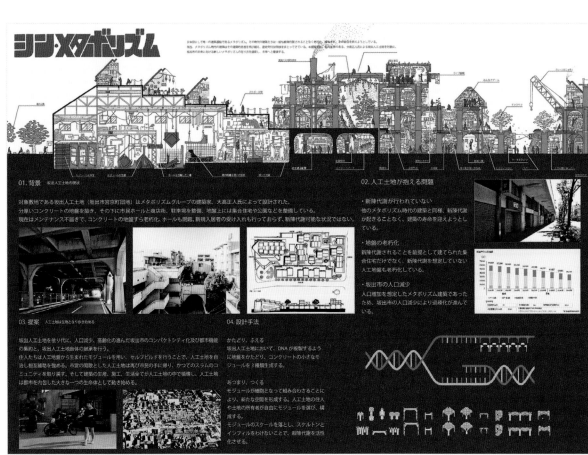

シン・メタボリズム

日本列島にして唯一の建築活動である＜メタボリズム＞。その時代の建築たちは一様に維新が構築されるとともに消滅し、その姿を失わうとしている。
現在、メタボリズム時代の建築たちは、建定用な延命治療をなそうとしているが、本質的な変化、大高正人氏による人工土地を対象に、坂出市の未来における新しいメタボリズムの在り方を考え、未来へと変異する。

01. 背景　坂出人工土地の現状

対象敷地である坂出人工土地（坂出市宮町団地）はメタボリズムグループの建築家、大高正人氏によって設計された。
分厚いコンクリートの地盤を築き、その下に市民ホールと商店街、駐車場を整備し、地盤上には集合住宅や公園などを整備している。
現在はメンテナンス不届きで、コンクリートの地盤すら老朽化、ホールも閉鎖、新規入居者の受け入れも行っておらず、新陳代謝可能な状況ではない。

02. 人工土地が抱える問題

・新陳代謝が行われていない
他のメタボリズム時代の建築と同様、新陳代謝が起きることなく、建築の寿命を迎えようとしている。

・地盤の老朽化
新陳代謝することを前提として建てられた集合住宅だけでなく、新陳代謝を想定していない人工土地盤も老朽化している。

・坂出市の人口減少
人口増加を想定したメタボリズム建築であったため、坂出市の人口減少により過疎化が進んでいる。

03. 提案　人工土地は生物となり歩き始める

坂出人工土地を使り代え、人口減少、高齢化の進んだ坂出市のコンパクトシティ化及び都市機能の集約と、人工土地自体の継承を行う。
住人たちは人工地盤から生まれたモジュールを用い、セルフビルドを行うことで、人工土地を自治し相互補助を強める。市営の閑散とした人工土地は再び市民の手に帰り、かつてのスラムのコミュニティを取り戻す。そして建築の生産、施工、生活全てが人工土地の中で循環し、人工土地は都市を内包した大きな一つの生命体として動き始める。

04. 設計手法

かたどり、ふえる
坂出人工土地において、DNAが複製するように地盤をかたどり、コンクリートの小さなモジュールを3種類生成する。

あつまり、つくる
モジュールが細胞となって組み合わさることにより、新たな空間を形成する。人工土地の住人や土地の所有者が自由にモジュールを選び、構成する。
モジュールのスケールを落とし、スケルトンとインフィルをわけることで、新陳代謝を活性化させる。

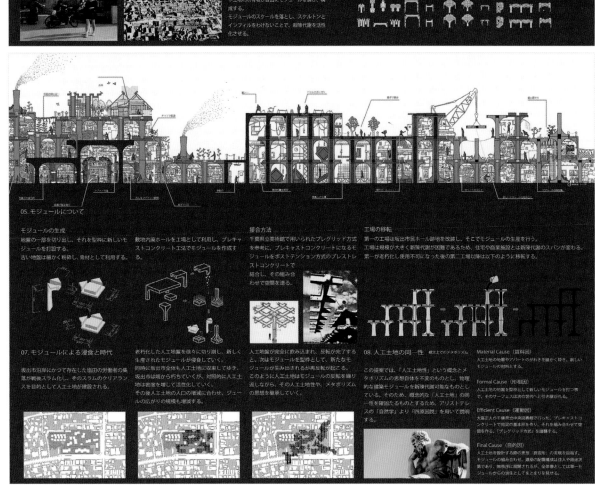

05. モジュールについて

モジュールの生成
地盤の一部を切り取り、それを型枠に新しいモジュールを打設する。
古い地盤は細かく粉砕し、骨材として利用する。

敷地内廃ホールを工場として利用し、プレキャストコンクリート工法でモジュールを作成する。

接合方法
千葉県立美術館で用いられたプレグリッド方式を参考に、プレキャストコンクリートになるモジュールをポストテンション方式のプレストレストコンクリートで結合し、その組み合わせで空間を造る。

工場の移転
第一の工場は坂出市民ホール跡地を改築し、そこでモジュールの生産を行う。
工場は規模が大きく新陳代謝が困難であるため、住宅や商業施設とは新陳代謝のスパンが変わる。
第一が老朽化し使用不可になった後の第二工場は以下のように移転する。

07. モジュールによる浸食と時代

坂出市沿岸にかつて存在した塩田の労働者の集落が戦後スラム化した。そのスラムのクリアランスを目的として人工土地が建設される。

老朽化した人工地盤を徐々に切り崩し、新しく生産されたモジュールを偶像化する。同時に坂出市全体も人工土地に収束してゆき、坂出市は塩から朽ちていき、対照的に人工土地は徐々に土地として活性化していく。
その人工土地の人口の増減に合わせ、ジュールの広がりの規模も増変する。

人工地盤が完全に飲み込まれ、反転が完了すると、次はジュールを型枠として、新たなモジュールを生み出される再反転が起こる。
このように人工土地はモジュールの反転を繰り返しながら、その人工土地性や、メタボリズムの思想を継承していく。

08. 人工土地の同一性　概念上でのメタボリズム

この提案では、「人工土地性」という概念とメタボリズムの思想自体を不変のものとし、物理的な建築モジュールを新陳代謝可能なものとしている。そのため、概念的な「人工土地」の同一性を確固たるものとするため、アリストテレスの「自然学」より「四原因説」を用いて説明する。

Material Cause（質料因）
人工土地の地盤やアパートのがれきを操かく砕き、新しいモジュールの材料とする。

Formal Cause（形相因）
人工土地の地盤を型枠として新しいモジュールを打設し、そのサーフェスは次の型枠へと引き継がれる。

Efficient Cause（運動因）
大高正人が千葉県立近代図書館で行った、プレキャストコンクリートで柱梁の基本形を作り、それを組み合わせて空間を作る、「プレグリッド方式」を踏襲する。

Final Cause（目的因）
人工土地を設計する際の理想「群居形」の実現を目指す。モジュールの組み合わせで、建築の拡張構成は個人や街並み次第であり、無秩序に展開されるが、全体像としては単一モジュールからの連性を保てなまとまりを見せる。

PRESENTATION

本提案の対象敷地は香川県坂出市にある坂出人工土地です。坂出人工土地はメタボリズムグループの建築家、大高正人氏によって設計されました。分厚いコンクリートの地盤を築き、その下に市民ホールと商店街、駐車場を整備し、地盤の上には集合住宅や公園が整備されていました。そんな人工土地は現在3つの問題を抱えています。1つ目は新陳代謝が行われていないことです。他のメタボリズム時代の建築と同様に、人工土地において新陳代謝が行われることはありませんでした。2つ目は地盤の老朽化です。新陳代謝を前提として建てられた集合住宅だけでなく、新陳代謝を想定していない地盤部分も老朽化が進み、鉄筋が露出している部分も見られます。3つ目は坂出市の人口減少です。人工土地は坂出市の人口増加を想定して建てられたメタボリズム時代の建築であったため、人口減少

により過疎化が進んでいます。次に、提案です。坂出人工土地を依代に人口減少の進んだ坂出市のコンパクトシティ化と人工土地自体の継承を行います。住人たちは人工地盤から生まれたモジュールを使い、セルフビルドを行うことで人工土地を自治し、相互補助を強めます。そして建築の生産、施工、生活全てが人工土地の中で循環し、人工土地は都市を内包した大きな生命体として動き始めます。続いて設計手法です。まず、DNAが複製するように地盤を型取り、コンクリートの小さなモジュールを生成します。そして、そのモジュールが細胞となって、様々に組み合わさることで多種多様な空間を形成します。モジュールのスケールを落とし、新陳代謝される場所、されない場所を分けないことで、全体が徐々に変化しながら時代に合わせて、建築は姿を変えていきます。

TAKAGI's SESSION

高木　最後の断面図を見せてください。横に新築もくっつけているということですよね?

濱崎　黒い部分が既存の人工土地で、茶色い部分が新しくつくるモジュールとなります。

高木　既存には荷重をかけないように何か考えていますか?

濱崎　既存にも一応かかるようになっているのですが、基本は地面の上に独立して建つようになっています。

高木　スケールを継承するということかな?

濱崎　はい、そうです。

高木　機能は何ですか?

濱崎　機能は、坂出市自体が人工土地に集約していき、最終的に坂出市の縮図ができるような形になります。

高木　坂出市の縮図とは、どういうことですか?

濱崎　コンパクトシティ化が進んでいき、都市の機能が人工土地の周辺だけで完結するような……。

高木　コンパクトシティね。ということは、住空間もあるし商業空間もあるということですか?

濱崎　そうです。

高木　模型写真だと、どれが新しくてどれが古いのかがわからない。新しくつくっていそうなものも、どうして廃屋のようにつくるのかな?

濱崎　モジュールの制作方法によるのですが、既存の地盤を削りながらそれを骨材としてモジュールを生成するので、生産されたモジュール自体もコンクリートになっていきます。

高木　模型写真が古いのも新しいのも見分けがつかないけれど、そこには何か意図がありますかということです。

濱崎　そうですね、意図して分けていないので、同じようなテイストに。

高木　断面ドローイングだと、もう少し新旧の差があるように見えていたのですが……。最初から模型は全てバラックになっていて、どちらが本当なのですか?

濱崎　実際は、新しいコンクリートで打つので、多少の差は出ると思います。使い続けるうちにどんどん古くなっていくような……。それで、最終的には模型のように。

高木　聞きたいことがたくさんありますが、前半はすごく面白かったです。タイトルの"シン"というのは、成長を前提にした建築に対して、新しいという意味なんでしょ?

濱崎　はい、そうです。

HATA's SESSION

畑　非常に力作で面白いと思っていたのですが、素朴な疑問として、確かにあなたの指摘するように、大高正人のメタボリズムは新陳代謝されなかった。いろいろ問題を抱えていたのもその通

POSTER SESSION

り。それで、あなたはそれを力強く更新する提案をしているのだけれど、つまり、実際にはこのようなことが起きなかったわけですよね?

濱崎　そうですね。

畑　起きなかったのに起きると言える、その大高さんとの違いは何でしょうね?

濱崎　大高さんの人工土地は、人工地盤と上に乗った集合住宅の2つに分かれていて、集合住宅の単位が大き過ぎて変換できなかったという欠点があるので、僕の提案では小さいモジュールに分けて、老朽化したらその都度変更できるという点と、全てモジュールで構成されているので、更新される場所とされない場所という分け方ではなく、全体が徐々に変わっていくという提案になっています。

畑　なるほど。もう1つ気になったのがセルフビルドという言い方がちょっと分からなかった。これはクレーンとか重機を使って建築するようなのですが、セルフビルドをどのような意味で使いましたか?

濱崎　厳密に言うと、市民たちが自分の手でつくり上げるのではなく、人工土地に集まってきた人たちの中に、工場で生産を行う人や現場で働く人がいて、その人たちと実際に住んだり商業施設を開いたりする人が対話を重ねるなかで、自分はこのようなモジュールの組み合わせ方をしようという反省の中で……。

畑　つまり、この人工土地を一度全部クリアランスにして、好きに使えるように市民に投げたら、ここに住みたいと言う人が集まってくるという前提ですか?

濱崎　現在、人工土地に残っている店舗などはそのままにして、そこにモジュールをつけていく形になります。

畑　つけて、どうぞお好きに使ってくださいとすると、興味を持った人が集まってくるということですか?

濱崎　そうです。集まってきた人によって形成される……。

畑　それで起きなかったのではないかとちょっと思っていて、そこに説得力が欲しいんだよね。言いたいことはすごくわかるし、もしかしたら読み切れていないのかもしれないけれど、要するに、人がそこを自由に使うようなことは通常あり得ないわけですよね?

濱崎　はい。

畑　公園じゃないんだし、通常はあり得ない。だから、自由に使うのを許すような仕組みがあると、確かに人が集まってくるかも。いい加減なものかもしれないけれど、何かつくって勝手に売り出すということが起きるかもしれない。南米で起きているような、トーレ・デ・ダビのような

ものになるかもしれない。でも、新陳代謝して「シン・メタボリズム」ということではないかもしれないね。

FURUMORI's SESSION

古森　生物となるというのはどういうこと? 人工土地は生物となり、歩き始める。

濱崎　人工土地自体が大きな1つの生き物になって、その中で商業とか、工場でのモジュールの生産とか、施工などが中で循環して都市として成り立っていくという。

古森　坂出の人口が減っていて、人工土地がちょっと寂しい状況にあるわけよね?

濱崎　はい、そうです。

古森　そこが賑やかになるという話?

濱崎　はい。坂出市全体が人工土地に集約していき、人工土地が密になって活性化していくという話です。

古森　そうすると、どこかが過疎になるよ。

濱崎　過疎になった部分は大きな土地が余るので、そこに工場とか農地など、大空間ができることで建設可能なものをつくり、そのエネルギーで人工土地自体がまた動いていくという。

古森　地上げが必要ということだね? それはいいの?

濱崎　そのようなやり方もあるのではないかと……メタボリズムの1つの新しいやり方としてあるのではないかなと。

古森　でも、僕たちの世界でもよく言われるのだけれど、人口を増やそうと頑張ると、どこかの人口が減るのは日本では避けられないわけよね。そしてそれは、奪い合いになるわけじゃない?

濱崎　はい。

古森　それを1つの街の中でやって良いのかという……。これが勝っても、どこかの大きな負けをつくるような大きな物語になるのでは?

濱崎　んー……はい、そうですね。

古森　それが本当に良いのかという話はないの?

濱崎　それを良しとして、この提案は進んでいます。どうしても土地を離れたくない人は、その空いた空間の農地を営むとか、そのような方向になっていくのではないかと個人的には思います。

古森　もうちょっとだけ広い視点でこれを捉えると、もう少し見え方が変わりそうな気がするな。とにかく、ここが少し大きなところで、メタボリズムと夢のスケールが似ている気がするんだけどな。君はメタボリズムを随分調べたのだろうけれど、それが上手くいかなかったように、この案からはそれと近い匂いを感じてしまうのだけれど（笑）。

濱崎　はい。

古森　そうではないことをしっかりと説明できるようになると良いかなと思いました。

有終の建築

現代社会において、多くの建築物が新築され、解体や改修が為されている。建築の設計時にはどのように空間が利用されるのかなどが考えられるが、終わりというものが存在する建築において設計の段階からその終わりを規定するものは見られない。本提案ではその有終の構想を祭礼行事であり、祭りが終わると山車が破壊されるという文化を持つ大蛇山から着想を得る。山車の要素を用いることで設計を行う。建築の始まりから有終の提案。

ID23
四宮 幸之助
佐賀大学理工学部都市工学科
建築環境デザインコースB4

Answer 1. Illustrator, Photoshop, SketchUp, Vectorworks 2. 4万円程度 3. 5〜6ヶ月 4. テーマに合うレイアウトデザインをすること。 5. グラフィックデザイン 6. ロイヤル・オンタリオ博物館 7. 組織設計、アトリエ

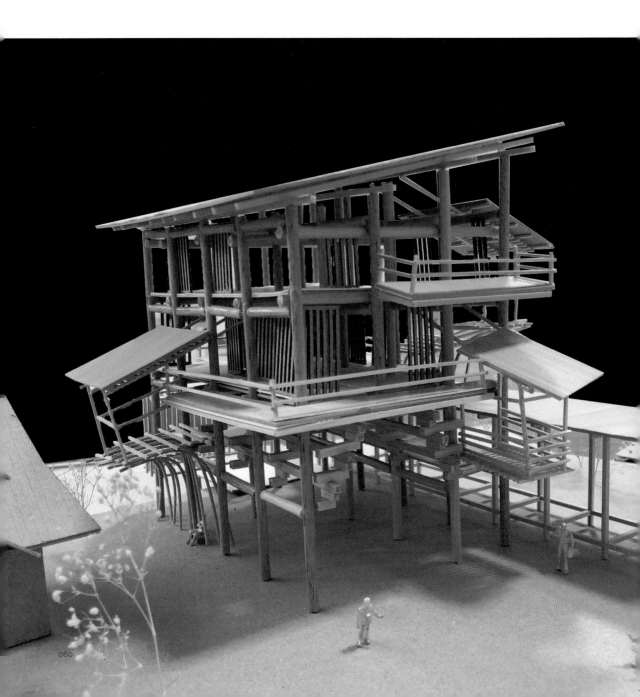

人間がいつか死ぬのと同様に、建築も有終の時を迎えるものです。数多くの建築物が新築され、解体や改修が為されています。建築において設計の段階からその終わりを規定するものは見られません。そこで、本製作では有終の構想を行い、その手法を提案することを目的とします。対象敷地は、福岡県大牟田市の2つの神社とします。これらの神社では、大蛇山の祭祀を行っています。大蛇山祭リは、大牟田で行われる祇園祭です。目玉争奪戦という山車を破壊する伝統があります。山車に大蛇山のような飾りを装飾することにより、構成されています。これは大蛇の頭部となる骨組みの18の工程です。山車を彩るものとなり、祭りが終わると破壊されていく部分です。本提案では格納庫を設計します。また、山車の後方から建築を設計していきます。山車の後方にある竹の曲げや挟みこみによる材の強化により空間をつくっていきます。これらの敷地では、暴れと繊細という対照的な文化を持っています。そこで、太い材を用いた組みと細い材の集積による組という対照性を持たせています。フェーズ1、建築の始まり。山車の要素により

構成された外部空間。桟を用いて構造をつくり、肉付けされた空間。次に、フェーズ2。変化。主に外部の空間が変化するようになっています。曲げの要素により、力強い建築の中に表れる柔らかい空間。フェーズ3、有終へ。祭祀の終わり。有終の形は暴れの文化から人間の手によって解体されていく姿です。次に八劍神社についてです。1階の拡張された空間に対応するように2階の空間が形づくられます。イメージパースとなっています。断面図です。芯となる材をロープにより固定することによりつくられる空間。続いてフェーズ2です。新たな動線を追加。イメージパースです。変化の断面です。拡張され、新たな動線となっています。最後にフェーズ3、有終です。周囲の自然は次第に拡大していき、建物を侵食していきます。有終の形は繊細の文化から周囲の自然に次第に侵食され、様々な生命のありかとなります。飾りであった部分は植物が生い茂り、格子の間隙は鳥などの住処となっています。

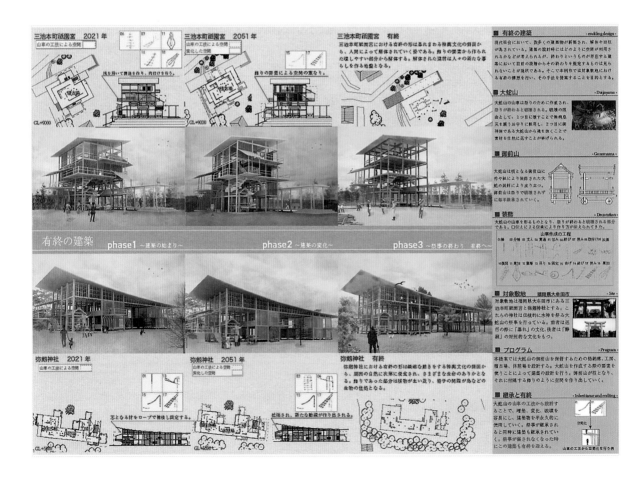

畑　設計したものが2つありますが、両方とも祭りの神社の境内ですか？

四宮　はい、2つとも境内に設計しています。

畑　境内で特徴的な大蛇山ですかね。祭りのための山車を格納しておいて、稽古をするとか祭りに絡ませるとか、関係することをここで行うということですかね？

四宮　はい、そうです。

畑　ちょっと教えて欲しいのは、かなり大きな建築をつくっていますよね？

四宮　はい、そうですね。

畑　これは具体的には、上の建築の2階部分、3階部分というのは日常的にはどのような使い方になるのですか？

四宮　山車を作成するための工房などが、2階と1階に入っています。大蛇山は巡行する文化があるのですが、その時に演奏する機会があるので、演奏するための練習場が3階にあります。

畑　なるほど。すごく力強い造形で、そこに大変魅力を感じます。一方で聞いてみたいのが、神社なので本殿があり、ある種の伽藍があるわけですよね、神社なので伽藍とは言いませんが、境内の中の配置があると思うのです。本殿に対して境内の中にこれだけのボリュームのものをつくると、境内全体としてはどうなのでしょうか？

四宮　境内とこの建築の比較としては、スケールがやはり違うものにはなってきます。

畑　境内全体を意識した絵が欲しかったね。そうすると、これがどのような位置付けになっているのかがわかる。高いからダメとか良いとかではないので、そこを見せてくれるとすごく良かったかなと思いますね。

四宮　はい。

畑　というのも、このような建物は単体では成立しないもの。やはり境内の中での役割を持つということでしょうからね。うん、面白い。もう1つ教えて欲しいのは、聞きそびれたのですが、終わり方はどうなるのでしたっけ？ これは解体されるのですか？

四宮　上と下でそれぞれ異なっていて、上のほうは山車のつくられた要素、壊しやすいものから壊していき、反対に下の敷地では変に壊すことはしないです。だけど、だんだん周囲の自然にのまれていく、侵食されていくという形になっていきます。

畑　だよね。どうして2種類用意したのですか？

四宮　この敷地の巡行の文化を取り上げていて、2つの敷地がそれぞれ持つ"暴れ"と"静寂"という文化の側面、そういった対称性からきています。

畑　なるほど。暴れと静寂というのはそれぞれの神社の祭り、山車の持っている特徴だという

POSTER SESSION

ことですね？

四宮　はい。

古森　卒業設計にしてはすごく精度の高いというか、細かなところまで考えられた提案でとても感心しました。それで、1番伝えたい部分は終わり方なの、つくり方ではないの？

四宮　つくり方と終わり方の両方となります。大蛇の歴史というか、文化それ自体を建築に落とし込んでいるところがあるので、建築自体を継承させていき、そこからの有終という形を大事にしています。

古森　終わる時とはどういう時なの？

四宮　2つの終わり方というものを用意しまして、それこそ——。

古森　いやいや、なぜ終わらなきゃいけないかということ。

四宮　この大蛇山という祭りは、祭りが終わると破壊されるという文化を持っていまして、それを祀る建築ということは、建築に対しても終わりがあっても良いのではないかと僕が考えたからです。

古森　君の考えだけれど、それを共有したいよね。君が思いつきましたでは困るから。カレーライスは辛いけれど、パスタも辛くていいのではないか、みたいな話にならない？

四宮　それとは少し違う……。

古森　でも、終わらなくてはいけないことに対する説明が、先ほどの墓の話（20番「墓、あるいはモニュメント」）とも似ているけれど……。大蛇は終わる必要があるわけでしょ？

四宮　基本的には、そうです。

古森　これは壊すことによって、技術が継承されているんだと思うのよね。だけど、これは壊すことによって何が得られるの？

四宮　壊すことによって、完全に解体などをしていくのですが、解体された材は次の建築に使うとか、竹細工などがすごく盛んな地域なので、その竹細工に使うなどしていきます。

古森　この建物自体はなくて良いの？

四宮　建物自体は、祭りがなくなってしまう時に壊されることになっているので……。

古森　祭りはなくならないんじゃないの？

四宮　祭りはいつかなくなるかもしれない……。確定ではないのですが、その……。

古森　なんか矛盾があるんだよな。君の論理で言うと、祭りも終わって欲しいになっちゃうよね？

四宮　そういうわけではない……。

古森　それでは、この建物はなくならないよ。

四宮　なくならなくても良いように、基本的には継承させていくと考えています。

古森　建築は、終わることを視野に入れるのは結構難しいのよね。パビリオンなどを除くと、短命であるためにつくる建築というのはないと、基本的には言われているんだよね。だけど、短命であることを望むような状況になってくるから、そこをもっと聞きたいなぁ……。すごく精度が高くつくられているから、終わることに対してはまだちょっと不可解な部分がある。本当に終わらなくてはいけないのかをもう少し考えてみてください。

百枝　全体図は見られますか？

四宮　はい。

百枝　これは敷地全体ですか？

四宮　敷地全体は……。

百枝　これは何個の敷地に何個の建物を計画しているのですか？

四宮　2つの敷地に2つの建物です。

百枝　その敷地は離れているの？

四宮　はい。距離的にはおそらく800mほどです。大蛇山を巡行するのですが、その時に山車同士が交わるという関係性を持っています。

百枝　これは山車なんでしたっけ？

四宮　建築自体は山車ではなく、山車を格納するための建築です。

百枝　違う工法でつくられているということですよね？

四宮　はい。

百枝　木造として完成度が高いので、つっこみどころが特にないのですが、なぜこれにしたのですか？

四宮　そもそも僕自身が建築の終わりがどのようなものなのかから入り、それに対して、大蛇という壊される文化について注目したのが、この設計の始まりでした。

百枝　その年ごとに破壊されるのですか？

四宮　はい。壊される部分は決まっています。下の御前山という核の部分が壊されて破壊されます。

百枝　それで捨てちゃうの？

四宮　はい。捨てるというかお守りなどになります。

百枝　なるほど。ものが分解されて回っていく輪廻的な感じですか？

四宮　はい、そうです。

百枝　わかりました、勉強になりました。

CITY SLOW LIVING
― 気ままに過ごす都市風景 ―

現代社会のスピード感に疲れ、ストレスを抱える現代人に、都心でのんびり過ごせる
CITY SLOW LIVINGを提案する。既存の建物から引き出されたヒキダシの上で、
趣味を楽しみ、自然を楽しむ時間がそこにはある。ヒキダシにより、訪れる度に変化
する風景が生まれ、新しい巡り合いが生まれる。拡張された歩道では、ヒキダシ下で
路上活動が行われ、多様なヨリミチが生まれる。路面電車がゆっくり走る広島の都心
で、新しい都市の過ごし方を始めよう。

ID37
遠藤 瑞帆
九州大学工学部建築学科B4

Answer 1. Illustrator, Photoshop, Rhinoceros, 手描き　2. 3万円程度　3. 3〜4ヶ月　4. かっこよさよりも、分かりやすく表現すること。多くの人に見てもらい、意見をもらうこと。表現方法を、過去の優秀作品から学ぶこと。　5. 特になし　6. 豊島美術館、金沢21世紀美術館、大分県立美術館、芝浦のオフィス、多摩美術大学図書館　7. 未定

近年便利な世の中になりましたが、世界のスピード感に人々の心は疲れていないでしょうか。また長時間スマホと向き合う現代人はもっと五感で現実空間を楽しむべきであると考え、「CITY SLOW LIVING」という都市イメージを提案します。これはSlow lifeとLivingを掛け合わしたもので、路上に人々が集い、多様な巡り会いが生じます。これらは広島市内の路面電車が走る幅の広い2つの通りで行います。操作としてはまず歩行空間を広げて移動速度を落とし、その後建物を引き出して情報量を増やします。それらをつなぎ、歩道に足を止める空間を置き、都市の体験密度を上げます。できた全体像がこちらです。ここからは具体的に説明していきます。まず移動速度を落とすため歩道の拡張を行います。合計8車線もある道の半分を歩道にして、すぐ隣を路面電車が走り、寄り道しやすい空間をつくります。続いて引き出し操作を行うことで毎日変化する都市風景を生み出します。引き出し手順としてはまず、既存のファサードに応じて引き出し方を規定し、幅は内部空間に合わせて規定され、その幅に応じて多様な活動が行われます。そして長さは集まる人の規模によって変化し、それに併せて都市風景も変化します。そうしてできた引き出しが伸びていくうちに、引き出し上での活動が変化していき、隣の引き出しとの関係性も変わっていきます。また引き出し操作によって建物内に縦の空間が生まれ、各フロアの視線が交差します。最後に寄り道操作を行うことで都市の体験密度を上げます。縦の寄り道として、引き出し上での活動をつなげて目的以外のものに出会う楽しさを誘発します。横の寄り道として路上に多様な空間を置き、足を止めるきっかけをつくります。これらが「CITY SLOW LIVING」に見られるきままな都市風景です。どこから見ても都市に集う人々の活動が感じられる風景となっています。実際に休日の「CITY SLOW LIVING」で行われる活動はこのようになっています。「CITY SLOW LIVING」はストレス社会を生きる現代人に趣味や移動の楽しみ、都市との巡り会いを楽しむ時間を与えてくれます。

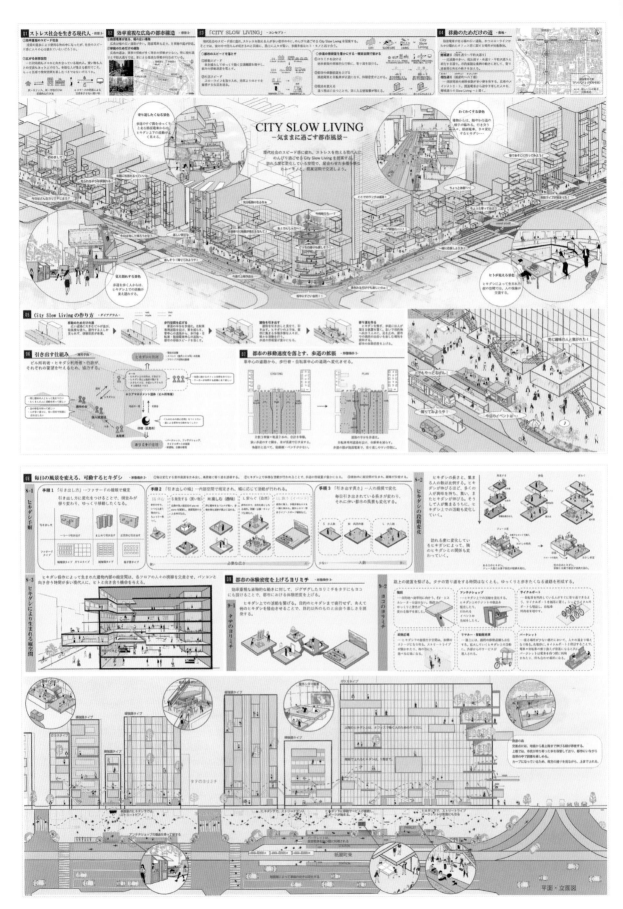

中川 広島は路面電車が走っているのがすごく特徴的で、車道が広いから歩道が決して狭いわけじゃないけれど、何か狭いように感じるというか(笑)。現況は車道のほうがその印象が強いことはあると思うのですけれど、遠藤さんの提案では、ほぼ路面電車くらいまで人が通れる場所を拡張するとか、道路の中の役割分担を少し明快につけていくことで、建物の設計でもあるけれど、道路の設計でもあるというのかな。そこが特徴かなと思うのですけれど、その時に教えていただいたのが、既存の建物からある程度のルールがあって引き出していくことだと思うのですが、その引き出し方が既存の建物から引き出すというイメージはわかったのですが、どれくらい引き出すとか何かルールはありますか? できれば道路との関係で、これくらいは引き出して大丈夫というようなルールがあれば教えていただきたい。

遠藤 先ほどの発表ではなかったのですけれど、一応立面図と平面図にはなっていて、その拡張した道路の幅がおおよそ14mくらいになっているので、その道路からはみ出さない長さで、引き出しの長さを規定しています。

中川 引き出してくると、道路の上空には屋根がある状態になるのかしら。雨が降った時に濡れる場所もあるのかな?

遠藤 厳密にここを引き出してくださいというルールは私のほうからは決めていなくて、引き出しを利用したい人たちが、今日はここを使って、この長さだけ引き出したいという、その日その日で風景がちょっと変わるのを想定しているので、確実にここは雨に濡れないとかいう場所は特に決めてはいないです。

中川 では最後に、建物を引き出す時に既存の建物側でも設計の変更はされるのですか? 既存のビルから引き出すと言っているけれど、引き出すというのは、ジェンガみたいに、あるボリュームがビッと引き出されてくるから既存の建物側でヴォイドができるということなのか、それとも、既存の建物の表面上にボリュームがくっつくという

ことなのか、どちらのイメージですか?

遠藤 そうですね。こちらの断面図がわかりやすいと思うのですけれど、引き出した部分は建物内にヴォイドが生まれて、新たな視線が交差する空間が生まれるようなことを想定しています。

古森 実際にできたら、わくわくする通りになりそうな感じがして素敵です。これは、その都度引き出したり、引っ込めたりできるの?

遠藤 はい、そうですね。

古森 そうすると、引き出した部分の残りの部分はまた使えるのね。

遠藤 中も一応、この断面のように引き出すことで、建物内に模様が生まれる用に設計して……。

古森 それは床として確保できないんだね? その分、中の床面積は減るんだね? それは皆引き出すんじゃないの、引き出さない良さはあるの? これ僕がテナントで入ったら思いっきり外まで出してくださいと言いそうな気がする。テナントで入った時にどのくらい外に出すか好きに決めて良いんでしょ? だったら、思いっきり出してくださいと皆言うんじゃない?

遠藤 一応、スキームとして、こういうのを設計していて、借りる分にもお金が発生するので、あくまでその規模で場所を引き出す長さは制限されるのかなと想定しています。

古森 制限されるの? 最終的に誰かがコントロールしないと、このパースのように綺麗な状況にならない。入る人の意思に任せていると、皆引き出すのではないかなと思ったんだけれど、そうでなければコントロールすることが……これはビルマネジメントになるんだね? そこがなんとなくちょっと。街並みは誰かがコントロールしないと、どうにでもなっちゃうから、グチャグチャにならないようにする仕掛けが要るのかもしれないね。昔の建築家でルシアン・クロールという人がいて、住民参加のことについて、いろいろ書いているの

で、それも勉強してみると良いかもね。

百枝 まず道を変えるんですよね? それは交通量的には現実的なのですか、車線がめちゃくちゃ減りますよね?

遠藤 はい。三車線減る予定です。

百枝 それが可能なエリア?

遠藤 はい。格子状な構造に結構なっているので、迂回はしやすい都市構造になっているのではないかと思っています。

百枝 その辺りに説得力があると良いのかなと思いました。あと、引き出しというのは例えであって、あくまで、ボリュームがビルにポコポコくっついているんですよね? それはその今のビルにくっつけるということ、全部新築にするということですか?

遠藤 くっつけるというよりは本当に引き出すことをイメージしていて、今の既存のビルの中から部分的に路上の上に引き出されることを想定しています。

百枝 それはすごく大変だけど。せめて柱は落とさないといけないし、1階に落として設計しても良いんじゃないですか?

遠藤 そうですね。伝えたいことを伝えるために、今回は引き出しという表現をしているのであって、あくまで現実的には拡張された歩道のところに柱が落ちるのかなと思っています。

百枝 卒業設計か課題かはわからないですけれど、架空だから良いという話ではなくて、そこまで踏まえて考える。1階も柱が落ちることで、領域がやんわりとできるじゃないですか。そこを積極的に設計していくほうが建築的かなとは思います。MVRDVというオランダの建築家が設計した、老人向けのアパートメントを知っていますか? 知らないならそれを見たら参考になると思う。それは柱がなかったかな。なので、できはすると思うので、そこを詰めると良いのかな。比喩で終わらずに、話は良いと思いました。

ID49
青戸 優二
熊本大学工学部建築学科B4

Answer 1. Illustrator, Photoshop, ArchiCAD, Revit, LUMION　2. 5万円程度　3. 3〜4ヶ月　4. インパクト　5. IT・情報　6. 金沢海みらい図書館　7. 設計関連

堤防と建築
建築的スケールで解く堤防と建築が生み出す800mの地形

対象敷地である八代市坂本町は、球磨川の中流に位置し、日本で唯一撤去されたダムがあった土地として知られている。現在ではダムの撤去により清流を取り戻しつつあるが、ダムとともに建設された巨大な堤防により川とのつながりが薄れたままとなっている。そこで土木である堤防を建築的スケールで再構築し、堤防と建築と一体化することで、川と人を自然につなぐような堤防と建築の新たなあり方を提案する。

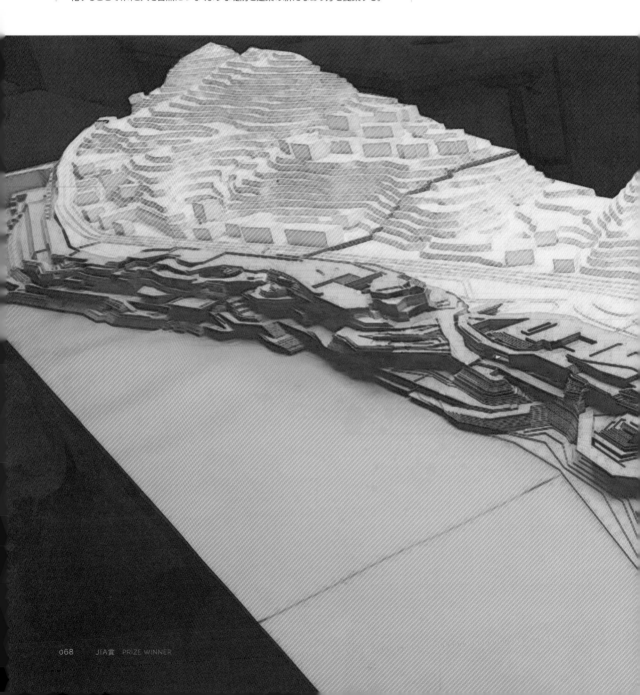

堤防と建築

建築的スケールで解く堤防と建築が生み出す800mの地形

対象敷地は日本で唯一撤去されたダムがある都市として知られる熊本県八代市坂本町で、ダムの撤去により川は清流に戻りつつありますが、川と人の繋がりというのは希薄になったままとなっています。その原因として考えられるのがダムと同時につくられた800mの堤防です。無機質なコンクリートの巨大な塊は川と人との間の見えない大きな障壁となっているのではないかというふうに感じました。そこで土木である堤防を建築のスケールに再構築し、川と人を近づけるような堤防と建築の新たなあり方を提案します。堤防を再構築する操作として、まず巨大な塊であった堤防を人のスケールに合うように分割し、建築的なスケールを挿入させることで全体を構成します。堤防と建築を一体化させることで両者の境界が曖昧になり、建築の中に堤防が入り込みます。人と川を分断していた無機質な

見た目の堤防が球磨川によって削りとられた岩肌のような外観となり、敷地というフレームを越えて川と人とを繋ぐ新たな地形としてこの土地の顔となります。建築の主な機能はミュージアムと道の駅です。ダムの撤去を地域資源として捉え、ダムの情報を発信するミュージアムと人を呼び込む道の駅を計画することで情報発信としての効果が期待できます。建築と緑を設けるレベルについてです。過去の水位の傾向から予想される増水時の水位より高いレベルの建築と緑のレベルを定めることで、堤防としての機能を保つようにしています。堤防と建築の境界が曖昧になった空間は堤防でありながら建築であり、建築でありながら堤防となります。それらの空間には多様なシークエンスが存在し、様々な空間体験をしながら川へと近づくことで川と人との距離を近づけます。

NAKAGAWA's SESSION

中川　長さが800mということはよくわかったのですが、奥行きがどれくらいの規模の建築を考えているのですか？

青戸　奥行きは場所によって変わってくるのですが、大きいところで30〜40ほどになっています。

中川　そうすると、すごく大きい建築になるわけじゃないですか。山の中にあるここを訪れるというのは、ある程度目的があってのことだと思うのですが、先ほどの話のように、ミュージアムとしてダムを観光資源にするには、黒部ダムくらい著名なダムだとわかるのだけれど、このダムの場所にこれだけ多くの手を加えて、人々を呼び込む理由というか、ポテンシャルは何だろう？

青戸　そもそも日本で撤去されたダムという事例がここにしかなくて、今はダム自体のあり方が結構問われている時代であり、実際に撤去されたこと自体がすごく大事なことで、事例としては大事なことなのに、実際は道の駅の小さな1室でしか情報の発信をしていません。それで、ダムが撤去されたことでどうなったのかという情報発信の場が絶対に必要だと考え、日本で唯一ダムが撤去された場所として、ミュージアムを計画しようと考えました。

中川　ダムがあった時となかった時で、水の風景が結構変わったということですが、ミュージアムをつくるという時に、ミュージアムとしての工夫を何か考えましたか？

青戸　ダムのミュージアムとしては……。

中川　どのような展示をするのですか？

青戸　展示の仕方自体は、特徴的なことはあまりないのですが、今までどのようなものがあったのかという映像の場があるのと、ダムという人工物を自然の中に建てることについて考えて欲しくて、建物自体に中間領域などが非常に多く設けられているのでさまざまな空間体験をしながらダムを感じられるというか、人工物と自然について考えるような建物にしたいと考えて計画しました。

POSTER SESSION

HATA's SESSION

畑　人間のために堤防を建築に解していくというのは、機能的にも、景観的にも説得力があってよく伝わってきました。どちらかと言うと僕が聞きたいのは、たくさんの人がワーッと押し寄せてくるというよりは、護岸工事によって生態系が相当変わってしまい、おそらく今までいた虫などの動植物が、この護岸整備によっていなくなってしまったり、暮らせなくなったりしているような気がするんです。それらの人間以外のものに向けて、この護岸整備に対してのアンチテーゼというか、堤防ではなく建築によって、それを解すというアイデアは何かありますか？

青戸　正直なところ、他の川の生物などに関してはあまり考えられていません。今あるダムがなくなったことによって清流が戻りつつあるという現状から、この堤防を建てたとしても川の生物に対しての影響は少ないのではないかと考えています。

畑　なるほど。環境はダメージを受けていないということ？

青戸　はい。ダムがあると、その川の流れを遮ってしまうので、すごく影響があったのですが、堤防自体は流れを遮るものではないので、あまり影響はないかなと考えています。

畑　このような護岸整備をすると生態系が著しく変化してしまい、取り戻せないと言われています。特に区画整理をするとそうなってしまうのだけれど、この計画に関してはそういったことはあまりないということだよね。

青戸　そうですね。

FURUMORI's SESSION

古森　ずいぶんダイナミックに加工するんだね、たくさんいろいろな機能が入ってくるのかな。

青戸　主にミュージアムと道の駅なのですが、道の駅のほうには地域の特産である畳をつくる

体験コーナーとかがあります。ミュージアムのほうはダムの情報発信する場としての、ダムの学習の場であったり、そのための放水を感じる場だったり、いろいろな仕掛けをつくっています。

古森　最終的にちょっと気になったのが、ダムがあった時に必要だったものが必要なくなるのであれば、一旦全部壊してつくるという手もあると思うんだよね。でも、あえて手間のかかるリノベーションのようなことをやろうとしているのは、どうしてなのだろう？　その記憶のようなものを残したかったのかな？

青戸　ダムが撤去された土地で、そこに残っている堤防を完全にリノベーションした感じではあるのですが。

古森　もともとあった堤防のレベルの性能も必要なくなるの？

青戸　今年の7月の豪雨での被害があった場所で、堤防は実際には必要ではあるので。

古森　それなら、かなり強引なのでは。普通に堤防が必要なのにそれを建築にするとしたら、その中に人がいたら亡くなってしまうのではないかという……。

青戸　堤防は絶対必要なものではあるのですが、ただ無機質な巨大な塊で計画するのでは、川と人を分断する……。

古森　いや、それは十分わかるよ、気持ち悪い景色としてあるから。それを変えたいとは思うけれど、これ自体が堤防としての仕事も果たしてくれる？

青戸　はい、そうです。

古森　それをしながら建築としても成り立つようなものをつくるということなんだね。

青戸　はい。

GRAFTED PAVILION

— design not to be designed —

木漏れ日の落ちる間伐後の森林は草花や動物たちだけでなく、人間にとっても心地よい空間になり得る。ある植物を異なる植物の切断面に接ぎ木してより好ましい個体を作るように、間伐後のこの切り株を台木に空間(pavilion)を接(graft)いでみた。3Dスキャンで得た切り株の周辺環境(周りの木々の太さや配置など)に対して、環境シミュレーションを行い、それらが作る光と影に呼応して形作られたpavilionを、その森林の間伐材を用いて実際に制作した。

ID60
山岸 将大
九州大学工学部建築学科B4

Answer 1. Illustrator, Rhinoceros, Grasshopper 2. 15万円程度 3. 1〜2ヶ月 4. 俗にいう『建築のプレゼンボード』という枠組みにとわられずにプロダクトデザイン等の作品シートなども参考にプレゼンボードの作成を行いました。また、プレゼンボードのみではなくプロジェクトムービーや作品サイトなどの複数の表現方法に挑戦したこともこだわりの一つです。 5. XR,AI,デジタルファブリケーションなどの最新テクノロジー全般 6. モエレ沼公園 7. 建築デザインもしくはディスプレイ業界

PRESENTATION

自分は資料にもあるようにパビリオンを実際に制作しました。作成の過程として5分のプロジェクトムービーの一部を流したいと思います。これらのコンセプトを実現させるために、パラメトリックデザインを中心に環境シミュレーション、3Dプリンター、3Dスキャンなどを用いて設計を行いました。敷地の詳細をよりパビリオンに反映させるために3Dスキャンを用い、それをもとに敷地の3Dモデルを作成します。切り株を中心に切り株の位置を決定、オープン角度に変えながら軌道を作成、敷地の気象状況をもとに環境シミュレーションを行い、受ける日照が最大になるように移動距離のパラメーターを決定します。角を中心としてボロノイの角度を作成し、膜の張り方も同様に一定のルールの下、環境シミュレーションにより地面での日照量が最大になるように設定されます。ボロノイ構造のパビリオンの説明です。接合部はひとつひとつ接合部の角度が異なり複雑になりますが、接合部の情報をデータとして管理し、データをもとに3Dプリンターで接合部を出力することで、角材をほとんど加工することなく、簡単に接合・施工を行うことを可能にしています。このように設計されたパビリオンは敷地となる南小国の森林でとれた小国杉を使って実際に制作が行われました。人の手を離れ、敷地の環境に左右されながらも形づくられたパビリオンはこうして実現されたのです。

GRAFTED PAVILION

SITE ANALYSIS

CONCEPT

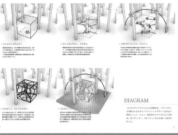

DIAGRAM

3D SCANING

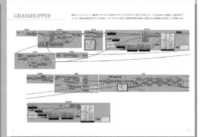

GRASSHOPPER

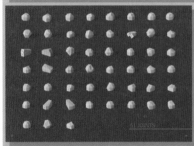

51 JOINTS

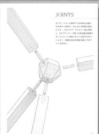

JOINTS

CONSTRUCTION

GRAFTED PAVILION
-design not to be designed-

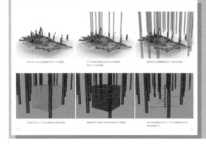

DESIGN METHOD

作品ホームページ
http://speciat-design.com
プロジェクトムービー
https://youtu.be/gbrAVT_D78Y

高木　敷地の形状に合わせて設計されたというのは、どのように読み取って、どのように対応したということですか？

山岸　敷地は森の中なのですが、敷地の分析として環境シミュレーションといって、木の陰や方向、配置などを検討して、3Dスキャンをもとにつくったということです。

高木　これがオブジェであれば、この張られている布も日照時間も最大になるというようなことを言っていたけれど、この布そのものに日照が当たる理由はないけれど、そういう解析技術があるというデモンストレーションなのですね。

山岸　もともとのコンセプトが、間伐された後の森を敷地としていて、間伐した後に日照していた森に光が落ちるのですけれど、その間伐の意図がその地面に光を落としてその下の植物や動物などの生息を促すという意図があります。その光が落ちる空間というのは人間にとっても、植物や動物にとっても心地良い空間になりえると思っていて、そこにパビリオンを設計しました。人間のためだけに架構をつくって光を遮ってしまったら、もともとの間伐の意味がなくなってしまうので、その間伐の意図を汲み取り、パビリオンを建てるけれども、地面に最大の日射が落ちるように解析を行うという考えで、間伐の意図を汲み取ったパビリオンを設計しました。

高木　わかりました。もう1つ聞きたいのだけれど、いろいろな角度に対して3Dプリンターと直結しているから、部材は一個一個特殊につくれるのはわかったのだけれど、形が違うと現場で大変ではないですか。ここにしか使えないパーツになるのでしょう？

山岸　施工自体は番号をふっていて、番号を見ながら施工を行うというかたちだったので、そこは数字を合わせてみれば誰でも施工できるようにはなっていますが、どちらかというと、木材の加工の手間を人力だけでできるような、角材を用いてそのまま穴をあける加工だけでつくれるというものを学びました。

高木　これは木の底にしかはめられないパーツだよね？

山岸　そうですね。もう1本番号をふって対応させ、組み立てています。

中川　敷地を3Dスキャンしてモデル化したり、接合部をデータ管理して3Dプリンターでつくったりと現代の技術をいろいろ使っていて、積極的な提案だと思ったのですが、実際のパビリオンの形の決め方というのが、何でこの形にしたのかということが、なぜこのような接合部なのかと関わるので、なぜこういう形にしたのかを補足的に少し説明してもらえますか？

POSTER SESSION

山岸　敷地自体が間伐された後の森を敷地としていて、間伐というのは、密集した森で光が落ちなかったら土壌の品質がどんどん落ちてしまうので、地面に光を落とすことを目的にしており、植物や動物たちの生息を促すために間伐が行われます。その際に光が落ちる空間というのは、人間にとっても心地良い空間になりうると思っていて、そこに人が集まれる空間をつくるという意図で、パビリオンを設計しました。でも、パビリオンをそこに建ててしまうことで何かしらの影になり、地面に光が届かなくなってしまったら、人間の意図で間伐がされたことへの意図が汲まれないので、そのような点でシミュレーションを行い、地面に日射がなるべく落ちるようにパラメーターを設定して設計しています。

中川　ボロノイにした理由は何だっけ？

山岸　ボロノイにした理由は、人間の手を離れて空間を設計するにあたりパラメーターで形成する、植物の細胞などもそうなのですが、自然的に空間を形成する原始的な方法の1つだと考えていて、その構造を用いました。

中川　ちょっと意地悪な質問かもしれないですが、ボロノイを使って敷地を3Dスキャンして接合部をデータ管理し、3Dプリンターでつくると、ともすると、山岸くんがいなくてもできてしまうようになる。ただ、山岸くんはその与条件を設定したという意味では重要人物ではあるけれど、山岸くんがいたからこうなったことにむしろ距離を取りたいという話に聞こえたのですが、そうしたい理由は何だろう？

山岸　それがまさに目指していたところで、何か目的を持ってつくってしまったら、それを目的とした空間しかつくれないので、一旦人間から離れてできあがったものを、パビリオンとして空間の中に、例えば切り株をベンチと人間が捉えるといった、そういう空間を人間の手から離れて形成することで、人間がパビリオンの中の空間に新しい意味を見つけられるのではないかなと思いました。自然の中にそういう自然的な空間をつくることを意図したのです。それで、僕は設計しないように設計したということです。

畑　面白い試みだと思ったのでちょっと教えてください。要するにどのようなパラメトリックデザインをしたか。パラメーターがどういうものだったかということなのですが、2つ知りたいことがあって1つは"日照量を最大にするためにすることを最適解と設定した"と話していたけれど、日照量を最大化するというのは、どこの日照量を最大化するのですか？地面ですか、それとも建築の壁面ですか、何の日照量？

山岸　まず形をつくる際に、ボロノイの核となる球体の日照量が最大になるように、それぞれがこの軌道を動く形で、空間の核をまず設定しました。それをもとに、ボロノイの架構をつくるのですが、その後にもう1回最適化を行っています。そもそもの目的が、間伐で光が落ちるようになった森の中に、人間が過ごせるようなパビリオンを設定するという意図なのですが、間伐の目的自体が、その森の地面に光を落とすという意図があるので、空間をつくることでそれを失っては意味がないので、空間を仕切るための膜の張り方は、地面になるべく影が落ちないように、地面の日射が最大になるように最適化を行っています。

畑　なるほどね。では最後にこれだけ教えて。なぜボロノイ分割するの？それをなぜ前提にしたの？

山岸　そうですね、空間のつくりかたはさまざまあると思うのですが、いろいろな本を読んで調べたところ、原始的な空間形成の方法の1つで、人間がなるべく手を加えずにパラメーターで決定できる空間のつくりかたの1つとして、今回はこのボロノイを用いました。

畑　ありがとうございます。そこにもう少し樹木周りの環境だから、こういう形式をパラメーターの枠組みとして持ってくるというような、その部分の前提の説明をしてくれると、もっとわかりやすかったかもしれないですね。

FINAL SELECTION DISCUSSION

決勝選抜議論

決勝進出作品の8作品を選ぶ、クリティークによる決勝選抜議論。

決勝選抜議論 ── 決勝プレゼンテーション ── 受賞者選抜議論

クリティークの持ち票は1人15票、1作品につき2票まで投票可能

DR ただいまよりDesign Review2021の2日目審査を開始いたします。本日はYoutubeにて配信を行っています。それでは、本日の流れを簡単に説明します。まず1日目のオンラインディスカッションを参考に、決勝選抜議論にて決勝プレゼンテーションに進む8作品を選抜していただきます。選抜ではクリティークによる投票を行います。クリティークの持ち票は1人15票で1作品につき2票まで投票可能です。投票結果をもとに議論し、決勝進出者8名を決定していただきます。決勝選抜議論から講評までに関しては平瀬先生に司会進行をお願いしております。平瀬先生、よろしくお願いいたします。

平瀬 本日は長時間になりますが、よろしくお願いします。実行委員より説明がありましたように、クリティークは1人15票をお持ちで1作品について2票まで投票できます。ですので、最低8作品以上をセレクトしていただくことになります。それでは、50音順でお願いしたいと思いますので高木さんから、中川さん、畑さん、古森さん、百枝さんの順番で、選んだ作品のID番号を発表し、発表後に簡単で結構ですのでそれぞれコメントをいただければと思います。それでは、高木さんからお願いします。

高木 全部1票です。1番、10番、11番、13番、17番、18番、20番、23番、38番、39番、43番、46番、49番、55番、57番。なるべく多くの可能性を与えたいと思って、2票を避けるようにしました。それで選んだのが20作品だったので、そこから5個を減らすのが大変でした。それと、なるべく選ぶ作品の方向性を固定しないようにしたつもりです。

中川 私もすべて1票で選びました。1番、2番、10番、17番、18番、25番、28番、37番、38番、46番、48番、54番、58番、63番、64番。力作が多くて迷いました。建築の出来栄えはもちろんですが、それに加え

て、その建築がどういう働きをもたらし、どういう効果がありそうか、その点に可能性を感じたものに票を入れました。後ほど議論できればと思っております。

畑　僕は8作品を選びましたので、まず2票の7作品を発表します。1番、12番、32番、43番、58番、63番、64番。もうひとかた、1票は25番。15作品に収まらなかったので、思い切って8作品に絞らせていただきました。出展作品にはいくつかの傾向がありましたが、その中でも特にテーマの新しさや瑞々しさ、それに向かって具体的な空間や建築を自分なりに模索できているかという点を見たかったのでこれらの作品を選びました。後ほど議論できたらと思っています。

古森　2票が18番と34番で、1票が10番、11番、20番、23番、25番、30番、35番、44番、46番、60番、63番です。僕も意図的にならずに自分に素直に選びました。ただ、若干意識したのは技術を扱っている作品などですね。これまでの卒業設計とは違う、新しい価値のようなものを感じさせてくれる作品がありましたので、そのような点を少し意識しました。

百枝　全部1票です。2番、10番、12番、13番、15番、18番、20番、21番、22番、29番、44番、46番、57番、58番、63番。相対的に優れているというか、パワーがある作品、僕だけが良いと思っていそうな作品、受賞には引っかからないかもしれないけれど議論したい作品という3つくらいの指標で選んだような気がします。

8作品に絞る議論が始まる

平瀬　はい、ありがとうございました。これから1時間で8作品に絞らなくてはいけないのですが、4票以上の6作品と、3票の3作品を合わせて9作品。そこから8を選出という形になろうかと思いますが、それより票の少ない2票獲得の9作品があるので、そこを含めて議論をします。1票の方は残念ながら選抜が難しいので、1票の作品に対するコメントを選んだ方よりいただき、その後、18作品から8作品をセレクトという流れにしたいと思います。それでは1票の14作品をID番号順にそれぞれ一言ずつコメントをいただければと思います。まず15番「紡ぐ風景」は百枝さん。

百枝　麦畑の中に立つ建築で、バランス良くまとまり過ぎているかと思ったのですが、建築が浮いているような普遍的な建ち方のようなものがすごくバランス良くまとまっていたので、風景的なものとして気になりました。

平瀬　奈良県の神社ですね。では次、21番「無意識の連鎖」。続けて22番「Architecture Is More」も百枝さんですね。

百枝　21番は天神などをサイトにして、このような開発ができると良いと思ったからです。シーラカンスアンドアソシエイツが渋谷で行ったことと限りなく近いと思ったのですが、そういう想像力を実現できるといいのではないかなと思って票を入れました。22番は、言っていることが少しズレているという指摘を本人にしました。おそらく内的な秩序が建築の外にどう立ち現れるかに興味があり、いろいろな人が興味を持ってやっていることで、事例についてもたくさん話したのですが、本人はそういうことをあまり気にせず、自分の中でそういう秩序をつくって興味があったと言い切ったので気になりました。

平瀬　28番「閑所ホテル」、中川さん。

中川　28番は愛知県の栄にホテルや宿泊施設をつくるという提案で、もともと街に閑所というヴォイド、都市の余白の文化があり、それをもとに考えていくという提案でした。私が票を入れたのは、客室に＋αの機能を設けてアトリエや鑑賞スペースを付けていたのですが、それぞれの客室に宿泊以外の機能をプラスすることによって、もしかしてホテルに留まらない使い方を生み出すのではないかという、形自体というよりかは使い方の発明に繋がるかもしれないことに可能性を感じて1票を入れさせていただきました。

平瀬　はい。29番「モリミツ」、百枝さん。

百枝　木密をジャッキアップして人工地盤的なもので上げるという提案で、木密のもともとの良さでもあり問題でもある路地や狭い密度感が、平面的には変わらないまま立体に持ち上げられることで、密度が疎になるという提案です。僕はこの案を非現実的に考えていたのですが、最近、家を引いていた竹原義二先生のものを実際に見て考えを少し改めたのですが、なぜそれを残すのかという論点が一番抜けているので、それが問題だと思いました。ただ、あるものを動かして何かを追加していくという流れの中にあり、その方法が少し鮮や

かに見えたので一応票を入れました。

平瀬 30番「二人六脚」、古森さん。

古森 協働犬施設の案です。皆が投票したらどうしようかと思ったくらい完成度が高いと思っています。一番気に入ったのは社会的に認知が低いものを建築で開こうとしているところで、誰でも縦横無尽に貫通できるような動線を確保しているところも良いと思ったのですが、意外に票が入らなかったと思いました。

平瀬 35番「Inter-change MARKET」も古森さん。

古森 高速道路も含めて建築であり、インフラも含めて弄ろうという意思が感じられたことと、高速道路の間はインター付近を除いてあまり人気がないのに対して、少し人気のある場所に変えようとしているのに非常に感心しました。これも票がたくさん入るかと思ったのですが、僕だけでした。

平瀬 37番「CITY SLOW LIVING」、中川さん。

中川 これは広島の提案で、道を改造しながら既存の建物にも手を入れていくという内容です。建築の提案でありながら都市計画的な視点もあるという視野の大きさが良いと思ったのが1つと、建築的には、本人は建物を引き出すのにジェンガのような言い方をされていましたが、表面に増築するだけでなく、内側の建物から増築分引くという設計をし、内側から引いた結果のヴォイドの吹き抜けが魅力的なものになっていきそうだという可能性を感じて1票入れました。

平瀬 39番「神社再構」、高木さん。

高木 これは結構イチオシです。神社再興がテーマの作品で、自分が住んでいる街にある小さな神社が社会的に機能していないので横に公民館をつくるという提案。面白いのはその公民館はいずれ朽ちてなくなっていくのだけど、神社の境内そのものは木々が生えていき、いろいろなものが朽ちていくなかで神社は残るという。僕は神社が最も人間の抽象的な思考の結実だと思うのです。社殿や神木は残っていき、ロマンチックなのだけれど、ものが朽ちていく詳細が時系列に書いてある。本人にも話しましたが、九相詩絵巻という、小野小町などを題材に生前から死んで白骨化するまでを仏教の無常観をもとに描かれた絵が江戸時代などにたくさん描かれたのですが、この作品はそれの建築版にあたると思います。僕はすごく面白いと思ったし、おそらく票を入れない人もたくさんいるとは思ったのですが、僕しか投票しなかったパターンですね。全作品の中で幾つか、機能を与えていない提案がありましたが、社寺は最も近代的な機能が無いんですよね。無機能の提案の中では、この神木を扱うというのが随分重く感じられました。だから、同様の提案の中で天秤をかけたときに、この作品が一番良いと思いました。

平瀬 はい、ありがとうございました。次は48番「農知の波紋」、中川さん。

中川 滋賀県を敷地にした提案で、ランドスケープ的な提案が少ないなか、風景に真正面から向き合おうとしているところが良いと思ったのが1つ。あと質問時に伺ったのですが、一見平面的な提案に見えるけれど断面的な操作を結構しており、実際の田んぼの暗渠になっていて普段は見えないけれど、実際はある水のレベルを気にしながら設計しているのが良かったので票を入れました。

平瀬 49番「堤防と建築」、高木さん。

高木 球磨川の災害に対して護岸を再生するという提案で、単純に言うと土木と建築の合いの子のように話していましたが、その2つに跨っている提案というのがもう面白い。コンクリートの硬い造形の中に道の駅など、いろいろな建築的な機能がきちんと提案されていたのですが、それが入れ替わる、場合によってはそういう機能がない時代があっても土木として残り続けるというのが僕的にはすごく良かったです。

平瀬 次は54番「ほころぶまちの隙間」、中川さん。

中川 54番は宮城県の中山間地域の提案です。町屋形式が多く残る街にもともと残っているヴォイドをネットワーク化していき、そのヴォイドを繋ぐ時に、壁の転写的記述という本人オリジナルの手法によって町屋を象るような壁を入れていくという提案でした。この壁を入れていくというのが一見すごく安直に聞こえるのですが、本人に質問すると、壁は1回で全部つくるのではなくて実際は何回かに分けて段階的につくっていくという提案で、そういう時間を含め、街をどうやって継承していくかが提案の中に含まれているように感じたので入れました。

平瀬 55番「マチの『核』は呼応する」、高木さん。

高木 先ほどの49番と同じように、無機能な提案なので敏感に反応しました。これもマイナスしていく造形だけを考えたという作品で、機能を与えていない幾つかの作品の中の1つです。この作品の場合は、コンクリートで実物をつくり、素材だけは考えようとしていたので、無機能の作品内でもう1つを選ぶとしたら、これではないかと思って入れました。

平瀬 最後に60番「GRAFTED PAVILION」、古森さん。

古森 先ほどお話ししたような技術を用いた作品で、3Dプリンターを取り入れているところを評価しました。ただ、63番「木雲」とかなり似ているようですが、63番は純粋に技術だけの話をしているような気がしています。一方で60番に若干票が入りづらかったのは、木漏れ日などのいわゆるよくある話を持ち込むことで、逆に複雑な印象を与えてしまったのではないかと思います。だから63番と皆比較して見ていたのではないかと思いました。

得票数の多い作品をディスカッション

平瀬 ありがとうございました。以上が1票獲得の14作品となりますが、午前中に8作品を選ばなくてはいけないので、残念ながらこちらの作品はここまでとなります。それでは、得票数の多い作品から見ていきたいと思いますが、4票以上の作品が6つ、5票が2つ、4票が4つあります。5票の作品より、どなたか一言ずつ言っていただくといいかと思います。まずは18番「まちの内的秩序を描く」。

古森 本人にしっかりと"君は一生のテーマにしなさい"と伝えました。すごく繊細に徹底的にリサーチをしているので、ずっと続けていくべき。学生の頃からずっとやって40歳くらいで花開きそうかなと思いました（笑）。

百枝 これしかしなかったら、大変なことになりますよ（笑）。

古森 でも、この内的秩序の研究ばかりしているなら、いっそのこと、これだけに絞ったほうが良いのでは（笑）。

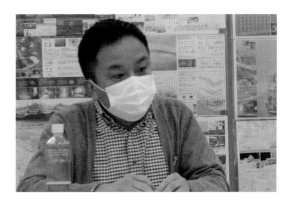

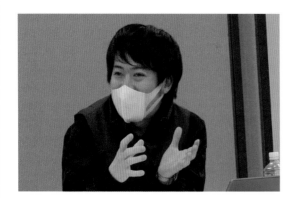

百枝　そうですね（笑）。

古森　このような切り口を、住宅でも廊下でも、いろいろなところに持ち込むと、拡張性があると思うんです。そういう意味で、すごく評価しています。

平瀬　他に何かコメントがある方はいらっしゃいますか？

百枝　学生時に僕も同じようなことを考えて設計したプロジェクトがありました。ただ、彼女ほど大規模というか、いろいろな場所のものをこれほど精度高くすることはできなかったので、すごいなと思いました。

平瀬　次は、5票を獲得したもう1つの作品、63番「木雲」です。これに2票入れているのは、畑さん。

畑　これはジョイントがポイントです。ボールジョイントが関節のように動くのが非常に新鮮で、レシプロカル構造自体はそれ程新しいとは思いませんが、この関節のようなボールジョイントは非常に興味深い。一律の曲率に反曲点を持たせるだけで割と完結しがちな形を簡単に融合させているところも形態のつくり方としてアイデアがあると思いました。インスタレーションにしては完成度が非常に高かった一方で、レーザーで切り出したという話ですが、少し歩留まりが気になりました。取り出す時に捨てる部分が割とあるのですが、本人に聞くと歩留まりのことも考えて設計しているということなので、ずいぶん可能性のある案ではないかと思いました。

平瀬　他にはコメントいかがですか？

古森　これはね、技術の話だから推していきたい。

平瀬　ありがとうございます。それでは次から4票が4つあり、最初は1番「編戸」です。投票されたのは畑さんで2票。

畑　正直いうと半分くらいわかりませんでしたが、今まで全く着目したことがない網戸というものは、虫を止めるためだけにあり、目に見えないようにしようとしているものであり、それに対してパターンを与える。このパターンは単なるグラフィックパターンではつまらない、カーテンに模様がついているような印象にするのではなく、輝度比を用いて模様をつくる。そして、中に人がいるかいないかという使われ方に反応させて、このグラフィックパターンをコントロールするという話をされていました。そこは本当に輝度比で良いのかわかりませんし、転写する技術を使って実際に自分でつくったというのは、ここには表れていない。ただ見せてもらったスライドの中には実物があり、そこに正直驚いたし、このような視点は見たこともない。とても可能性があり、瑞々しい作品だと思いました。

平瀬　ありがとうございます。高木さんも投票されていましたね。

高木　得票が多いところではなく、得票が少ないところにたくさんコメントをしたほうが良いのでは？

平瀬　それでは、得票が多い作品は後半戦でいいですかね。次は10番「菌

床のマチ」ですね。全員1票なので、どなたか1人だけでもコメントいただければ。

中川　10番に1票入れました。他の皆さんがどうかはわかりませんが、正直、昨日の2分のプレゼンではよくわかりませんでした（笑）。しかし、何か可能性がありそうというか、光を感じるところがあり、もう少し聞いてみたいという気持ちで票を入れました。あと、質問するといろいろ答えてくれたので、おそらくいろいろ考えていて、提案の厚みが昨日の2分以上ありそうだと感じました。

古森　これは"手前味噌"ですよね。僕も好きでした。自慢しながら地域の人と繋がるという関係性は、今はないじゃないですか。でも建築をつくることによって自分を自慢しながら地域の人と繋がる。手前味噌で一番良いところはどこか聞くと、法的にできるかはわかりませんが、酒屋に手作りの酒を持ち寄って飲んで自慢し合うと話していて、それがすごく良いと思いました。

平瀬　それでは、46番「見え隠れする小景」という"新島ガラス"の作品で全員1票ずつ。

高木　昨日の審査のZoom上で少し読み取れなかった作品です。地元の石を使い既存のものと移築するもの、それから新しくつくるものと3種類に混ぜるという話をしていたのですが、それらの読み解きが1分ではできないと思い、読み進めたくて票を入れました。それを考えるために、サーヴェイにもきちんと時間をかけていると思いました。

平瀬　最後、58番「借りぐらしの公共空間」。

百枝　この作品は皆投票しないだろうと思っていたのですが、4票も入っていたので単純に他の作品と戦法が違うというか。その点では、1番の「編戸」も投票するか悩むくらい、1番と58番はすぐ目につきました。この作品は1年半程度、公園で過ごしてスタディするという、鬼気迫るリアリティのようなものがあり、それと段ボールとの対比のようなものが気になり、投票してしまいました。

平瀬　ありがとうございます。以上6作品はそのまま勝ち上がりで、よろしいですかね。それでは、こちらの6作品は本選進出に決定しました。ここから、あと2つ選ぶわけですが、3票が5作品、2票が9作品あります。得票数でいくと3票の中から選ぶわけですが、2票の作品への援護射撃はありますか？　2番『『外の世界』との関わり方。」の集合住宅の案に対して、中川さん、百枝さんから何かコメントはありますか？

百枝　それでは僕から先に言います。彼女は昨年の2年生の時も出していたのですが、2年生の時点ですごく面白い作品をつくっていました。それから1年分成長しているのですが、いろいろなものを読み聞きするというよりかは自分の感覚をもとに、自分の身体感覚で設計しているんですよね。それがわかりやすく伝わってきました。

平瀬　中川さんはいかがでしょうか？

中川　気配が連鎖していく集合住宅で8人8世帯が住むと本人は言っていたと思うのですが、これも先ほどのホテルと多少似ていて、新しい住み方を要求する集合住宅だという気がしています。本人に、どういう人に住んで欲しいか聞いたら、実家から出てきたばかりで少し寂しい学生たちが住むといいのではないかと話していました。確かに、学生寮などの緩いコミュニティの人たちが1つの建物を共有して住むとしたらすごく良いのではないかという気がしました。それで新しい集合住宅のタイプを産みそうな可能性を感じたので、1票入れました。

平瀬　はい。ありがとうございます。次は11番「舞手はをどり、神はわらふ」です。

古森　神楽の作品は僕も投票しました。神楽の動きをプランニングにしている案で、神楽の動作を上から平面的に撮影すると、それの延長

線上にプランがあるというもの。彼がまだ突き詰められていないのが、それによって何が得られるのか。風が抜けるのか光が入るのか、それが何に繋がっているのかがよくわからなかったので、その辺りを聞きたいと思いましたが、これは2票ですね。

高木 僕も投票しました。この提案はアーカイブしていくという空間がメインでつくられており、個人的に能楽師を知っているのですが、彼らの進退する伝統技能がどうやって生き延びていくかという時に、これを新しい能舞台としてつくると良いって本人に言いました。そこが惜しい。せっかく実際の神楽の動きを使って造形しているのですが、使い方が良くない。設定を能舞台としてリアルに動きのある世界にしてもらうと本当に良かった。この絵の木々の繊細な表現も良く、絵の秀逸さだけで選ぶのは問題だとは思いますが、絵の繊細さに負けました。

平瀬 次は13番「待つ、という散歩」。高木さんと百枝さん。

百枝 同じようなテーマの作品は幾つか見たことがあるのですが、プレゼンのパフォーマティブな感じと提案が合っていて、どこまで考えているかを聞いてみたかった。抽象化するというキーワードがあったのですが、どうやって抽象化しているかなどを聞いてみたかったということで選びました。

高木 "無機能"や"抽象的"という作品に反応した話を先ほどからしていますが、これもそれに該当します。お金に見合う機能はありませんが、僕が対象として少し重ねたのは西洋の修道院の回廊です。これは歩きながら瞑想するという空間で、日本人からするとあまり想像しづらい瞑想法なのですが、そういう長い歴史のあるものとの延長で考えていくと切り捨てられる無機能ではない気がします。もっとじっくり読み込みたいという意味で投票しました。

平瀬 17番「シン・メタボリズム」。高木さん、中川さん。

中川 大高正人さんの人工都市に、リノベーションというか設計を加えていくような提案で、実際うまく行っているかはわかりませんが、少なくとも批評的な立場で彼は卒業設計をやっている。そのことをまず評価したい。あと、これがシン・メタボリズムかは少し怪しいと思ったのですが、住む人自身がつくっていくような都市ができた時に、新しいコミュニティや新しいビジネス、いろいろな新しい使い方やアクティビティを生みそうな気がしました。もしその辺りも考えているのだとしたら話を聞いてみたいと思って1票を入れたというところです。

高木 僕もピックアップした理由として単なる賞賛ではないです。今の都市計画の動きとしてトップダウン的なものではなく、むしろ個々の好みや営為によって自然に造成していくものだという風潮があるなか、どちらかというとメタボリといってもトップダウン的な提案なんですよね。そういった意味では世論と反対の内容なのですが、それ

でもやるということに対して、議論を交わすためにリングに上がって来てほしいと思ったんですよね（笑）。

平瀬 23番「有終の建築」。高木さん、古森さん。

古森 これも"終わる"ということをテーマにしていて、もっと話を聞きたいと思いました。仮設以外の建築はやはり長持ちして欲しいと思うはずで、長持ちさせずに壊すことを想定しているのはどういうことかを聞きたいと思って投票しました。

平瀬 高木さんはいかがですか？

高木 もういいでしょう。

平瀬 次が32番「所有と脚色」で、畑さんだけ2票です。

畑 すごく面白いと思います。新しい手法だと思ったのが、要するに建築というのは本当に物に属しているというか、ハイパー俗物空間のような、統合的な全体性に対しての明確な批評性があるということ。それで、物が空間に展開していき、クルト・シュヴィッタースのような人がやっていた偶発的に物が集まって空間ができるのではなく、思い入れを込めた物が空間に膨らみ、それらの組合せが偶発的な全体性を生むということ。それがちょっと見たことのない建築のつくり方だったことに非常に強い驚きを感じました。さらに面白いのが、所有物は変わっていくわけだけれど、どうするのかという問いかけに対して、日常的にリノベーションが起きるという返答。それも面白い。生き物のような建築の姿をイメージするということだと思ったので、その言葉が何を表しているのかがよくわかりませんでしたが、今のような理由で強く興味を持ちました。

平瀬 34番「仕掛ける躯体」。これは古森さん。

古森 いろいろ質問したら、やはりこれは公共建築であり公園であると言っているし、多世代を相手にするのだと言っているので、そこはもっと聞きたいと思いました。本当にそうなのか突き詰めたところで、そうなっているのかどうかは2分では理解しきれなかったのですが、なんか落選させることはできなかったというところです。

平瀬 次が38番「長島協奏曲」。高木さん、中川さん。

高木 負の遺産に対して建築がそれを象徴していくという作品が2つあり、どちらにするか迷って38にしました。もう1個は53番の「壌を解する」です。ハンセン病がテーマで、非常に明るくない暗い題材の場所に対して、本人の描写と建築が合致したのか、すごくきれいにできているんですよね。敷地は単純に地元のようなので、この案を温めていったらいいのではないかと思っています。

中川 15作品に投票したなかで、38番は比較的推している作品です。岡山県のハンセン病施設の長島というところに建築を建てていく提案なのですが、話を伺うと、年間1万人の小学生がすでに見学に来ているらしいです。だから、そもそも人が来るポテンシャルのある場所である一方で、今いる患者が亡くなると使い道がなくなると。そこにどのように提案をつくっていくかという目の付け所の良さと、この場所に対する読み解きをされている点が評価の理由の1つです。もう1つは、練習場というプログラムに対して質問すると、仮に誰も練習をしに来なかったとしても近くの波の音や風の音で、この建築は音が鳴るので、シンボルにはなるのではないかということを言ったことです。人がいなくてもシンボルになるという建築のあり方が、これまでと違うシンボルのつくられ方だと感じました。人がいなくても賑わいとは違う価値を地方の離島で生み出そうとしていることに可能性を感じたし、ハンセン病というマイナスの条件を使っている案に対して票を入れづらいのですが、これは普通のものと違うという輝きを感じたので票を入れました。

高木 人がいなくて映えるドローイングですよね。

中川 はい。新しいシンボルのつくり方や地方都市でのシンボルのつくり

方を話しているような気がして、提案に厚みがあると思いました。

平瀬 44番「にぎわいに沈む」という"道頓堀"の提案。

古森 僕が残念だと思ったのは少し建築的な提案が弱いところです。企画的に面白いと思ったのは芸人がいるホテルというところで、僕も関西に旅行するとそういう楽しさは求めるので、そういう意味では泊まってみたいと思いました。でも票は入らないだろうなと思っていました（笑）。

平瀬 2票の最後が57番「縁を漉く」ですね。"和紙"がテーマ。百枝さん、高木さん。

百枝 和紙を100％使うのに結構こだわっているので、具体的に屋根と架構を和紙でどのようにつくるかまで踏み込むべきではないかということを本人に言いました。言ったのですが、これはすごくきれいな建築ができると思ったので票を入れました。

高木 地域の伝統的な産物を支援するという建築です。美濃和紙の使い方を普通に考えると、百枝さんが言うように建築の部位から入っていくのが簡単なのですが、構造体で建築を全部つくろうと最初の設定から遠投しているのが、なかなか思い切っているわけです。もちろん詳細を詰めていくと、すぐにはできないと思いますが、美濃和紙を建築へ復活させていきたいという気持ちのようなものはずっと持ち続けてもらいたいということで僕は票を入れました。

百枝 ハニカムと形式が合えば良いと思ったのですが、ハニカムの構造体でやるなら別の立ち現れ方がするのではないかという意見を本人にしてしまいました。

高木 ハニカムではないということですか？

百枝 ハニカムで着想するなら和紙100％というのは難しい気がして。それを本人に突っ込んでしまったということです。

高木 技術的な話を始めると、いろいろ枝分かれは出てくると思うんだよね。その手前の本人の気持ちや強い意志などから評価しました。

平瀬 ありがとうございました。3票の5作品と併せて、2票も選抜の土俵に挙げるということで先ほど話していただきましたが、2票の中から決勝に進ませたいという作品はありますか？

畑 個人的には32番（笑）です。もちろん議論していただいてから。

平瀬 "所有"がテーマの作品ですね。

中川 では、私は38番の"ハンセン病"の作品。

平瀬 32番と38番ですね？

中川 はい。3票の作品と併せて議論していただければ。

百枝 でも、クリティーク賞もありますよね？

平瀬 そうですね。クリティーク賞が最後ありますので、どうしても土俵に挙げたいのがあれば今議論に挙げますが、他の作品はよろしいですか？それでは、32番、38番は2票でしたが、審査員の方々の強い推しがありましたので、今からセレクトの土俵に挙げます。これから3票獲得の5作品と今の2作品を足して、7作品から2つを選ばないといけないのですが、まずは3票の作品を見ていきたいと思います。12番「Maison de sphère」の"ニュートン記念堂"の作品。これもコメントいただきます。

畑 この作品に投票しました。すごく新しい視点で、あり得たかもしれないけれど、あり得なかった歴史に対して、夢想にさらなる夢想をするというか、ブレ（ニュートン記念堂設計のエティエンヌ・ルイ・ブレ）殺しですね（笑）。このモニュメントのように空間がつくられて後世の人がどのように使っていくか、もしかしたらあり得たかもしれない歴史を描くというのは、建築の1つの可能性であり、リアリティをこのような作品に求めてはつまらないし、あり得たかもしれない歴史を建築的に上書きするという、この壮大な物語性に票を入れました。

百枝 僕も入れましたが、この記念堂はリスボン地震の影響で描かれたという説があります。良いか悪いかは別として、この提案ももしかしたらコロナ禍の影響で幻想的な絵が出てきたのではないかなと思うこともあり、災害などによって人の考えが変わる時に、建築がガラッと変わるような、価値観の転機のようなものがあってもいいのではないかと思いました。

平瀬 はい。次は20番「墓、あるいはモニュメント」ですね。

古森 この作品の話をもう少し聞きたいと思いました。建築の墓と言っているわけだから、最後に本当に建築が終わることを視野に入れることができるのかを聞きたいと思って1票入れました。

高木 これも時間軸があり、人工地盤がどんどん上がっていくのですが、人工地盤だけは設計者としての本人が計画し続ける。地盤に点在していく住宅群はそれぞれの住人が好きにつくっていいという内容で、1個ずつ層が上がっていくごとに下の住まい方によって人工地盤の設計が変わっていくというのが面白かった。沢田マンションのように、創発的な建築というか、結末がわからない、計画論的でないものというのが面白い。

平瀬 次は25番「Symbiosis Sendagaya」。

中川 私が投票しました。AI自動車"RooMo!"がスロープ空間を自走して建物の上まで到達する。車と人の関係が変わるであろう未来に向けて、建築の提案をするというもの。コンセプトが未来に対する提案になっているのが良いと思う一方で、少し欲を言うと、"RooMo!"が停車して内部空間と接続するのですが、どうやって接続するのかがいまいちわかりづらかったのと、質疑の時に本人たちにも伝えたのですが、車が上まで上がっていくことはすごい可能性を秘めていると思ったのですが、それに対して建築がどう変わるのか、例えば上の使い方と下の使い方が圧倒的に変わるなどといった提案があると、さらに推したくなる提案でした。少し惜しいような気もしています。

畑 僕も投票したし、本人たちにも伝えたのですが、少し惜しいんですよね（笑）。

中川 少し惜しいのですが、気づいたら3票でした（笑）。

畑 僕は、建築側からの提案によってAI自動車の形や機能を決めていく、提案する側に建築がなってもいいのではないかという可能性を持っているものだと思いました。だから1番見たかったのは車両がどう変わるのか。今と同じように縦軸回転する四輪が付いていたので、もっとボール支承みたいなものでものすごく細かく動くことができるとか、AIだからホバリングするとかを考えると、モビリティを変える力というのは技術だけでなく、イメージの力もあるのではないかと思った時に、こういう建築の提案がむしろ自動車側に働きかけるぐらいのインパクトを持ってくれるとすごく良かった。そういう意味では惜しい。良い提案です。

平瀬　次は43番「オリンピック島」。これは高木さん。

高木　これは迷いましたが、オリンピックそのものを考えて何を取り上げて何を捨てるかという時に、建築的な欲求や自我のようなものは捨てて、オリンピックがもたらす経済効果は温存しましょうという選り分けをする今の体制に対する異議を唱える姿勢そのものが良いと思いました。建物1つ1つに対することではなく、世の中の常識などから疑ってみるのが良いと思いました。もちろん菊竹さんなどの先例はあるにしても、それを土台にしているというのは言われましたが、姿勢そのものがとにかく面白いと思いましたね。

畑　僕も票を入れましたが、この意見には基本的に賛成です。要するにオリンピック会場というのはもっと動いて良いと思います。タイトルは島ですけれど、これは船ですよね。

高木　僕も船になっていると思いました。

畑　風を受けて港に着岸して、同時的に開催されるというシステム。今のように固定されたグラウンドに施設をつくるという話ではなく、船が都市の機能を少し補完する。いろいろな場所をオリンピック会場にできる。少し面白かったのは1箇所でやらなくても良いところです。ワールドカップで日韓共催がありましたが、これも場所に属しているのだけれど、この作品はコロナのような状況になった時に、野球は日本でやるけれどハンドボールはアメリカでやるという、1箇所に場所を絞らないオリンピックのやり方ができると思えました。僕はオリンピックの開き方として賛成です。

百枝　船のほうが良いですよね。

畑　そうそう。

平瀬　最後、64番「伊勢ノ水面ニ柱ハ眠ル」という"伊勢神宮"の案。これは中川さん、畑さん。

畑　僕は結構好きです。彼の話ですごく驚いたのが、伊勢神宮は式年遷宮で技術をきちんと継承させているとばかり思っていたら、じわじわと変わっていて、継承の方法は定まっていないと。だから、それをアバウトにせずにきちんとアーカイブを残す、残し方を設計しておく必要があるということに非常に強い説得力がありました。なおかつ、社殿が時代を経ることに少しずつ増えていっている歴史があると。今回彼が設計した、木を水中乾燥させている社は、次の式年遷宮に備えてやっていることで、そういう生業に対して社を建てることを続けてきた結果、どんどん増えていき、境内に120幾つかあると言っていました。だから、時代によって生まれた機能に対して社を与えるという、伊勢らしいやり方を自分で提案したのは、非常に伊勢の歴史

と接続していて説得力がある。本人が僧侶なのに神社の提案をしているのにも興味を持ちましたし（笑）、つまり、何かに縛られず、残すべきものをどうするかという客観的な眼差しに強く共感しました。

中川　私も1票入れましたが、投票作品の中でも比較的推している作品です。これが卒業設計かはわかりませんが、卒業設計のような大きな舞台になると提案のために設計するということがあり、それが本当に良い未来に繋がるのだろうかと思う作品がよくあるのですが、彼の場合は本当にできると良いなと思います。現在はコンクリートブロックで沈めて水中乾燥させている丸太を、社の重みを利用して沈めるという内容で、確かに良いなと。それで、沈めるものが増えたらダメなのか聞くと、水中乾燥させる木の本数は決まっているので、社が増えると渋滞するからダメだという、自分で引き際をわかっているというか（笑）。提案の正確さを自分で理解しているところが良いと思って投票しました。

最終的には9作品に

平瀬　ありがとうございました。1票以上の作品として30点以上を再度確認しましたが、3票以上の5作品と2票から繰り上げられた2作品、ID番号で言うと、12番、20番、25番、43番、64番、それから32番と38番から2作品をセレクトする必要があります。2作品なので2票ずつに投票しますか？ 蓋を開けたらどういう結果になるかわかりませんが（笑）。それでは、決まった順からお願いします。

中川　38番"ハンセン病"と64番"伊勢神宮"。

畑　32番"所有"と64番"伊勢神宮"。

古森　38番"ハンセン病"と64番"伊勢神宮"ですね。

百枝　20番"お墓"と64番"伊勢神宮"。

高木　20番"お墓"と43番"オリンピック"。

平瀬　64番は4票なので確定ですね。2票が20番、38番。この2つを入れると9作品になりますが、9でもよければ9にしますか。あるいは、ここから再度選ぶということもできますが。

畑　9作品でよいのではないですかね。

平瀬　それでは、20番と38番と64番の3作品が追加で選ばれました。以上をもって本選の9作品を決定したいと思います。

DR　クリティークの皆様、平瀬先生、ありがとうございました。先ほど発表がありましたが、1番、10番、18番、20番、38番、46番、58番、63番、64番の合計9名が決勝進出者となります。

FINAL
PRESENTATION

決勝プレゼンテーション

決勝選抜議論で選ばれた9人が決勝プレゼンテーションに進出。
それぞれ公開プレゼンテーションを行ったあと、
7分の間にクリティークが自由に質問する。

決勝選抜議論

決勝プレゼンテーション

受賞者選抜議論

ID01 山下 裕子

「編戸」

プレゼンテーションは42ページ参照

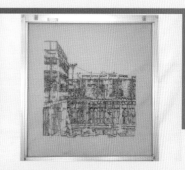

百枝 この作品は気になって投票をギリギリまで迷いました。非常に面白いのですが、内側からの視点ではなく都市からどう見えるのかが僕は気になりました。窓を閉めると網戸はどのように見えるのかとか、夜の照明の影響なども考察されましたか?

山下 プライバシーの面で、人のいる可能性の高い場所から、または自分からの視線を遮ると考察の部分で話しましたが、外から内への視点のようなものは確かに考慮されていないと自分でも思っています。

百枝 都市の装飾性というか飾り窓のようなものは昔からありますが、そのように街を変えていくようなところまで踏み込んでいくと魅力的になるのではないかと思いました。

高木 百枝さんの話と繋がるのですが、部屋の中から見る風景の転写に対する重きはどのくらいあるのかが気になりました。夜になると室内の光が外に対しても影響を与えることができるので、そちらの視点のほうが効果的だと思います。都市に表現される風景の可能性も含めて、今は内部から実際に見える風景を転写、重ね描きしていますが、その描かれるものの意味の強さは何かあるのでしょうか、他のものではいけないのでしょうか?

山下 プロジェクトの始まりが衝突防止の目印だったことから、当初はこの網戸の置かれている場所と関係ないロゴを描いたり、授業ではフェルメールのような絵画をつくったりしていました。しかし、それらは網戸が置かれる場所に対応していないので、どこにも関係ないとなってしまったことから網戸から見える風景という場所性を考慮したものに帰着し、今回は風景を編んでいます。そのため、こだわりはあります。

畑 すごく面白いと思います。山下さんの話の中に装飾性や遮蔽性の問題があったと思うのですが、それ以外のビジョンや可能性として考えていること、例えば網戸に新しい機能性や意味が付与できるのではないかなど、つくりながら考えていたことがあれば教えてください。

山下 ビジョンとしては、今回は自宅の網戸で黒と同化するように黒の糸で行いましたが、例えば印刷物の多色刷りのように、違う色の糸を使った網戸を何枚も重ねて奥行きのあるモチーフを描くことも考えています。あとは、網戸の前で立って眺めるようなことは少ないので、この網戸でつくったものによって開口との向き合い方、網戸との向き合い方が変わりそうだというのは他の外部のコンクールの審査で感じました。

古森 少し意地悪な質問になるかもしれないけれど、衝突防止が最初のモチベーションであれば、ガラスに同じようなことをしようというモチベーションは起こらないのですか?

山下 自分の中でガラスは、建築のファサードにおける花形だと思っており、建築家の方も重要視されていると思っています。それに対して網戸は見向きのされない黒子のような存在だと自分は感じていて、そういうものに光を当てる制作を考えていたのでガラスは対象ではなかったです。

百枝 昨年サウジアラビアに行った時にイスラム建築を見たのですが、イスラム建築に向いているような気がしました。虫が入ってくるのは阻止したいけれど、華美な装飾性が必要な宗教施設などに使うようなイメージが少し湧きました。あと、高木さんがおっしゃっていた話が気になりました。室内から見えた像が外から認知できるというのは面白い。視点のずれによって見えるパースペクティブが変わると思うのですが、室内から見える風景が外から見えるのが面白いし、解像度の高さに着目してピクセル上に描くというデジタル的な物と連続するところも興味深いと思いました。

高木 一言でいうと、描かれるものを何にするかということ自体が提案の要素なのではないかと僕は思いました。そこに可能性はまだあるように感じる。1000年前の窓から見えただろう風景にするとかね。

古森 今後のさらなる発展の可能性として、生産方法が少し欄間に近いのではないかと感じました。欄間も一つ一つ異なるけれど、たくさんつくったりもする適量生産であり多品種でもある。それを少し重ねて考えてみると面白いと思います。

ID10 青山 剛士

「菌床のマチ」

プレゼンテーションは119ページ参照

高木　質問ですが、冷暗所というのは本当に冷暗所になりますか？

青山　菌を生産する場所としてGLより2,400mm下げ、住宅に繋がる部分があるので軒を少し上げています。全体として軒先のメッシュ金網の場所が高くてGL＋2,200程度となります。低い所はGL－800程度で光を遮る場所となっています。

高木　屋根は簀の子状ですか、それとも完全に遮光するものですか？あともう1つ聞きたいのが、冷暗所は夏に対して冷暗と言っていると思いますが、冬は温めなくて良いのですか？

青山　地中は一年中温度を一定に保つので、そこに保存して温度を一定に保つイメージです。

畑　今の質問と同じような疑問を僕も持っています。昨日も本人に聞いたところ、時間がなくて最後まで答えが聞けなかったと思うのですが、菌が繁殖するように見える庇をかけても菌は繁殖しないと思います。地面を少し掘ってコンクリートでつくっても菌が繁殖する環境になるのかは非常に疑問です。生酛造りは菌を飼う造り酒屋ではわりと伝統的にずっと行っていることですが、菌がきちんと生き続けるにはかなり知恵が大切なのです。人間のためや自慢し合うなどではなく、菌をきちんと定着させて生かし続けるための設計手法、何をどう設計したかをもう少し具体的に教えて欲しいです。

青山　中心の場所はRC造になっていますが、それ以外の場所で庇のかかっている暗い部分がGLの土の部分となっており、実際に菌の繁殖に使われているような穴ぼこの空いたところはレンガ造となっています。実際に味噌蔵の方に話を聞いたところ、重要なのは湿度と風通しの良さで、麹を実際に育てる際の温度も必要だということなので、温度と湿度をできるだけ一定に保つような空間にしました。できるだけオープンスペースにして土の場所を増やし、壁も穴の空いたレンガ造りで一定に保ってあげることで菌が住みやすい環境をつくっています。

古森　少し応援すると、つくり方と建築の関係性には詰めの甘さがありますが、それは専門家と一緒に詰めていけば良いと思います。人と人が繋がるところをもっと強くプレゼンしないと少し劣勢だね（笑）。人と人がどういう場所で繋がり、繋がることによる新しさのようなものを少し説明してくれるかな。

畑　すごく簡単に言うと、全部土地を買収してつくるということですよね？要するにテナントミックスで全部やるということですよね？

青山　そうですね。

畑　どういう仕組みでこれを運用していくのかを少し説明して欲しいです。

青山　それは行政などの話でしょうか？

畑　今ここに生活があるなかで、どのようにこれが始まっていくのかを教えていただきたい。

青山　先ほど言ったように、もともとこの場所は麹を育てる文化があったのですが、今はなくなりつつあり、それを再び取り戻そうという活動が文京区で多数生まれています。行政からは支援としてお金が出ており、ある種、街全体で麹のミュージアムのようなものになりながら、麹を住人が好きな時につくっていくようなものと考えています。

古森　僕の質問のほうに接続すると、それが建築のデザインとして、人と人がどのように繋がる場所を君はつくっているのですか？半屋外のところでこのような食事の仕方をするとか、何か具体的な提案はないのでしょうか？

青山　例えば製糀のような場所では空き家が古民家カフェになっており、そこに軒がセットバックすることで間のオープンスペースと中心の製糀の場所が街のキッチンになり、古民家カフェや一般的な店舗と手前料理を自慢し合うという関係が生まれます。僕はGLの違いが重要ではないかと思っていて、先ほどの手前酒の話もですが、店舗との高低差による"見る見られる"という関係が重要だと思っています。高さを繋がりの部分として考えました。

中川　もともと麹室というのは、街の人が大事に菌を飼っていたという文化と照らし合わせて提案されていると思うのですが、何人くらいの住民がこの麹菌施設と関わりを持つようなイメージなのですか？

青山　麹の生産自体はそれほど人数が必要なわけではないので、週に何回か十数人の住民が集まり、順番に回りながらやるイメージです。街の掲示板で一緒にやる街の人を募集して、そこで自慢の関係が生まれていくような想定です。

ID18 中野 紗希

「まちの内的秩序を描く」
プレゼンテーションは18ページ参照

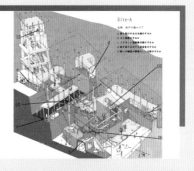

古森　どのくらい時間がかかりましたか？

中野　構想は5月くらいから始めて、そこから自分が魅力に感じる自然発生的な空間が何故魅力に感じるのかをずっと考えていたのですが、芦原義信さんの本を読んで感動し、そこから要素の抽出をしていきました。

古森　僕も北九州に住んでいますが、瀬戸内から北九州まで、近代成長時に斜面地に人がどんどん住み、最悪の状況になってしまった斜面地がたくさんあります。そういうところに適用するとすごく良いなと思いました。

畑　魅力的な提案だとは思うし、昨日も聞きましたが、風景をスケッチして断片的なイメージにし、それをもう一度ここに表してくれているのはわかるのですが、どこにその設計があるのかが少しわからない。要するに、それらの散りばめられたものがどう計画されているかが非常に重要な問題で、ごくわずかに傾いているとか、幅が広過ぎるとか、そういう関係性は相当綿密に設計しないとできないのではないかと思います。プレゼンテーションの時間が限られているので伝えられないのかもしれないけれど、スケッチをスケッチのまま描いて終わっているのではないかと思ってしまう。だから、図面でなくてもいいのですが、どの場所にどのように抽出した要素を計画したかがわかるものを用いて、要素の断片ではなく、それらの連続でどうなっているのかを教えて欲しいと思います。

中野　3つのSiteに分けてルールがわかりやすいよう設計しているので、どうしても部分的に見えてしまっているところがあります。Site Aで例えると、ルール6の袋小路の要素が隠れ家のような裏庭にありまして、階段を登ると少し高台になっていて、そこが小上がりの空間になっていたり、路地から住居を通して袋小路を眺めることができたり、そういう空間の繋がりを考えています。

中川　中野さんが大変優秀な方だというのは重々わかっていますし、5票獲得しているのでこの後のディスカッションでも話題に上がりやすいポジションにいると思うのだけれど、中野さんの提案を今後も推し続けられるかどうかを決めるために伺いたい。畑さんの今の話と似ているし昨日も本人に聞いたのですが、パタン・ランゲージ的にいろいろな単語を集めるという操作を入念に行っていて良いと思うのですが、それらの単語を実際の敷地にどのようにコンテクストをつくって入れていくかがわかりづらいです。良くも悪くも損しているのは、全てスケッチなのでこれらが正確なのかがよくわからないんです。例えば棚田の寸法に合わせて、持ってきた単語を超えるように想定し、このような全体像を設計しているとか、具体的に踏み込んで説明をしていただけるとよくわかる

のですが、その辺りいかがでしょうか？

中野　段々畑の地形に対してどのようにルールを適用したかということでしょうか？

中川　実際の場所と単語を具体的にどのようにチューニングしたかという質問です。

中野　まず、設計プロセスと特殊な地形に対して13のルールをどのように適用したかを詳しく説明していきます。ここの特殊地形というのが、人々が労力をかけて1m×1mの段畑へと長年かけて積み上げてきた地形であり、そこに住居のスケール感に合わせて石積みを掘り下げることで、ルール08の"前の家の屋根がテラス"という、サントリーニ島の前方の家の屋根が奥側の住居のテラス空間になっているというルールを適用させています。さらに住居奥へと広げることによって、それらのアーチ状のものを、京都であったら間口であったり、チステルニーノであったら通り抜けの空間であったりというような魅力として適用させています。

中川　先ほどの話の時に段々は1mという話で、サントリーニ島を入れる時にはテラスになっていたのですが、1mは人が通れない幅なので、これらの間にチューニングが欠落して矛盾が生まれているような気がしたのですが、いかがでしょうか？

中野　1m×1mというのを掘り下げています。ここではスケール感が変わっています。

中川　聞き方を変えます。先ほどから、持ってきた単語を具体的にどのように設計したか聞いているのは、中野さんの卒業設計は外的な秩序ではなく内的な秩序から提案をつくっていきたいという大きな立ち位置がありますが、愛媛県の宇和島市にサントリーニ島のテラスの提案を持ってくるのは、ある意味で外から計画を持ってくるとも言えるので外的な秩序でつくっていると言えなくもない。宇和島市の地形をどのように読み解いて中野さんのリサーチをどのように適用していったかで、内的な秩序でやったのか外的な秩序でやったのかという判断が分かれます。非常に重要なところなので、先ほどからしつこく聞いています。今の話にどのような形でもいいので反論していただけますか？

中野　内的な秩序から導いたルールを宇和島の敷地に今回適用したのですが、私が今回卒業設計を通してしたかったことは、どの敷地であってもこれらのルールを適用でき、空間的魅力を導きたいというところにあります。宇和島の敷地に対するこだわりはなく、どのような場所でもできる汎用的なルールを導きたいというかたちで今回の卒業設計でテーマとして取り上げています。

ID20 三枝 理子

「墓、あるいはモニュメント」
プレゼンテーションは131ページ参照

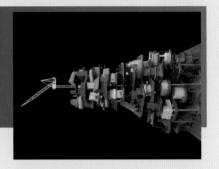

古森　動画は非常に魅力的でした。ただ、一番伝えたかったことを単純な言葉で伝えてもらっていいですか？

三枝　これは私の中で論文のように考えていたことです。自分のために描いているのですが、それが誰かに使われるような理論のようなものになったら良いと思っています。アドルフ・ロースの言葉に納得したので、私もそのような感じで理論を考えようと思い、結論としては、建築は墓でありモニュメントのようなものだと思いました。

百枝　参照できる理論がわかりづらいのですが、理論でしたら、もう少し言語化をできるのではないでしょうか？

三枝　動画の最後に"出来事のようだ"と言ったのですが、ロースの言葉を読むと、おそらくプログラムと形態の一致のようなことが重要だと述べていて、それにすごく納得し、私が同じように墓とモニュメントについて考えた結果として、墓やモニュメントは出来事そのものなのだと思いました。それまでの物語やこれからもしかしたら起こるかもしれないこと、天国などを想像させるようなものに挟まれた出来事だと思っていて、そういう出来事のような建築が良い建築なのではないかという結論を自分で出しました。

中川　先ほどのプレゼンの映像の中で2021年から2099年と言っていましたが、何故78年もかけてこの建物をつくるのですか？

三枝　建築の墓であり建築のモニュメントをつくろうとまず考えました。建築の墓というのは空き家のようなもので、人がいなくなり残されてしまった建築を墓のように捉えられるのではないかと思い、壊さずに要素としてずっと残っておきたいと思いました。それから、モニュメントのような建築は、まず直感的に建築を積むことは考えられたのですが、建築というのは未来の概念そのもののようなところだと思うので、時間を積むとなったら一瞬で建ってしまうのは違うと思っており、記憶や時間をゆっくり紡いでいくことがモニュメントたることになるのではないかと思いました。

中川　塔状のものをモニュメントと捉えるのは、一般的には普通だし安直だと思うんですよね。特にそこに提案はないと思うのですが、それをあえて78年間もかけてやる理由はなんでしょうか？

三枝　78年かけてやったという時間軸と、私が卒業設計に2週間かけたという時間軸が私の中では連動しており、もしかしたらモチーフ自体はすごく古いし理論としても安直かもしれないですが、建築学科に4年間在籍してさっぱりわからなかったけれど少しでも自分の考えを深めることができたらと思い、自分のために卒業設計としてやりました。

畑　ほぼ同じ質問を違う意味からもう一度確認したいのですが、78年かけてこれだけのものをつくるかもしれないし、でもどこかで止めるかもしれない。ということはある種、蟻塚のように育つこともできるけれど、育たせる必要がなければ止めても良いという選択肢があるのかと思いました。教えて欲しいのは、クレーンを据える以外に積層させていくというのはすごいアイデアがないとできない仕組みだと思うのです。力学的なことは解けていなくて良いのですが、下のものに反応して形を変えながら上に物を積むための仕組みの設計はあるのですか？　その部分が全く語られていないので、なんとなく模型を上に積んでいくようなイメージでしか捉えられていません。だから、何故78年かけてこれだけのものをつくると言えるのかが少しわからない。その仕組みは設計しているのですか？

三枝　下のものに呼応して積んでいくという仕組みの話ですか？

畑　もう少し単純な、構造的にどのように積むかということで、すごく細長い柱があったり、なかったり……どういう仕組みでこれを上に積んでくのか、物理的な仕組みを知りたい。意味論ではなく、それを設計したのかどうかが知りたいです。

三枝　図面が見づらいのですが、中央のクレーンの中心は円筒のように空いていて、その周りには階段とエレベーターと非常に強靭な柱があり、そこだけはコアのように考えています。そこから床を下の状態に合わせてどんどん広げていくのですが、それを模型をつくる作業で行いました。後輩につくってもらって積む、後輩に添景を入れてもらう、光を考えて自分で床をつくるというようなことをしていき、柱は床が持たなそうなところに入れてとにかく模型ありきでつくっていきました。

ID38 篠山 航大

「長島協奏曲」
プレゼンテーションは38ページ参照

中川　一次審査で言った通り私は篠山くんの提案を推しています。推している理由は、まず、きちんと設計していること。ハンセン病のようなテーマが重い作品の場合、なんとなくのイメージで済ましているところがあると思うのですが、彼の場合はきちんと設計をしている。そして、その設計の形にある程度の理由があって効果もある。そういうところが建築として良いと思って推しています。先ほども少し話しましたが、篠山くんの提案は先ほどの20番の作品と対照的で、新しいモニュメントのあり方を提案しているように私は感じています。人がいなくても賑わいがなくても価値があるモニュメントを追求しているように見えるのですが、その辺りで篠山くんが意識されていることがあればひと演説お願いします。

篠山　先ほどの議論にも出たように、人がいなくてもこれ自身が楽器となるような工夫をしています。例えばフルート練習場ですと、海と山の境目で風が強いことから、スリットをたくさんつくってスリットの間を風が通り抜けるようにすることで、たとえ楽器が中で演奏されていなくても風が吹き抜ける音で建築自体が楽器となるような工夫を凝らしています。それ以外にも、バイオリンの練習場では岩にぶつかる波の音が内部にこだまするとか、ピアノ練習場では屋根が垂れ下がっていることで波の音が内部で反射されて聞こえるとか、たとえここに人がいなくても、建築自体がモニュメントとなり得るという工夫を行っています。

高木　昨日からおそらく同じ質問を受けていると思いますが、プロがきちんと演奏をすればCMにもなりそうなくらい、きちんと空間をつくっているのに対し、あえて"練習場"とした強い理由はありますか？

篠山　年がら年中プロが来るというわけではないので、もっとフラッと来てフラッと演奏してたまたま音楽が聞こえるという状況のほうが、この場所においては好ましいと思っています。年に数回コンサートが開かれるかとは思いますが、市民に日常的に開かれるというイメージでつくったので、コンサートホールではなく練習場として計画しました。

畑　人がいなくてモニュメントとなり、モニュメントとして新しい姿を提案するという批評に対して強く興味が惹かれます。そこで教えて欲しいのは、バイオリンの機構を生かしたのは理解したのですが、スリットが空いている屋根の部分というのは風が通ると音が鳴るのですか？ どういう仕組みで音が鳴るのかがわかりませんでした。それともう一つ、潮騒が聞こえるピアノ練習場はどのように音が聞こえてくるのか。もちろん潮騒があるのは皆わかるのですが、それがどう変わるのか。"変わります"と言われてもどう

いう原理でどう変わるのかを教えて欲しい。音響について何が起きるのかがわかりませんでした。

篠山　音響のシミュレーションはできないので想像となりますが、変化というよりは海の上で波の音が聞こえるという状況を強調する、そこに建築があることによってその状況をより強調するということです。音自体は波打ち際で聞く音と同じかもしれません。ただ、フルート練習場についてはスリットの間を風が通り抜けて音が鳴るのではないかという想定です。

百枝　昨日から僕も篠山さんを評価していましたが、人がいないモニュメントというのは今後議論になるのではないかと思っています。設計されているものの設計の仕方が遺構のようなものを表現していますが、楽器の音などに特化して全てを設計するという、解像度を高める方法もあったのではないでしょうか。比喩としてバイオリンなどの楽器をモチーフにした気持ちはすごくわかるのだけれども、技術的に楽器などに特化しても良かったのではないかなという気はしました。

篠山　バイオリン練習場はバイオリンに特化することも考えたのですが、それだけでは現実的ではないので、バイオリンが弾かれるのが一番良いと思うけれど、それ以外の楽器ももちろん弾かれても良いということに。そのような意味で特化することはあまり考えない、メタファーとしてその楽器を用いるという設計手法を選択しました。

ID46 勝 満智子・武内 宏輔
「見え隠れする小景」
プレゼンテーションは173ページ参照

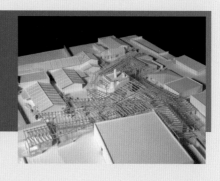

中川　勝さんの提案はまず設計が良くできていますね。島民にとっても、このような建築があると良いだろうし、島を改善するという意味ではすごくパワーのある建築だと思うのですが、合同講評会の場だからこそ、勝さんの提案がどの程度のビジョンの壮大さを持っているか伺いたいです。新島には島民がどれくらいいて、観光客はどれくらい訪れているのですか？

勝　現在、新島の住民は2,500人ほどで、観光客は時期にもよりますが、住民の5、6倍が夏ごろをピークに訪れています。季節外の観光も最近は多くなっています。

中川　そうすると、観光客が夏の時期に仮に10,000人くらい訪れた場合、住民より観光客のほうが多いわけですよね。住民が多い時期と観光客の多い時期が島の中であると思うのですが、その時に勝さんが設計された建物は役割が変わるのでしょうか？

勝　役割の変化としては、観光シーズンにおいては観光拠点として文化の経験をできる場所や、ガラスやコーガ石を見ることのできる場所となり、オフシーズンには住民や協会による石造建築の保存や活用の動き、調査会などの用途として使われます。また、住民の日常利用という面でも、季節問わずいろいろな人が利用できるよう考えています。

高木　図面を初めてきちんと見ることができましたが、見たところ、既存壁の活用や解体、立面のトレース、新規壁の構築といろいろなケースを想定して使い分けていると思います。特に立面のトレースから新規壁の構築はどのようなところに配置したのか、新規壁とは何かを知りたいです。

勝　平面図の色分けで、新規壁が赤色で既存の倉である青色を囲うような形で配置しているのですが、例えば広場では、新規の壁の視線の奥に移設したオレンジ色の壁が見え、その奥には既存のものが見えるようなつくりになっている場所もあります。また、新規壁については、コーガ石は石の中でも特に経年変化が表れやすい素材で、住民が保存したいもともとの石の色味や経年変化した色味を用いたり、薄く切って積んだり貼り石を加工したりと壁を新しくしたり増築したりしているので、それを図面上で移設するなどしています。

高木　一言で言うと、Siteの中に3つの時間軸のようなものをシャッフルして混ぜ込み、1つの視界に全部が見えている。これにルールなどはありますか？

勝　既存と新規と移設と塀に加え、コーガ石とコーガ石から生まれる新島ガラスという緑色のガラスを混ぜ合わせることによって、この建築が形成されています。

百枝　画面で素材を見ましたが、新島ガラスがすごく綺麗だったので素材がわかるパースなどがあると良かったと思います。うまく設計できているのはわかるのですが、ビビッドな感じをもう少し出せたほうがここに行きたくなるような気持ちになるのではないかな。

勝　新島ガラスと、古い部分の壁と塀というかたちで見えるようになっています。

百枝　なるほど。スケッチがいいのかな？　その3種類の構成を聞かなくてもわかるような伝え方ができるとより良くなると思いました。

勝　パース状の表現があまりできていなかったのですが、マテリアルの収集で生まれたものから提案したいと考えています。

畑　単純に教えて欲しいことがあります。印象的な屋根が非常に面白そうで、渦巻いているような裏側の軸線などと呼んでいるようなものから引っ張られているのは遺構空間としても面白いと思うのですが、これは先ほどのスケッチのようにパーゴラのようなものなのか、どうなっているか知りたいです。ガラスが乗っているのか、何もないパーゴラなのか、単純にわかりません。

勝　屋根については、ハイサイドライトの部分に新島ガラスのグリーンの色が差し込むように考えていますが、3方向からそれぞれ3層になっている赤い屋根を想定しています。赤い屋根にしている理由としては、島なので霧や露が発生しやすいため、昔の写真からもわかるように赤い屋根が特徴的に表れている場所だったので、それを生かしています。また、現在は赤い屋根などはなくなってしまいましたが、赤い屋根は目立つ色としてよく使われ、この島でも、もともと使われていたことからランドマークとなったり安心感を与えたりするようにと、赤い屋根を大きく架けようと考えています。

畑　断面図はありますか？

勝　断面図はあります。断面図を見てわかるように、屋根のハイサイドから光が入るようにし、また大きく空いている部分では採光の確保などをしています。

高木　この断面図に新旧の色分けがあると面白かったですね。

ID58 増田 真由

「借りぐらしの公共空間」

プレゼンテーションは50ページ参照

百枝　この作品は、僕などが普段考えている公共性とは違う感覚を持っていると思うのですが、それについてもう一度説明を聞きたい。それと、先ほどの公園のベンチに段ボールでハックした写真のような状態が、仮に公共的に与えられたら嫌ということですか？

増田　違う公共観を持っているというのは、公園で居心地が悪いと感じることについて深掘りするということですか？

百枝　"ハックする"というタイトルから、あらかじめ良いとされている公園のような場所に対して疑問があるので侵入するということなのかなと思ったのですが、そういうことについての感覚を聞きたいです。ハックしたものが常に立ち上げられては消え、一人の人がそこに行ってハックするのはいいけれど、それが公共的に用意されるのが嫌という内容でいいのですよね、という質問です。

増田　2つ目から答えさせていただきます。例えば先ほどのダンボールでハックしたもののように、のりなどを使わず畳める形で公園の端に寄せるといった形でインストールされるのなら良いのですが、もし常設として堅固にあると、もともとマジョリティに合わせた形で設けられている公共の中で、これを居心地が悪いと感じる人が出てきてしまい、第2の公共をつくりかねないと思っているので常設になることに対しては反対です。

百枝　折り畳めるなら良いというのは、ズレているのではないかと思います。あなたが言っている第2の公共にならないようにする線引きがどこにあるかが非常に重要で、今後他の人からの質問に答える際に答えてくれると良いのですが、折り畳めるのなら良いというのは違うと僕は思います。

増田　折り畳めるというか、常設ではなく仮設にしていつでも取り出せるという形を指していて、それなら良いのではないかと。

百枝　公園や行政などがそれらを貸し出しサービスするのは違うのではないかと僕は思うのだけど……主体の問題なのかなと思っていて、興味を持っています。それは誰がやるのですか？

古森　ベンチの幅が広くなり過ぎると人が寝てしまうなど、そういうことに対してガードしているわけですよね？

増田　概念的な幅の話ではなく、物理的な幅の話ですよね？

古森　実際の幅の話なのだけれど、このベンチの幅が広いと寝る人が出てきますよね。それが困るからこの幅の狭さにしているというのは共有していいのかな？

増田　はい、大丈夫です。

古森　それに対する公共的な幅の設定は賛同しているという話？

増田　占有にならないように、入れ替わり立ち替わり公共を使えるように、自分のつくった小さなハックツールを用いて居場所をつくることができるようにするというものです。そのハックツールによって、もともとこのベンチだけでも居心地が良かった人を排除してしまうのは避けたい。

畑　すごく興味を持っていますが、僕が興味を持っている点は、公共かどうかも確かに重要だけれど、いろいろなルールによって標準化されているが、それは必ずしも居心地の良いものになっていないのではないかという非常に単純な問いに対して、固定しない形でそれがさまざまな使い方や居心地感のある道具へ簡単に変化させる技術やアイデアを都市の中で蓄積して皆が共有できるようにするのはどうだろうかという点。だから、どれ一つ取っても片手落ちだけれど、標準化された公共の施設だからこそ多様なガジェットのようなものを開発できるのではないか。それらが技術としてストックされていけば、皆が使える非常に豊かなものに変化するのではないかと思っている、ということですか？

増田　そうですね。そもそも皆さんにとって既存の空間の居心地が悪いというのが、私はわからなくて。行政によるいろいろな理由はありますが、例えば街づくりの時に子連れの人が安全に過ごせる場所やホームレスがいない場所は、多数の人にとって居心地の良い場所だとなっていたからこそ、現在の形にどんどん採用され、逆に排他された人もいるのだと思っています。もともと、すごく居心地が悪い場所として既存の公共を定義しているのは少し引っかかりました。ただ、それ以外のところは合っています。

中川　人によって違う快適性をサポートするためのアプリのようなイメージですか？　私が増田さんの提案で面白いと思っているのは、そのアプリ自体をつくっていくことはもちろんですが、むしろ街にある公共性のかけらのような、例えば渋谷ならベンチなどを見つけてそこを快適にするためにはどういうアプリを使えばいいのかという、極力安く誰でも手に入りやすい材料でつくっていくという実践であり、その実践が新しい都市の記述の仕方とも言えるように思えるところです。例えば渋谷の場合は、ダンボールや百均などの材料でハッキングし、先ほどの46番「見え隠れする小景」の場合は、ダンボールや百均はないのでコーガ石でベンチにハッキングするとか、おそらく場所によって使う材料も変わるしハッキングする相手も変わるのだろうという気がします。そういう意味で、街の中に入り込んで特徴を読み解きながら、ハッキングされるべき対象とハッキングする材料をその都度見つけていくという蓄積をするとしたら、それはすごく面白い都市の記述の記録になりそうだと思いました。そういったところが面白いのではないかとは私は感じています。

ID63 齋藤 拓海

「木雲」

プレゼンテーションは24ページ参照

高木　単純な質問にはなりますが、きちんと考えられているので、この次にするとしたら何を実験されますか?

齋藤　今回は施工まで行いましたが、詳細の構造解析など、まだできていない部分があります。通常の解析ツールでは解析しきれない、接合部が回転することによって架構が若干変形していく点をいかに解析していくか。今後もし実用化するとしたら、どれだけの力が接合部にかかるかをまだ大まかにしか出せていないので、そこを計算していきたいと思っています。

高木　解析の世界としてはそうかもしれないですね。僕は少し違う提案というか思い付きがあり、ボールジョイントを量産してもいいと思います。アームのジョイントでいろいろな展開ができると思いました。今は特定のアーチの形をしていますが、間伐材を用いて1本1本違うアーチを持っているものを利用するとか、ものすごくいろいろな可能性を感じる。

古森　まだわかっていないところがあるのですが、アームは一つ一つ違う穴が空いているのですか、それとも同じなのですか?

齋藤　穴の空け方は基本的に一緒です。

古森　空ける位置も同じなのですか?

齋藤　位置については長さと曲がり具合が違うので異なります。

古森　曲がり具合は全部違うのですか?

齋藤　はい。曲がっているのですが、3本の線でできていて線が曲がるほどに接合部がちょうどくるように……。

古森　それは一個一個違うんですよね?

齋藤　全て違います。

古森　一個一個違うというのは、今後もそのルールのもとに発展していくのか、それとも全て統一させる方向で進めたいのか、どちらなのですか? ボールジョイントはおそらく同じなんですよね?

齋藤　全部同じです。

古森　ボールジョイントの穴は統一できていますが、棒は全部違うという状況になっているんですよね、それは今後どう捉えていくのですか?

齋藤　どちらかというと梁の部材のほうは変化してもいいのかなと……。

古森　全部バラバラでいいと?

齋藤　そうですね、どちらかといえば。

古森　コンピュータが発達しているから、一個一個バラバラでもいいと?

齋藤　同じにするのも、もちろんありだと思いますが、曲がり具合や分割数を増やすことでかなり形状のバリエーションができるのではないかと。

古森　そこでバリエーションを担保しているのですね。

齋藤　接合部のバリエーションをもっと増やす方法もないわけではないのですが。

古森　考え方としては逆転していると思います。30年以上前に小国ドームができた時に、コンピュータが発達して穴を開ける位置を一個一個自由に設定できるようになったと教わったのですが、この作品は棒の穴の位置を自由にしたわけですね。

中川　先ほど、この提案を原寸で組んでいた写真がありましたが、あの写真は何本の木と何個のジョイントでできているのですか?

齋藤　部材としては棒が116本で接合部が219個です。もとの材料としては、幅150mm、長さ2,000mm、厚さ30mmの杉板を50枚前後加工しています。

中川　構造の原理を考える時は、どの程度の大きさで破断するかが重要だと思いますが、今回は116本、219個の接合部で組んでいるけれど、接合部はいくつまでなら持つとか、116本から実際は何本まで耐えられるという想定はありますか?

齋藤　116本、219個の接合部を用いるなら、この規模ならば成り立たせられるだろうということで設計したのですが、もしそれよりも大きいものになったとしても、例えば同じ木やプラスチックを使うにしても分割数を増やしていけばいいと思っています。1つの部材あたりの力を分散していけると思うので数を増やして対応しようと。ただ、加工するのに時間がかかるというのはあるかもしれません。大きさと分割数を調整していくことで対応できるのではないかと考えています。

中川　現状の接合部でどこまで持つのかは未確認ですか?

齋藤　1つの接合部に対してどれだけの力を持たせられるかという、ある程度の構造実験もしましたが、その実験の中でこれらの形状である程度の構造計算をした後に、このジョイントで持つだろうという結果を導いたので、具体的にその接合部でどこまで持つかは……そのようなつくり方はしていないのでわかりません。

ID64 小笠原 隆

「伊勢ノ水面ニ柱ハ眠ル」
プレゼンテーションは30ページ参照

古森　1000年先に向けて、徐々に変わっていく部分をどのようなやり方で記録するのですか？

小笠原　まず、建築物を構築するそのテクトニックな組み上がり方をデータとして保存し、そのデータを用いて設計を行うことで、その設計されたもの自体がどのようなシステムで構築されていったかが記録されます。だから、設計され建造されると同時にそれ自体が保存されている状態になります。また、その新しくつくられたシステム自体を、次の神社をつくる時に再構築することで、この新しい唯一神明造というものが設計できるようなシステムを提案しています。

古森　君のつくったやつは1000年先も形は変わらないということですか、それとも更新されるのですか？

小笠原　形態自体は、変わらないこともできますし、変える必要性が生まれて変えるとなった場合はそれらの編集の遍歴をデータとして、情報として残すことができます。

高木　情報として残すために、新しいあなたの提案は要りますか？ 外宮などすでにあるものを情報化すれば、それはそれでいいということですか？ この新しいデータとの関係がよくわかりません。

小笠原　敷地となる山田工作所という場所は伊勢神宮の2000年の歴史の中で比較的新しい時代に生まれたものなのですが、山田工作所という場所ができた時には神社が建てられていなかったのです。それで、式年遷宮の大事な丸太を水中乾燥させるという形式に対して、社がいまだにないこと自体が僕は問題だと思ったので、ここに新しいシステムを取り入れた唯一神明造のお社、"御沈木ノ御舟"を提案しています。

古森　工作所のための記録のものでもあるということですか？

小笠原　そうです。

畑　非常に面白いと思って見ています。1年間伊勢にいたという話を先ほどされていましたが、これをつくったプロセスをもう少し知りたいです。1年の間に、今ある125の社の様式のテクトニックな部分についてあなたなりにアーカイブをつくったのですか？

小笠原　この神宮にある125の神社全てに社があるわけではないので全てではないのですが、社の形は全て見ました。それぞれ異なる部分が多いのですが、鰹木という屋根の上に乗せる丸太の数が違うとか、そもそも大きさが全然違うとか、そういったことを発見しました。それで調べてみると全て違う形態でできていることがわかり、その様式として唯一神明造と定義している形態の資料がわずかながらあったので、そのテクトニックな部分をプログラミングして保存し、それを編集して設計するということを行いました。

畑　この社は浮いているわけですよね。125の神社の中に、このような社はあるのですか？

小笠原　ないです。今回の社は、唯一神明造の様式といえるか微妙なラインを攻めていると自分でもわかっています。伝統的で強固な様式に対して水に浮かせるという機能を持たせるとなると、伝統様式と新しい機能との乖離がすごく大きい。このような伝統的様式をどうすれば再編集できるのか、どうすれば伝統様式を使ったうえで新しいことができるのか、そのようなところに取り組みました。

百枝　これはどこから見られるのですか？

小笠原　まず、一般的にアポを取らないといけなくて……。

百枝　外構計画というか、どのようなアプローチでお参りするかは考えていますか？

小笠原　伊勢神宮において参拝を目的とした神社はごくわずかで、特に所管社の役割に関しては一般的に賽銭箱や鈴を鳴らす参拝というものはありません。あくまで神様に対してつくられる建築物で参拝というものはないのですが、この敷地は先ほどのプレゼンで申したように、地元で生まれ育って幼稚園に通う子どもたちとその両親などが暗黙の了解で通っている敷地なので、そういった日常の中に存在する景色としてこの神宮というものをつくっています。

WINNERS
SELECTION
DISCUSSION

受賞者選抜議論

最優賞1作品、優秀賞2作品、クリティーク賞各1作品（計5作品）、
JIA九州卒業設計選奨6作品を決める受賞者選抜議論。

決勝選抜議論

決勝プレゼンテーション

受賞者選抜議論

クリティークと出展者、最後の質疑応答

平瀬　それでは受賞者選抜議論を始めたいと思いますが、スケジュール的に残り約40分で決めなければならず、実はそれほど時間がありません。今のプレゼンをもとに最優秀1つと優秀2つを決めるための投票をしていただきたいのですが、まだ聞き足りないとか、質疑があるというのであれば今のうちにしていただくと良いかと思います。まだ選定しきれず、聞きたいことがある人はいますか？

百枝　どうやって票を入れますか？

平瀬　おそらく議論をしてから投票になるかと思いますが、例えば1人3作品を推して、それでどうなるか。1人3票というのにも議論が必要かと思いますが。

百枝　3なら簡単に選べます。

平瀬　最優秀1つと優秀2つの3作品なので、3票が良いのではと思ったのですが、いいですか？

百枝　はい。

平瀬　その視点で3票をどれに入れるかを考えていただきましょう。あと、まだ質問したいものがあれば。

百枝　では、18番「まちの内的秩序を描く」。最後のほうでいろいろ質問が盛り上がりましたが、実際の敷地が必要だったのかが僕も大きなポイントで、その点についてどうですか？ 要は、実際の敷地を前提に

ケーススタディしたとなった時に、それは本当に足りているのかという話になったけれど、そもそもこれは普遍的な手法だということで、敷地の優先度はあまり高くないという話が最後にポロッと出ましたよね。そこの重要度をもう一度表明して欲しいです。

中野　今回の提案は、内的秩序を持った空間から導かれるルールを優先度として高くしており、その内的秩序を持った特殊な地形との共通点により、他の適応パターンとして敷地を設定しています。

百枝　うーん、敷地は1個だけですよね。

中野　そうです。

百枝　幾つかやることも考えられたんですか？

中野　特殊地形の段々畑など、土地自体にポテンシャルがある敷地を今回は使って適応させたのですが、もっと無機質な空間や斜面地にも適応させて、それが魅力ある空間になるという発展が今後できたらと考えています。

百枝　13のルールを抽出した後に、それを対象とする敷地まですごく独特だから、それがきちんと合っているのかが気になりました。まぁわかりました。

古森　彼女に対しては僕から質問はないです。他の誰かへ。

畑　それでは、いいですか。すごく意欲的な提案ですよね。だからこそ確認したいのですが、普遍的という言葉がすごく引っかかりました。意図せずにできた魅力的な空間というのがかなり細やかなもので、空

間的に言えば、非常に細やかな相対というか寸法系とか、具体的な要素の複合体のような気がするんですね。つまり、これを普遍化するのは現実的にできるのでしょうか? 普遍化した時に空間のニュアンスのようなことも含めていますが、風が吹き抜けるためのほんの少しの傾きのようなことも普遍化の対象になるのでしょうか? それとも、そういうものが抽象化されて削り落とされ、空間の概略のようなものだけが残るのでしょうか? その普遍的なものという部分をもう少し教えてもらえますか?

中野 敷地の環境自体も含めてですか?

畑 魅力的だと思った風景をスケッチすると、その時点であなたのフィルターを通りますよね。だから、おそらくいろいろな情報がこぼれ落ちて、重要だと思ったところだけがスケッチとして記述されますよね。それから、もう一度ある場所にそれを手法としてインストールすると、また変化しますよね?

中野 はい。

畑 変化するんですよね? ……え、変わらない? 変わります?

中川 尋問みたい(笑)。

古森 変わると思うよ。

畑 変わるのでいいんですよね、誘導尋問みたい(笑)。今話していること、どう思いますか? 普遍化というのは、その場所の微妙な地形に呼応しないと、その場所に建築空間として魅力を持って定着できないと僕は思うんですよね。本当に微妙なことの連続でできているような場所は特に。だから、その辺りをどのように思っているのかが単純に知りたい。

中野 共通の要素を抽出した地形が例えば地中海の地形であれば、地中海の気候だからこそ、その魅力がすごく良いものとして適応されているので、日本に持ってきた時にこの空間の正しさはあるのかという疑問もあります。ただ、私はできている空間的な要素であったり、中庭のつくり方であったり、テラス空間のつくり方というのに魅力を感じており、その要素に何故魅力を感じるのかという点で空間的な構成を大事にしました。適応させた敷地が今回は自慢の敷地ではありましたが、その敷地に内的な秩序というものがあっても、今回適応させるうえでシンプルなルールを大事にしていて、今後もっと発展させていくという意味では、その敷地に合う気候の条件などをルールに掛け合わせていくことで、もっと空間的魅力が溢れるのではないかと今回の卒業設計を通して感じました。

古森 僕は10番「菌床のマチ」か46番「見え隠れする小景」に聞きたいことがあります。

高木 質問で40分が終わるのでは?

平瀬 そうですね、40分で終わってしまうので、なるべく絞っていただきたいです。

古森 それなら、質問は大丈夫です。10番と46番のどちらかに大きな話をしてくれたらと思ったのです。2作品は決めたので、あと1作品を選ばないといけないのですが、この2作品が似ていましたので。

平瀬 一言ずつもらったらいいと思いますよ。

古森 では一言ずつ簡単に。どのように、この手法なりこの卒業設計なりが発展していくのかを10番と46番に。

青山 どういう文化を発展していくかっていう……。

古森 今回はこの敷地におけるこの建築のあり方でしたが、日本のいろいろなところで同じような手法を展開していくと、同じような背景を持っている場所はたくさんあると思うので、この手法は良いと思っているんです。そのようなビジョンを持っているのか、それとも、この敷地における特解なのか。

青山 既存の住宅を残しながら住宅の区画の内側などに建築を通すこと

で、避難所にも延焼防止にもなりながら、コミュニティの中心にもなることができる。これはいろいろな都市に対して提案できると僕は思っています。その内側の道が新しくできるからこそ、そちらが新たなパブリックとなり、今ある道路がまた少し変わってくるのではないかと思っています。手前味噌に関わらず、いろいろなことができると思っています。

古森 わかりました。46番の新島ガラスの作品についても。

勝 この設計自体はこの場所ならではの特解として捉えています。新島のもともとの特徴として、コーガ石はここにしかなく、本来持つべき建築に宿る記憶だったり記録だったりが深く残っている場所なので、それに対して既存をそのまま残すのではなく、セルフビルドの文化を現代で生かしつつ、展示物ではなく生業に合わせて今後使われていくような建築をここでつくることが大切だと考えてこれを提案しています。

高木 20番に質問です。題名が「墓、あるいはモニュメント」ですが、あなたの話を聞いていると最後に結果物として固定してある墓やモニュメントがつくりたいのではなく、プロセスだけが重要だと大学時代に結論付けたいのかなと思いました。"建築がわからなくなった"と言っていましたよね、提案内容は建築物がてんこ盛りで盛り上がっていますが、本当はものはいらないと思っていませんか、それよりもプロセスのほうが大事だと行き着いたということですかね?

三枝 プロセスが1番大事というのは少し違います。プロセスという過去形や予期させるような事象のようなものが大事だという結論に至っており、ずっと積むという行為をしているけれど、想定では終わりを考えておらず、私は死ぬかもしれないけれど、永遠に積むつもりでつくってきました。つくっていくなかで続ければ続けるほど、どんどん終わりのようなものを常に意識しないといけなくなり、プロセスが大事というよりも、つくっていくんだという未来的な気持ちと、終わった後にこういうことがあったんだということが同時に成立するような出来事が、建築として大事なのではないかという結論に至りました。

平瀬 他にも質問はありますか?

中川 最後に64番「伊勢ノ水面ニ柱ハ眠ル」の小笠原くんへ。小笠原くんの話が勉強になり過ぎて、NHKスペシャルを見ているような感じにだんだんなってきました(笑)。小笠原くんの提案を整理すると、もともと伊勢神宮には製造に関わる神社のタイプとして所管社というのがあり、式年遷宮の時に、水中に木を沈めて樹脂を抜き出し、木を丈夫にして使うという儀式があると。その木を沈めるために今は重石としてコンクリートブロックが使われているが、なんの有難みもないというか、どうせ沈めるなら社にしたら良いのではないかということで、126個目の社をつくって設計した。それで126個目が"御沈木ノ御舟"という立派な名前が付いているから、本当にあるか

のように聞こえるけれど、これが小笠原くんの提案だということですよね?

小笠原 はい。そうです。

中川 すごくシンプルに言うと、そういうことですよね?

小笠原 機能としては丸太を水中に沈めるだけでなく、20年間で2万本の丸太が沈められているのですが、それをトロッコのレールがあるところまで持っていく必要があり、その移動を行う船でもあります。その機能も持っているのですが、僕が説明していることとしては、建築はまず何かと掛け合わされているもので、建築という建築は存在しないからこそ、人や土地の意思を得ることで初めて形を成す。そのあり方そのものが人と土地の生命として発されるのだと僕は信じています。なので、この土地のatmosphereを読み解いて、建築をもって生命とする。これが"御沈木ノ御舟"の成す最も重要な機能であると考えています。

最終投票と投票理由を各クリティークが発表

平瀬 他はよろしいですか、聞きそびれたことはないですかね? それでは、そろそろ票を入れてもらおうと思います。順番に票を入れると、前の人の影響を受ける可能性もありますので、ID番号を読み上げますので挙手をしていただければと思います。まずは挙手をしていただいて、その後に何故それを推しているのかコメントしていただきたいと思います。では、1人3作品をセレクトしていただき、挙手をしていただきたいと思います。

ID01「編戸」	－2票(畑・百枝)	
ID10「菌床のマチ」	－0票	
ID18「まちの内的秩序を描く」	－3票(高木・古森・百枝)	
ID20「墓、あるいはモニュメント」	－1票(高木)	
ID38「長島協奏曲」	－1票(中川)	
ID46「見え隠れする小景」	－2票(高木・古森)	
ID58「借りぐらしの公共空間」	－2票(中川・百枝)	
ID63「木雲」	－2票(畑・古森)	
ID64「伊勢ノ水面ニ柱ハ眠ル」	－2票(中川・畑)	

平瀬 3票は18番ですね。2票が5作品。1票が2作品。0票が1作品。なかなか割れてしまいましたが……。1票と0票は外す方向でいいですかね。この3作品は外す前提で、それぞれの作品についてどのような点で投票したのかコメントを、高木さんからお願いします。

高木 18番は土地との接続の話が先ほど飛び交っていましたが、僕個人としては、段々の形状は建築であってもいいのではないかと思ったので、可能性という意味では、必ずしも敷地の上に段々に建つのでなくても良い、可能性はいくらでもあると思いました。それを含めて、20番は先ほどの最後の話を聞いて興味を持ちました。"墓、モニュメント"と彼女が言うのに対して、僕個人はプロセス主義的なところがあり、これを話し出すと長くなるので言わないですが、そこの葛藤を経た結果、彼女は最後に"ものになるべきだ"と言ってこの作品はできたんですよね。葛藤そのものを僕はとても大事にしているというか、良い意味で純粋さを感じたので、これに1票を入れました。46番は、現地にずっと足を運んで、つぶさにその場所の素材のようなものを拾い上げて丹念につくり上げていったということですね。そして、それを再配置したということに票を入れました。

中川 まず38番「長島協奏曲」の"ハンセン病"の方をここまで推している

理由はずいぶん言った気がしますが、同じです。ご本人が自分の建築をどのように話すかが評価されると、おそらく票が伸びたはずで、なんとなく良いと思っているけれど推し切れないというところで、おそらく票が乗らなかったのではないかなと思いました。力作だと思っています。58番「借りぐらしの公共空間」は先ほど話した通り、試み自体はもちろん面白いし、都市への戦略や公共性への戦略というのももちろん面白いと思うのですが、私はリサーチの手法としての新しさを感じています。その時に、18番のリサーチ方法はある意味、古典的なんですよね。もちろん中野さん自身はすごく優秀で、今までいろいろと卒業設計でパタン・ランゲージ的なことをやる人はいたと思うのですが、その中でも群を抜いて優秀だろうとは思うんです。けれど、リサーチの手法としてより新しさを感じたのは58番だと思ったので、私はあえて18番ではなく58番に投票しました。それで、64番の小笠原くんは特別枠のようなところがありますが(笑)、自分が興味を持ったものに対してこれだけ審査員を圧倒するほど語り尽くせるというのは相当なパワーで、それも評価に値するだろうということで、本人のキャラクター込みでの1票です。

畑 1番「編戸」ですね。考えもしなかった視点、切り口であり、未知のものですが、ここから開かれる可能性がかなりありそうな予感を感じます。そして、半自動編み機なるものまで持ち込んで、この対象を切り開こうとしている姿勢は非常に評価できるものではないかと。それから、63番「木雲」は1/1スケール。この精度はすごいと思いました。確かに構造自体が正しいかどうかは問題かもしれませんが、この関節のようなジョイント部分はすごい。彼にはこれをどんどん発展させていってくれることを期待したいし、この力量は素晴らしいと思って入れました。それで、64番の伊勢の作品は大変面白いと思います。1年も中にいないと見えないものがあるのだろうなと思ったし、僕自身もあそこに丸太が浮かんでいる風景は前々から少し気にはなっていたんですね。あの中に彼の社が1個あるのを想像してみると、良いなぁと思っちゃった(笑)。だから、これは冗談ではなく、非常に面白い建築の可能性を発掘してくれた。しかも、歴史と接続しているところがとても素晴らしくて、そこが評価したポイントです。58番も投票したかったので、かなり悩みました。

百枝 58番に入れてください(笑)。

畑 票が3つしかなかったので、こういう結論です(笑)。

古森 18番は皆さんが語り尽くされているように、ここから落とすことはできませんね。これを落とす理由がないんですよね。この作品の完成度に敬服しています。次に46番。これは皆さんとのやり取りを聞いて、少し裏目に出たのが良いと思いました。押し付けがましくないところが良かったです。クリティークというのはある種、主張が強いのを採用したいから、強い主張を期待するのだけれど、46番は最後まであまり押し付けがましくない。もちろん提案も押し付けがましくない。これが、観光と地域のバランスを取って長く続ける良い手法なのではないかな。63番については、審査の最初に申し上げたように、技術しか扱っていない作品を僕は卒業設計で評価します。この作品に続く2番目、3番目の作品が来年、再来年にも出て来てくれるのではないかという期待を込めて63番に票を入れました。

百枝 最初は1番に票を入れていなかったのですが、外から勝手に覗き見するのを想像してみたら、街になった時に面白そうだなと思ったので票を入れています。18番は、僕は長崎で生まれ育ったので混沌とした街のつくられ方にずっと興味があったのですが、横浜はあまりわからなかったけれど、東京は意外とすごく有機的で長崎に似て坂が多いということがあり、それらの体験があったので共感しました。58番については、社会に対して個人がどのように居場所をつくるか

というところに対する主体性が気になり、票を入れています。

平瀬 ありがとうございました。先ほども話したように10番が0票、20番と30番「二人六脚」が1票なので、残念ながらこちらの3作品の受賞選抜はここまでとなります。1番、46番、58番、63番、64番の5作品は2票で拮抗し、18番のみ3票となりますが、これも圧倒的な票を取っているわけでもなく5人中3人のため、最優秀作品というとまた少し違うような気もします。そういう意味で、18番を含め、2票以上の作品に対してもう一度挙手制で投票するのはいかがでしょうか？

百枝 最優秀にしたい作品に手を挙げますか？

平瀬 どちらがいいでしょうか。刻んでいくか、3作品をセレクトしてから議論して最優秀を決めるという方法もあります。

百枝 3作品にしますか？

平瀬 3票だと多いので、2票にしましょうか。では、1番、18番、46番、58番、63番、64番の6作品から1人2票で手を挙げてください。

> ID01「編戸」　　　　　　　　　　　－1票（畑）
> ID18「まちの内的秩序を描く」　　　－3票（高木・古森・百枝）
> ID46「見え隠れする小景」　　　　　－0票
> ID58「借りぐらしの公共空間」　　　－2票（中川・百枝）
> ID63「木雲」　　　　　　　　　　　－2票（高木・古森）
> ID64「伊勢ノ水面二柱ハ眠ル」　　　－2票（中川・畑）

平瀬 うーん(笑)。

中川 変わらない(笑)。

平瀬 1番と46番が脱落。4つ残っているので、ここから1つ絞らないといけませんが……難しいですね(笑)。58番、63番、64番の3つから2つを選びますかね。

百枝 受賞者枠ですか？ 18番はもう受賞者に？

平瀬 最優秀かは別として受賞者で良いのではないでしょうか？

百枝 良いと思います。

平瀬 では58番、63番、64番で1人1票でいいですかね？

百枝 それなら票が割れますね。

平瀬 では、58番、63番、64番で投票をお願いします。

> ID58「借りぐらしの公共空間」　　　－1票（百枝）
> ID63「木雲」　　　　　　　　　　　－2票（高木・古森）
> ID64「伊勢ノ水面二柱ハ眠ル」　　　－2票（中川・畑）

百枝 58番、残念だなぁ……。

平瀬 58番は残念ながら最終選考には残りません。ということで、18番、63番、64番が最優秀、優秀の候補となりました。最優秀を決めるための援護射撃を、18番に投票した高木さん、古森さん、百枝さん、いかがでしょうか？

古森 18番に対して僕は異論ありません。逆に応援するというか。

百枝 模型をつくって欲しかったと本人に話したら、コロナでつくれなかったと言われました(笑)。

古森 模型をつくっていないの？ そんな印象ない。

百枝 これ全然応援になっていないですね(笑)。模型を見たかった。

古森 逆にそれだけ表現力があるということだね(笑)。

百枝 古森さんみたいに僕は騙されませんから(笑)。

古森 すっかり騙されたよ(笑)。

中川 18番が3票入っている状況なので、畑さんと私が最優秀は18番で

納得すると言えば最優秀賞が決まる状況なのではないかという予感がしています(笑)。先に私から話すと、18番の方は何度も繰り返し申し上げているように優秀だということは間違いないし、1つのプロジェクトとしてやり切っているとも思います。先ほどからチクチクチクチク言っているのは、プロジェクトの伸びしろの話なので、私としては18番の方が最優秀だとしても異論はありません。突然の突き放しで、畑さん1人で戦われることに(笑)。

畑 もちろん異論はありません。というか、それぞれの側面から見た時に18番は非常に優れた提案だし、これだけ熱量がある提案は評価されるべきだと思っています。一方で気になっている点については再三話したので、最優秀に対する異論はないです。ただ、その中でやっぱり僕は——18番の話ですよね？

中川 64番の話も良いですよ。

畑 関連して話したいのですが、64番をやはり僕は推しています。これには建築に対してのかなり強い信頼感を感じます。要するに、歴史の捉え方やリサーチ、具体的な設計、今後残していく方法など、それらをどう位置付けるかという問題をかなり正面から、いろいろな異論を呼ぶかもしれないけれど、そういう意味で非常に信頼が持てる提案になっている。それが推したい理由ですね。だから別に18番や63番を落選させたいということでは全くなく、両方優れた提案だと思っています。中川さんと一緒に異論はもちろんないけれど、応援したいのは64番ですね(笑)。

中川 投票結果を見てもらった通り、私と畑さんは決戦投票をしても64番に入れるだろうなという気はしつつ……(笑)。

畑 入れちゃいますね(笑)。

平瀬 18番と64番の決戦投票を続けても変わらないかもしれないので、僅差ではありますが、18番のほうが1票多いので、最優秀というのでいかがですかね？

中川 もし高木さんが実は63番を激推ししていたら、別の話になりますけれど(笑)。

高木 うーん、実は最初から推していた訳ではないので、63番と64番で悩みました。だから順番をつけるならば、最優秀というのはバランスが必要だと思って、18番か64番から選ぶとしたら僕は18番となりました。今後のいろいろなものへの汎用性があるので。それで、63番か64番というのは全く性質が違うので悩ましいところなんですよね。

平瀬 そういう意味で言うと、どちらかと言うと18番ということですね。

高木 63番と64番と18番になると、63番と64番は優秀賞という感じなんですよね。

平瀬 いろいろな人が評価するというのは満遍なく良いということなので、強い個性というのがおそらく63番と64番にあり、それに対していろいろな意見が出るのかなという気がします。それでは18番を最優秀賞、63番と64番を優秀賞とさせていただきます。おめでとうございます。それでは、これからクリティーク賞を決めますので、それぞれ1作品を言っていただき、重複したら調整が入ります。決勝に進んでいない作品でも構いません。それでは今度は逆からで、百枝さんからお願いします。

百枝 僕は58番「借りぐらしの公共空間」。

古森 僕は全然挙げらなかったけれど最初に推した35番「Inter-change MARKET」。最後まで話を聞けなかったけれど、期待を込めて。

畑 1番「編戸」。

中川 38番「長島協奏曲」。

高木 僕は39番「神社再構」。決勝に進まなかった作品で、僕しか投票しなかった作品です。

PRELIMINARY EXAMINATION

予選審査

コロナによって身の回りの人やモノ、空間や環境との接触の仕方に制約を受けて1年が過ぎた。建築を学ぶ若い学生にとって、オンラインの学びはどうだったろう。Design Reviewもオンライン開催となり、それゆえか、予選審査には例年以上に多くの作品が集まっていた。余儀なく強いられた在宅環境に抵抗するように、実空間への記憶を手繰り寄せ、孤独に想像力を働かせた成果なのだろうか。それらのテーマを大まかに分類してみても、従来の枠組みから大きく変わることはなかったように思う。さまざまな制約を経て新しい身体性を喚起するような提案が現れるだろう期待していたので、その意味では少しばかり残念である。

とはいえプレゼンテーションの密度は高いものが多く、ふるいに掛けても多くの力作が残る今回は特に、熱や湿気、匂い、振動や音の響きのような人間・空間・環境の生々しさが感じられる作品に票を投じた。

逆境を力に転じるエネルギッシュでフレッシュな提案が発見されることを期待しています。

福岡大学助教
四ヶ所高志

予選審査では257作品について5名の審査員が審査し、64作品を選出しました。個人的には毎年同じ視点で評価していますが、①本選での議論が行える論点があるか、②それを具体的なデザインで示そうとしているか、の2点を重視しています。

例年②はそれなりにあるが、①が不足している作品が多いという傾向を感じ、今年もおおむね同じでした。やはり①があっての②であり、表現やデザインが目を引くものであっても簡単にいうとそれは"面白くない"ものなのです。

どのような作品が"面白い"のか。多少表現や完成度は荒削りでも、着眼の良さや論点の鋭さ、そしてそれを何とか解決・実現しようとする造形やデザインの模索が感じられるものだと思います。着眼や論点の内容は人それぞれで良いのです。が、その質の高さや鋭さは一朝一夕に生まれるものではなく、普段からよく勉強しているか、考え続けているか、ということが実は問われています。日常の過ごし方が大事なのです。

熊本大学大学院教授／
TASS建築研究所
田中智之

集まってきた作品のテーマを見ると、やはり純粋に新しい建築をつくろうというものよりも、既存の都市や建築に何か働きかけるようなものや、さらには社会の縮小を前向きに捉える印象の作品が目に付きました。人口減少が当たり前になった今の日本の現状もあるでしょうし、コロナ禍で多くの人が既存の価値観を揺さぶられたこともあるでしょう。しかし、この価値観の変化は、実は徐々に水面下で進んでいて、それがこの危機的状況下で表面化しただけのようにも思えます。

Design Reviewの趣旨は、それぞれの作品に関係する現代社会の課題や作品の可能性について議論する機会をつくることですが、それはこのイベントが始まった26年前も今も変わっていません。ただその議論の内容は常にその時々の状況に左右されてきましたし、学生という若者たちの気分が時代を先取りするのは世の必然です。若い感性が、実は"人新生"や経済成長の限界を無意識のうちに理解しているとすると、そんなに未来は暗くないのかもしれません。

九州大学大学院准教授／
NKS2アーキテクツ
末廣香織

2013年から8年連続で予選の審査員をさせていただいております。設計と教育の二足の草鞋の私には、若者である学生がどのようなことを考えて建築に向きあっているのか知られる貴重な機会として、毎年、楽しみにしています。今年の予選の第一印象はプレゼンレベルの高さでした。CGやレタッチなどの技術の向上とネットによる膨大な情報へのアクセスが影響していると思われます。しかしながら、よくよく作品を丁寧に見ていくと、内容的な部分で物足りない作品が多かったように感じました。"卒業設計"は大きく分けると"テーマ"、"リサーチ"、"設計"という3段階のフェーズがあると思います。"テーマ"は社会や物事をどう見ているかという眼差し、"リサーチ"は膨大な情報量から取捨選択した情報の再構築、"設計"はそれらを形に落とし込み伝える力、だと考えます。この3つの深度を高めることによって、正解のない建築設計の世界で生き抜いていける基礎ができると思います。

九州産業大学教授／
矢作昌生建築設計事務所
矢作昌生

今年のDesign Reviewは応募数が例年以上に多く、予備審査では応募257作のA3プレゼンボードを丹念に読み解き、その1枚に描ききれなかった作者の意図を探り、さらなる議論に発展しそうな作品を64作選抜。最近のトレンドの1つである地域生業・産業系をテーマにした作品は、陶芸・石・和紙・竹・神楽・温泉など多数見られたが、その中でも菌床をテーマにした作品は、除菌の騒がれる現在において単なる場所性・地域性を超えたテーマに接続する可能性を感じた。その他にもアフターコロナの空間やドローン・AI自動車といったモビリティの変化と建築、オリンピック島といった現代的な事象を考える作品群が散見されたのが印象的だった。個人的には、日本古来の建築様式を伝える伊勢神宮に果敢に挑む作品や作者自身が魅力的に感じる空間をひたすら描くことで自身の創作態度を探る作品、などからは作者の内的必然性を強く感じることができ、強度のある表現に新鮮さを感じた。

佐賀大学准教授／
yHa architects
平瀬有人

EXHIBITED WORKS

出展作品紹介

「外の世界」との関わり方。
顔を合わせない間接的コミュニケーション時代

住宅と外界の「距離感」の再考。以前まで私達は住宅とその他の2つのフィールドを使って外界と自分の距離感のバランスをとってきた。しかしそれが出来なくなった現在、住宅と外界の距離感を見直す必要があるように思う。人それぞれ外界との心地よい距離感は違う。完全に開きたい人も、閉ざしたい人も、どちらでもない人も。今回は「1人は好きだけど外界とも繋がっていたい」、そんな距離感を持った人へおくる集合住宅を考える。

ID02
柴田 智帆

九州産業大学建築都市工学部住居・インテリア学科B3

Answer 1. Illustrator, SketchUp, ArchiCAD, Twinmotion 2. 2万円程度 3. 2〜3ヶ月 4. ダイアグラムで出来るだけ表現して言葉を少なくし、直感的に分かるようにすること。また、制作する際に自分をはじめ見る人が楽しめるようなボードをつくること。 5. デザイン領域全般に興味がありますが、特にテキスタイルや工芸・芸術に興味があります。 6. ユハ・レイヴィスカのマンニスト教会です。 7. 建築設計を軸に、クリエイターと共にモノを作り上げて伸び伸び制作・活躍できる場や仕組みの計画を行いたいです。

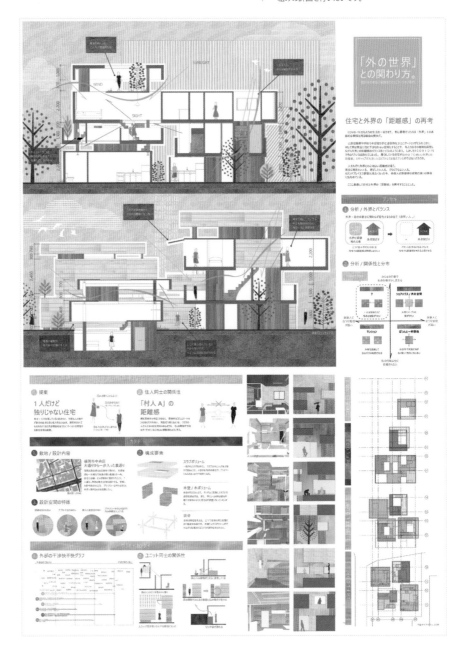

TAKAGI's SESSION

高木　面白いところは、直接遮断するものと、通ずるものの両方があるところですね。そこをもう一度教えてもらいたいです。遮断するものは、要は空気を共有しないということですよね？

柴田　そうですね。視点も交わらず、空気も交わらず。

高木　通じ合うものは？

柴田　例えば、玄関の扉が折れ戸のような開き戸になっていて、それが開いている状態の時は、他の人は通れないけれど自分のリビングや土間が延長されたような空間になり、人の何かしらの動作によって、自分が通れなかったり光が落ちてきたりといったことが起きます。断面図で説明すると、例えばこれらの人は違うユニットの型なのですが、キッチンで何か作業している時に向かいの人が勉強していると若干足が見えたり、光が落ちているのが見えたりという、相手はわからないけれど、なんとなく勉強しているのがわかるという距離感ができています。

高木　これは集合住宅の別棟の人ですか？

柴田　そうです。平面図で見るとわかるのですが、この色が1つのユニットで少し絡み合うように設計していて、それがチラチラと見えるようにしています。

NAKAGAWA's SESSION

中川　最後は時間切れになったと思うので、建物の説明をもう少し話していただきたいです。4ブロックありますが、もともとそれらは分棟なのだけれど、ずらしながら重なることで関係を持ちながら、1つのまとまりになっていくという全体像であっていますか？

柴田　模型がわかりやすいかもしれないのですが、スラブの高さはそれぞれにあわせて構成しています。高さを変えることで視線が変わり、絶対に交わらないようになっているほか、光や風などが結構入ってくるのですが、内外もしっかり分

POSTER SESSION

かれていて少し開放的ではあるけれど、プライバシーがしっかり守られる形になっています。例えば、キッチンで何か作業している時に、たまたま向こうの住人も勉強や作業していると光が落ちたり足の影が見えたりなど、住人同士は見えないけれど、誰かが少し作業しているのが感じられるというような。誰かがここの窓を少し開けていると、ここの下に雨を通さないようになるという、1人で生活していると起こらない些細な変化により日常を変えるような住宅の提案。

中川　何人くらいが住むのですか？

柴田　8人ですね。

中川　8人で一世帯。

柴田　8世帯です。

中川　単身者で8世帯ということですよね？

柴田　そうですね。

中川　時間的に最後の質問をします。どういう人に住んで欲しいですか？ともすると、絶対住みたくない人と、住んでみたい人に分かれそうな家ですよね。柴田さんはどのような人に住んで欲しいですか？

柴田　最初の分布でも話したのですが、既存のシェアハウスやマンションの距離感がちょうどいい人はもちろんいると思います。そういう人たちではなく、マンションほど外から遮断されていると息苦しく、シェアハウスほど人と一緒にいる時間が長いと嫌だという人をターゲットに今回は設計しています。

中川　例えばどのような人ですか？

柴田　私がそうなのですが、そうですね……。

中川　どのような仕事の人とか、家にいる時間が長い人とか、具体的な人物像はありますか？

柴田　なるほど。イメージは上京して実家を出た学生です。自分が当てはまるし、学生などのイメージだったのですが、仕事となると、これからの社会の中でセカンドプレイスがない状態の住宅と

の距離感を考えていたので、リモートワークで、マンションで仕事するには少し息苦しいという人などですかね。

HATA's SESSION

畑　面白いと思います。扉を開いた時に通路でなくなるとか、姿は見えないけれど相手との関係で周りの空間が変わるとか、さらに、それによって少しイラっとしたり今日は気分が良いみたいだなと気づく関係が生まれたり、不思議なつながりが生まれそうですね。実際に設計したものについての説明が最後省略されていたので、例えば模型写真など何でも良いので、どのような場所でどのようなことが起きるか具体的に教えてもらいたいです。

柴田　例えば、この窓を開けると、この下に雨が通らず通行人にはうれしい空間になるとか、キッチンで作業している時に異なる住人がここで勉強をしていると、光が落ちてきたり足の影が見えたりといった、視線が合うことは絶対にないけれど少し雰囲気が伝わるような仕組みになっています。

畑　そういうことなのですね。もう少し説明をください。

柴田　この下の人が植えている植物は、この人が見えたりほかのユニットの人の借景になったりします。臭いや音なども少し漏れるようになっています。

畑　なるほどね。臭いなどは、たまたまそうなると良いし、臭かったら閉めるという話だと、今までのものと何が違うのかという話になりますが、あなたの作品は、それらを設計によってコントロールしているのが面白い。つまり、これらは計画しなければ生まれない関係性なのですよね。それが非常に面白いところだと思います。

hopping city
アドレスホッパーに向けたアフターコロナの建築

昨今オンライン環境やコワーキングスペースなどのインフラの充実と、アフターコロナのタイミングが重なり、働き方は徐々に自由になっている。住所をもたずあちこちを"ホップ"しながら暮らす"アドレスホッパー"が増えると予測し、アドレスホッパーと親和性の高い建築、合わせて暮らしの仕組みを提案する。アドレスホッパーらの世界は拡張され、自分にとっての最適な暮らしを探求するきっかけとなる場所になる。

ID03

朱雀 絢音

千葉大学工学部
総合工学科建築学コースB3

Answer 1. Illustrator, Photoshop, Rhinoceros, 手描き、CLIP STUDIO PAINT 2. 3万円程度 3. 2〜3ヶ月 4. アニメーションのようなパースに合わせ、絵本のような雰囲気を作るよう心がけた。 5. イラスト 6. 地中美術館 7. 内装関係

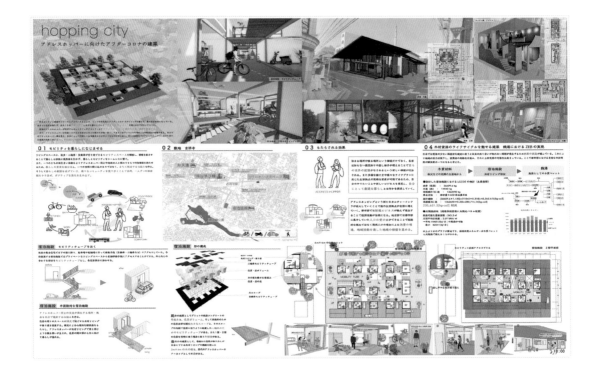

NAKAGAWA's SESSION

中川　宿泊施設と銭湯、ワークプレイスだっけ？ 4つくらいあったよね。

朱雀　そうです。

中川　その4つは、建物としての共通ルールはあるのですか？

朱雀　その点は先程も別のクリティークの方に指摘いただいたのですが、あまりそこまで反映できていなくて、一応モビリティをテーマとしているので、駐車場や駐輪場は意識してつくってはいます。

中川　ちょっと聞き方を変えます。それぞれの建物の共通ルールはなかったとしても、これをモデルケースとして展開できるのではないかというお話があったので伺いたいのですが、宿泊施設はフレームの格子を組んで、そこに部屋が入って裸足で過ごせるリビングがあるというつくり方のルールがあるじゃないですか。このようなシステムを展開するのはわかりやすいのですが、銭湯には何かルールはあるのですか？

朱雀　もともとここに弁天湯という昔からある銭湯があり、そこを改修した形になっています。昔からの東京の銭湯を伝承することを考えていて、他のキッチン棟やコワーキングスペースにはルールはないですね。

HATA's SESSION

畑　面白いと思います。あなたの案の場合、アドレスホッパーという言い方が良いかどうかはわからないな。ただ、人の暮らしの活動が場所に属さなくても、縛り付けられなくても良いのではないかと考えた時、お風呂に入りに行くのだったらもっと豊かなところに行けば良いのではないか、料理するならもっと素晴らしいキッチンを使えば良いのではないか、なぜワンルームマンションの小さなキッチンに閉じ込められなくてはいけないのかと考えると、生活がネットワーク化していくのは、非常にリアリティがあって面白いと思うんです

よね。

朱雀　ありがとうございます。

畑　その時に1番聞いてみたいのは宿泊棟です。"半仮設的な宿泊施設"などと書いてあったけれど、ここの設計の意図を知りたい。寝る場所というのは寝られればいいんだと、圧倒的簡素化され全ての設備も不要で寝られればいいと、模型写真を見たら、寝ることに特化された最小ユニットであるように見えるんですね。ところがあなたの考えは少し違って、共有リビングで趣味の共有をするなど書かれていて、どうやらそのような最小単位の仮設住戸のようなものでもなさそうで、この設計意図を教えてください。これの位置付けは何でしょうか？

朱雀　住居のユニットとして一応寝る場所ではあるのですが、それに付加価値として隣人などともし繋がれれば、またビジネスチャンスなども広がるのではないのかなと。

畑　そうか、なるほどね。僕は、そこはバラバラで良いのかなという気がしました。共有の趣味を持つとかは、街の中で人と出会うので。寝る時は徹底的に機械的に寝るみたいな。あるいは、いろいろなところで寝るという選択肢はあり得ますか、1箇所が良いのでしょうか？

朱雀　一応1箇所という予定です。場所については、相性が良くない場合は引っ越しても良いのかなと。

畑　どちらでも良いんだ。よくわかりました、面白い提案でした。

FURUMORI's SESSION

古森　最初のアドレスホッパーの話だけど、ノマドの時代などと伊東豊雄氏が言っていた頃から、遊牧民に皆なるんだと言われていたんだよね。ノマドとは遊牧民のことなんだけど、僕たちが若いころからそれは言われていて、それでどう変わ

るかがよく議論されている。銭湯の新しさなどは君の提案の中では聞きたいところではないし、コワーキングスペースがどうなるかといった、それぞれのことも聞きたいところではないのよね。ただ、君の提案の中でそれを繋ぐ要素、あえて分棟にしているわけでしょ？

朱雀　そうですね。

古森　それを繋ぐことで、それぞれのものがどこか変わったはずだよね。分棟であり、1つの建物ではないわけだから。例えば、極端な話だと、そうすることによってコワーキングスペースから椅子がなくなったとか。分棟にして、今まで当たり前にあった要素をまた4つ置いても、何も変わっていないわけ。ただ、吉祥寺の4つのコンテンツにアドレスホッパーという言葉をかぶせただけに見えてしまうから。それで、何が変わったの？

朱雀　何が変わったか。もともとアドレスホッパーが利用していたネットカフェなどより、機能を分散させることで街をより良く利用できるとか……。

古森　うん、それはわかるんだけどね。

朱雀　ビジネスチャンスが増えるとか……。

古森　いやでも建築学科の提案として、建築家としての提案として何が変わったの？ 僕たちは電通の人たちに企画では敵わないわけだし、文系の人たちがその辺りを考えてくれると思うのよね。でも僕たちは建築を通じて何か変えていかないといけないよね。それはどこ？

朱雀　うーん……。合っているかどうかわからないけれど、移動を身近に感じるということだと思います。

古森　それぞれのことを深堀りすると、永遠に見えなくなってしまうから。分棟にすることで、それぞれの部分がどこか変わったと思うのよね。例えば、そうすることによって廊下がなくなったというような話になると思うのだけれど、そういう要素を、自分の作品を見返して、建築家として何が提案できたのかを考えてみてください。

ドローンは町工場街区のみちを拓く

NO IMAGE

ID04

日比野 遼一

東京大学工学部建築学科B4

空の移動革命が進んでいる。しかし、まだ空飛ぶモビリティが町の姿をどう変えるかは、研究が進んでいない。大田区の下丸子は昔からの町工場が集積する地区である。最近、私道に物流機能がはみ出すことで近隣からの苦情が起きている。ドローンの導入により、工場機能を街区の裏に移す。物流のため、平面的にしかできなかった町工場を立体的にすることで、新旧の世代がドローンポートでつながる新しい町工場街区のあり方を提案する。

TAKAGI's SESSION

高木　"テクノスケープ"は君の造語ですか？

日比野　どこかで聞いたような気がします。今までは田園と町工場が一般的だったと思うのですが、それを新しく更新していけないかと言うことでテクノスケープを用いました。

高木　少しマクロ的なところに関心を持っていくと、どちらも面白いですよね。この模型写真の1つのサイトの風景も面白いし、このような街が点在していて、それをドローンが繋げているということかな？ そこがすごく面白いね。工場で何をつくっているか、どこかに書いています？

日比野　何をつくっているか、断面で言うと――。

高木　今回時間がないから、明日の審査でも良いので考えてもらいたいことが、この中でどのようなものづくりが組み合わさっているのかと、最後のテクノスケープと言っている各街同士の関連がどのようなものづくりの連携を生んでいるか。もし明日話す機会があればこれらを言葉で足してもらいたい。あとわからないけれど面白かったのが、騒音と粉塵の問題を解決しようとしていたのが内容はよくわからないけれど、目的としては良かったんだよね。

NAKAGAWA's SESSION

中川　ちょっと質問なのですが、ドローンポートをそれぞれの建物が持ち、ドローンが町工場のアクティビティをサポートしていくという提案だと思うのですが、ドローンがサポートするのは、先ほどお話にあった部品の運搬だよね。

日比野　そうですね、はい。

中川　そうすると、日比野くんが町工場の問題として話していた、粉塵があるのでシャッターを半分閉めているという問題は、粉塵は材料の加工をする時に出るものだと普通に思うから、ドローンが入ろうが、入るまいが、粉塵は変わらないのではないかという気がしました。

日比野　改築の部分でその辺りは解決しようとし

POSTER SESSION

ています。現状では、町工場が1階、住宅が2階で設計されているのですが、この案では、住宅を降ろしてくるような形にして、町工場の機能を内側にして、粉塵は内側で行うつもりです。

中川　そうすると、シャッターが閉まっている状態と何が違うんだろう。

日比野　ドローンポートが帯状になっている部分があるのですが、そこは人が通れるように考えています。この図で言うと、中央の道は人が通れるようにしたいと思っていて、街区も改築の時に少し開けて、2階で工事しているのが見えるようにするという操作もありではないかと思います。

HATA's SESSION

畑　ちょっと聞き漏らしたかもしれないのだけれど、あなたが設計するものは、町工場を全部潰して建て替えるのですか、それともリノベーションのプロジェクトなのでしょうか？

日比野　リノベーションです。

畑　リノベーションなんですね。音や粉塵の問題を解決するリノベーションということでしたが、具体的にどのようにして解決されるか。それは書いてありましたっけ？ なぜ解決できるのですか？

日比野　図がないので言葉で説明しますが、現在は町工場をそれぞれ私道に向けて開放しているような状況なんです。例えば、町工場の機能を内側にし、2階にあった住宅の機能を下ろします。

畑　でも隣接しているということですよね。壁1枚向こう側が工場なわけじゃないですか。

日比野　そうなりますね。

畑　音や粉塵の問題は、それで本当に大丈夫でしょうか？

日比野　町工場に古くから住んでいた人がそれを言っているわけではなく、工場の跡地に、住宅やマンションが建っているのですけれど、そこに新し

く来た地域住民からの苦情が問題になっているのです。

畑　その苦情を解決するために内側に寄せているということですか？

日比野　そうですね。それらを解決するために、シャッターになっている。先ほども話したと思うのですが、苦情が来てしまうので、町工場もシャッターのように閉じられた状態になっています。

畑　なるほど。そうすると、あなたはこのような街がどうなっていくのが良いと思います？ その苦情に対応して、住戸が通りに張り付けば良いと思いますか、理想としてはどうなっていくのが良いと思います？

日比野　理想は、この場所で町工場が存続して欲しいんですよ。今はそれとは違う方向に向かっており、町工場の跡取りは他の場所に行き、伝統の産業なども技術が継承されないで廃れていってしまう。そういった意味で、この場所で技術が継承されていくためにはドローンポートを設置することが、結構面白い案ではないかなと思います。

湯けむりに誘われて
― 新しい湯めぐり空間の提案 ―

ID05
丹野 友紀子
島根大学総合理工学部
建築デザイン学科B4

Answer 1. Illustrator, Photoshop, SketchUp,
ArchiCAD, LUMION　2. 4万円程度　3. 9～10ヶ月
4. パースを大きくシンプルにする　5. 化学　6. 金沢21世
紀美術館　7. 設計職

有福温泉街に点在する地域独自の隠れた資源を活用し、過去と今をつなげる新たな
温泉街の計画。かつての温泉街のかたちを「湯けむり」×「温泉街の土地形状や記憶」
を利用することで、周遊型の「湯けむり空間」を再編していく。温泉街に湯けむりが広
がることで人々の五感に染みわたって、安らぎを与える町へとなる。外湯のような湯め
ぐりではなく、服を着たまま歩きながら温泉を堪能できる、新たな湯けむり巡り。

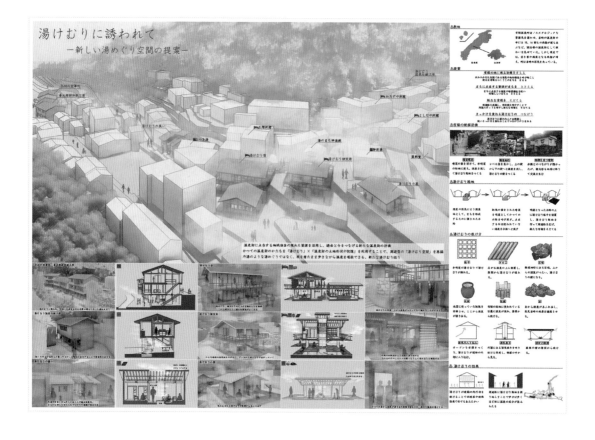

108

中川　湯けむりを風景にしていくために、道の素材を取り替えて風景をつくっていくことはよくわかったし、その建物内にも湯けむりが内外関係なく染み渡っていくから内側と外側がより連続していくようになることもわかりました。でも、例えば住宅の設計をしていると、風呂場は常に水と触れているので材料に対する要求が出ることがありますが、この湯けむりの計画は、どこもかしこも湯けむりだから、言い方が適切かはわからないけれど、外部空間とはいえ現況よりは湿気ているというか、水分量が多いわけじゃないですか。その時に、格子の床から湯けむりが上がってくることはわかったけれど、常に湿度がある状態に対して、街のこのような材料を使っていくから風景自体もこのように変わっていくというような、湯けむり以外の風景のイメージがあれば教えてください。

丹野　湯けむり以外の風景……。

中川　聞き方が難しかったかな。湯けむりさえあれば今の風景のままで大丈夫のようにも聞こえるから、風景自体も湯けむりとともにこのように変わると良いのではないかという、湯けむり以外の部分を教えてもらえますか？

丹野　写真のように高密度になっているのが、ここの良い所であり、今後もう一度再現するのは難しいことだと思うけれど、これらをしっかり残していくために、湯けむりによって火災を防ぐこともできるのではと思っていて……そうですね。

中川　もともと有福温泉の建物はどのような材料でつくられているのですか？

丹野　木造などが多いのですが、建て替えなどによってRC造のものもいくつかあります。例えば、中央の建物はRC造などになっているのですが、両サイドは木造になっています。

中川　なるほど。風景の話をする時に、湯けむりが出ていることを差し引いても風景としての魅力を言えると、なお良い気がします。それで、温泉

POSTER SESSION

地だと、おそらく泉質によって性質が全然違うので、お湯の質によっては鉄を溶かすとか、いろいろあるじゃないですか。だから、このような材料で風景がつくられているというのがお湯の質などを表現することにもなると、なおのこと、有福温泉らしい風景というものに近づいていくのではないかなと感じました。

畑　湯けむりそのものが建築の形を規定し、湯けむりがあるからこその設計をしたと。先ほど断面図で見た、煙だまりのようなものはよくわかったのだけど、湯けむりによって建築が変化したという部分があれば、これ以外に教えてもらえませんか？

丹野　湯けむりを包み込むような感じにしているのが隙間からあふれ出すとか、あと、これは通り土間を通して湯けむりが構造に絡み合うとか、これは源泉が下に湧き出て流れることで石垣の壁の内部に入り込んでいくとか、これはデッキとなっているので上に抜けて行くとか。そのように湯煙を中に取り込むようなことをしています。

畑　そういうことであれば、あなたにとって湯けむりとは、何か空間的な要素として捉えられているのでしょうか？　温かい湯気で象徴的な感じというのはすごくわかるのだけれど、例えば、何かスクリーンとして働いているとか、もっと空間的な要素として読み取った部分とか、読み込んで設計した部分はありますか？

丹野　例えば人との距離が近過ぎても、ちょっとした薄い膜である湯けむりによって、繋がりが少し緩やかになっていき、また、それによって繋がりが生まれるのかなと思っています。

畑　なるほど、わかりました。空間の要素として湯けむりを取り扱っていると面白いですよね。

古森　なんか良いね。建築のデザインではなく、湯けむりのデザインをしたということだね。

丹野　そうですね。

古森　湯けむりをいろいろなところから出すというのは、実際に可能なのかな？

丹野　暗渠を開くところを考えたら、可能だとは思います。あとは、考えなくてはいけない細かなところはあると思うのですが。

古森　温度などを管理すればできそうな気はするよね。でも、やりたかったことは、湯けむりを街の演出に使うということかな？

丹野　そうやって街全体をめぐってもらうようなものとして、街を活性化して……。

古森　なるほど。ランドスケープのつくり方の手法の1つとして、とても新しいと思うし、もうひと手間ふた手間加えると、これまでなかった温泉街になりそう。今回、湯けむりに焦点を絞って景観をつくっていることにすごく感心しました。九州も温泉がたくさんあるので、どこかで僕が同じようなことをしていたら、案を盗んだと思ってください（笑）。

育む教科書
― 地域と共生する親子育ての提案 ―

日本の昔の子育て環境は、地域の人々が集まる情報共有の場が支えていたが、現代は地域コミュニティの希薄化に伴い、情報や悩みを共有する機会も失われ家庭の負担が増加。そこで、本に助けを求めるように、親子の活動風景が"子育ての教科書"となる新しい子育て環境を構築。同じ悩みを抱える親子と共に、日常の子育て空間を体験し、成長する。その風景が教科書の次の1ページとして、新たに訪れる親子に子育てのヒントを提供する。

ID06
山本 理央
立命館大学理工学部
建築都市デザイン学科B4

Answer 1. Illustrator, Photoshop, Rhinoceros, ArchiCAD, 手描き 2. 10万円程度 3. 3〜4ヶ月 4. プレボ作りは苦手ですが、出来るだけ文字を減らして図を描いたり一目でわかる表現を目指しています。 5. ファッション 6. 東京カテドラル聖マリア大聖堂 7. インテリア、もしくは意匠系

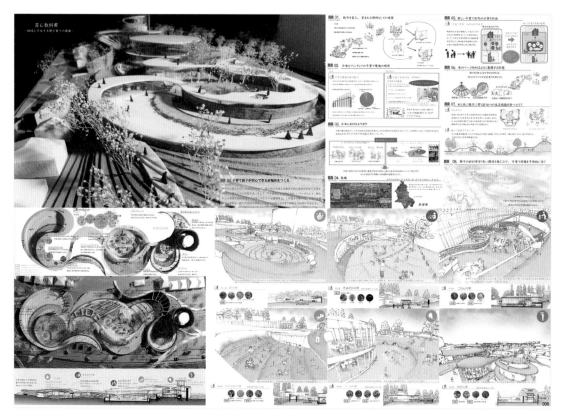

NAKAGAWA's SESSION

中川　山本さんの提案に対して、子育て親子を支援する拠点という言い方は正しいのかな、どのように言うのが正しいのでしょう？

山本　そうですね、拠点を目指しています。

中川　単に公園ということだけでなく、支援するということなのよね、きっと。

山本　はい、そうですね。

中川　具体的にどのように支援をするのだろうか？

山本　この場所の良さは、人々が集まりやすくて、堤防沿いで散歩道でもあるので、地域の人もフラッと入れて勝手に見守ることができる。だから、家で親が子どもを見なくてはいけない時間に他の人にも見てもらい、ちょっとゆとりを持たせるというか……質問に答えられていますかね、すみません。

中川　なんとなくわかりました。曲線の壁はどのように決めたのでしょうか？

山本　柔らかい形態を目指していたのと、あと、ページをめくるように展開されるのをイメージしました。あと、地域を巻き込むということをしています。

HATA's SESSION

畑　設計されているものは、子育て支援施設と考えればよろしいでしょうか？

山本　そうですね。支援施設に生活機能を加えた……。

畑　つまり、ここで暮らしている親子もいるということですか？

山本　家は別にあり、日常生活のどこかの時間帯にフラッと来て好きな時に帰る感じです。

畑　要するに、公園に遊びに行くような感覚で。

山本　そうですね、広場のようなイメージです。

畑　草津だったら自然がたくさんあって遊ぶところがたくさんあると思うのですが、そのような

POSTER SESSION

自然が豊かにある場所ではなく、ここに来ることに対して親子のモチベーションで1番大きいのは何になりますか、教育機能ですか？

山本　子育ての負担、親子の負担が軽減されることかなと思います。草津市は、実は自然があるけれど公園があまりなくて子どもの遊び場が少ないのと、高層マンションなど周辺に子どもの住む場所はあっても、子育てを学べる場所とかがないので……。

畑　なるほど。では、遊びに来るような感覚、悩んだ人が来るところというよりは遊びに来る感覚なのですか？

山本　そうですね、遊びに来るついでに悩みなどをちょっと共有しながら解消されるというイメージです。

FURUMORI's SESSION

古森　機能的な必要性や用途などには非常に共感できるのですが、建築としてそれをどのようにデザインされているのかな？　その肝のようなものはある？　例えば、たくさんの親がたくさんの子どもの面倒を見る環境をつくっているとか、外部の人も中の子どもの様子を伺えるようなものをつくっているとか……。

山本　地域の人も、子育て世代ではなくても子育てを引退された人たちでも来られるようになっています。

古森　いやいや、来られるというのは設定の話じゃない？

山本　はい。

古森　僕たちは、そうすることによって建築がどう変わったのかを知りたいのよね。その年配の人たちが来る──例えば年配の人たちは体力がないから、その人たちがお茶を飲みながら子どもを眺められる場所があるとか。そのような建築としての可能性を探しているのよね。例えばその人た

ちとの接点の場所とか。そういう要素はあるのかな？

山本　道を歩いていたら、子どもたちの様子を窺えたり見守れたりとか、気付いたらここに入っているとか。そういう……説明できなくてすみません。

古森　例えば外部の道をここに引き込み、一般の動線が表の近道を通らずに遠回りすることによって、子どもを見守れるとか、そのようなことをたくさん提案してくれると、もっと豊かになると思います。

山本　既存の堤防の道をデザインしても……。

古森　そういうところから関係性を持てるとね。

空間が持つ力

～幾何学に基づいた建築造形の提案～

建築空間に幾何学を介入させ、非日常を提供する。合理性と複雑性を持ち合わせた幾何学。一つの規則で構成され人の手が加えづらく、それ故に美しいともいえる。その中でもミウラ折りに着目し、最小図形である菱形を形態に、伸縮展開できる点を形態要素に転用し、一つのユニットを生成。その集積で規則的且つ不規則的なパヴィリオンを立ち上げ、人々がこの建築を眺め、触れ、体験し空間に没入することを本設計の目標とする。

ID07

永田 智陽

九州産業大学建築都市工学部
建築学科B4

Answer 1. Illustrator, Photoshop, ArchiCAD,
Twinmotion 2.4万円程度 3.2～3ヶ月 4.真似すること 5.芸術 6.豊島美術館 7.模型店

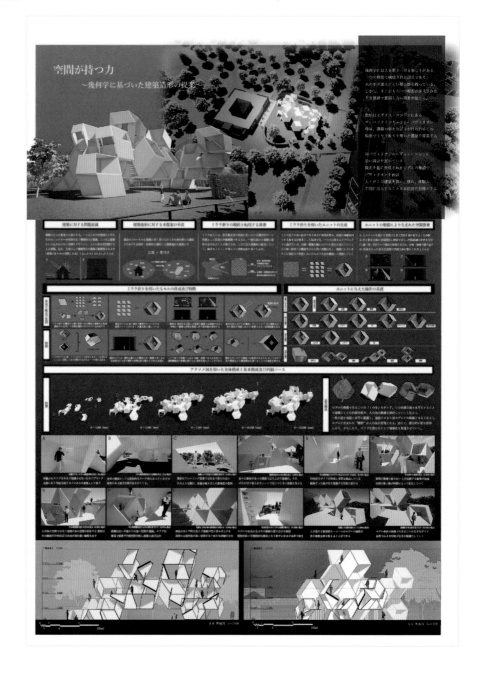

高木　規則をつくること自体は既成のものだと思うのだけれど、壊すところにおそらく意味があるんですよね？　その壊し方にあなたのオリジナルが入るんですよね？

永田　そうですね、壊す操作には自分の考えが入っています。

高木　建築は空間であり人間が使うものなので、彫刻にはないところがありますから、そこに機能とか空間性とかシークエンスとか、そういったもので任意に壊していくのですか？

永田　壊し方としては一度こういったスタディを経て、1つのモデルに対する操作でどんどん壊していき、それを繋げていく。先ほどの水平な面をつくりながら繋げていくといったところで、建築的なシークエンスや内部を設計しています。

高木　なるほどね。壊す時にも一応規則をつくりつつ、でも、それだけにとらわれない人間の最後の判断があるということですね。

永田　はい、その通りです。

高木　ちなみにモデルは今の段階ではフォリーですね？

永田　はい、そうですね。

中川　ミウラ折りを利用して、新しい空間の原理を発明するということはよくわかったのですが、

もともとその空間の持つ力だったり、その造形に提案を絞ったりという話だから、意味なんてなくても良いということなのかもしれないけれど、最初は意味がなかったとはいえ、それなりの大きさで立ち現れると、これが何に使えるのかを人間は考え始めるじゃない？

永田　はい。

中川　永田くんは、このミウラ折りによる構築物というか、この形をどのように使うと良いと思いますか？

永田　今回はその一例として、ロンドンのサーペンタイン・ギャラリーという敷地を用いて1つの建築物としてアウトプットしたのですが、先ほどお見せしたこのモデルは伸縮展開が可能なので、キャンプのテントや、最近あるリモート用の個室スペースとか、そういったものにも使えるのかなと思っています。伸縮展開ができるので、部分的にどこか面を留めてしまえば、その場で固定できるし、持ち運びが簡単でどこでもすぐ空間を展開できるところがメリットかなと思っています。

畑　今のものがミウラ折りの1単位ですね。

永田　そうですね、ミウラ折りを建築的に転用した場合の1ユニットです。

畑　あなたの建築は、ミウラ折りのようにパタンと畳めるものではないんですか？

永田　畳んだまま持ち運んで展開して固定するという形です。

畑　パタンと畳んで運ぶんだ。建築の空間がある種、膨らんだり、しぼんだり、縮退したりと、呼吸するように動いているとすごく面白いだろうと思ったのですが、空間化したり物質に戻ったりというような移行するイメージは何かありましたか、なかったですか？

永田　はい、今回アウトプットしたパビリオンという形は、現状ではないのですが、キャンプなどに持って行けるとも考えています。

畑　うん、それは良いアイデアだ。

永田　1個の面を固定してしまえば、全て固定される仕組みになっているので、例えば、ちょうど良い長さの棒をこのようなところに挟んでいくと、ここで固定されて、いろいろな形に固定することができるようになっています。

畑　ちょうど良いサイズの棒が都合良く落ちていないだろうから、それは持って行けば良いと思う。それを商品開発したら？

永田　そちらの方向性ですか。

畑　可能性としてある気がする。

永田　なるほど。

PROFILING

モノの多数性からなる関係性の美学

ID08

松田 湖都美

九州産業大学建築都市工学部
建築学科B4

Answer 1. Illustrator, Photoshop, Rhinoceros, Twinmotion　2. 1万円程度　3. 2〜3ヶ月　4. デザインの統一性　5. 写真　6. 名護市庁舎　7. アトリエ事務所

多数の個性が成立する世界は美しい。建築は数多の物質の集積と、それらの合理的な関係性によって成り立っている。本提案では、躯体が独自のルールで立ち現れることで、その不合理さの先にある「関係性の美学」を問い直す。当事者には、客体化できない自主性がある。この我儘とも言える自主性が個性である。個性と個性が能動的に干渉した時、世界に新しい美の価値が生まれると信じている。

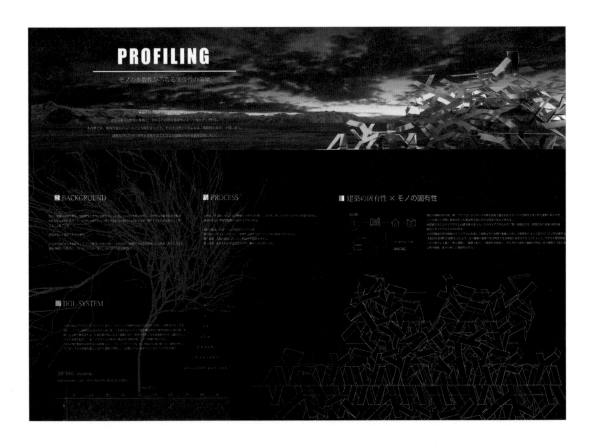

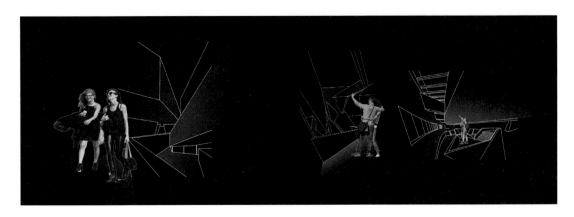

NAKAGAWA's SESSION

中川　プレゼンの冒頭で、廃墟や解体現場の美しさについて語っておられて、そのような美しさというのは普段美しいとされているものと、違うものに美しさを見出そうとするところがあるじゃないですか。普段の美しさと同様に見なされない理由はいろいろあるのだけれど、1つにはきれいではない材料によって、魅力ある状態を生み出していることが少なからずあると思うんですよね。例えば廃墟や解体現場の場合は、時間の蓄積による汚さで、汚いことに価値があるわけ。松田さんはそういうものを評価しようとしている一方で、ご自身の提案は、提案上仕方ないのかもしれないけれど、模型材料が白いスチレンボードだったり、モデリングが白い面だったりして、いわゆる綺麗な材料で勝負しているように見えたんだよね。だから、最初に見つけようとした普段と違う美しさと、ご自身の提案が少しずれているような気が個人的にはしました。それについて、もしかして私が誤読しているかもしれないので、反論があればしてください。

松田　従来の建築というのが、敷地条件や周辺環境、機能を受容する場となっているのを設計背景と置くのに対して、自律的な工程に設計の不文律から外れた手法を一工程挟むことで、建築の新しい関係性が生まれるというのがあります。この廃墟や被災した建物、解体現場から取ったのは、そのような時間の蓄積ではなく、自律的な美しさとして、人間には支配しきれない人間の範疇に収まっていない、ものの単体の保有性や、その集積による異様な雰囲気を実現させるために、DOL-SYSTEMを使っています。初期は震災の瓦礫から建築を設計しようと思ったのですが、社会的な関係もあってできず、今回はものの単体の集積を実現させるためにDOL-SYSTEMを使っています。

中川　うん。意味を漂白して、一度まっさらな状態にしてから組み立てていくという、今の松田さんの話もわからなくはないです。でも、先ほどの

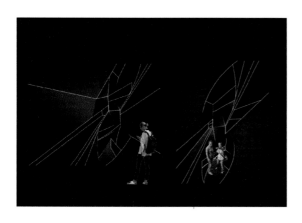

POSTER SESSION

ミウラ折りの作品(7番「空間が持つ力」)の彼にも聞いたけれど、意味を剥奪して形をつくったけれど、最終的な形にもともと意味がなかったとしても、どのような働きをもたらすのかがやはり気になるじゃない? 後から意味が生まれてくるのでも良いと私は思うし、普段意味と言われているようなものと違うような生まれ方でも良いと思うんだよね。プログラムのようなものとかけ離れた意味でも良いのかもしれない。だけど、やはり働きは欲しいと思うんですよね。普通の建築は、画面の中だけで収まるものではなく、実世界に現れるじゃない。実世界に現れた瞬間にものが嫌でも持つ意味、例えば高さが高ければ、それだけで迫力が出る。松田さんが意図するか意図しないかは別として、意味を持ってしまうところがあるのね。だから、どうしても持ってしまう意味、普段私たちが言っている小学校とか美術館という意味ではなく、ものがどうしても持ってしまう意味を、もう気持ち評価したうえで、どのようにそれを使うのかを言ってくれるとわかりやすいかな。今の話は感想に近いので、もし反論があれば言ってください。反論がなければ、感想として受け止めていただければ大丈夫です。

松田　感想として、受け止めさせていただきます。

HATA's SESSION

畑　自律的な美しさ、要するに、ある機能から発しない形のつくり方?

松田　はい。

畑　ある種人間が生み出したものであっても、人間が何かの目的に照らしてつくり出したものではない? 支配しきれないという書き方をしている、そういうものの中に可能性をむしろ感じていることには共感するし、面白いと思うんですね。DOL-SYSTEMを展開して、ある種の空間というか立体を生み出す、アルゴリズムのようなものと

して理解していますが、これはそれほど自律的なものなのでしょうか? 人為的なものに逆に見えたのですが、そういうことではない? その辺りを教えてください。

松田　そうですね。自律的な美しさとは反対に、従来の建築が敷地や周辺環境の機能などを受容すると思っていて、それに設計の不文律から外れた手法を一工程挟むことで新しい関係性ができると思いました。その違う工程を挟む、違うジャンルを挟むことで、何かアルゴリズムの……。

畑　なるほど。例えばアルゴリズムなので、何らかの変数を人間が入力しないと形は生まれて来ないですよね? たまたま植物がこのように発芽してしまったみたいな形で、このような絵が生まれてくるというイメージでしょうか? 発芽してこのような形に育ってしまったから、そこの中で人が何をするかということを、後発的にこのジャングルのような中に入って考えるというような順序になるということなのですか?

松田　はい、そうです。物の固有の形をそのまま建築に落とし込むという…。

畑　わかりました。そうすると、これは最終的には建築になるのですかね?

松田　ものの集積を建築に落とし込もうとして、この1、2、3のステップを踏んでいます。

畑　その部分によって最後まで抽象的なものとして終わっており、このパースからは何を意味しているかがよくわからない。非合理でも良いから具体的に行為が見えると、もっとわかりやすかったかもしれないかなと思いました。

FURUMORI's SESSION

古森　最終的に機能は何なの?

松田　今の設計段階では、ギャラリーというか美術館のようなものを設定して建築をつくっています。

古森　それは空間として形になっているのかな? 屋内は存在しているの?

松田　屋内というか、完璧に囲まれた空間はないのですが、ステップ1からステップ3にかけて徐々に半屋外空間というものの密度、粗密をデザインしています。

古森　今の時点で、平面図はないんだ?

松田　ちょっと組み込めていないです。

古森　実際はあるの?

松田　はい。

古森　それにはトイレなどはあるの?

松田　トイレなどの明確な空間はつくっていなくて、人の溜まる場というか、大まかな動線計画と展示空間の空間を構成しています。

古森　あくまで仕掛けというか、仕組みの提案なんだね。

松田　はい。そうですね。今の段階では設計手法の提案です。

寄生する建築

建築は人を野性化させることができるのではないか。全長550m高さ10mの防波堤に竹を用いた脆い構造体で島民と釣り人を繋ぐ「小呂島ベースキャンプ」を計画する。全体として上段と下段を繋ぐ通路とテン場をつくり、Site AからFまでの6つに区分する。展望デッキ、共有キッチン、ダイニング、竹の備蓄庫、炭焼小屋をセルフビルドでつくる。両者の交流が行われる場として共有キッチンを計画し、島の新しい経済を生み出す。

ID09

吉永 広野

九州産業大学建築都市工学部
建築学科B4

Answer 1. Illustrator, Photoshop, Vectorworks　2. 10万円程度　3. 4〜5ヶ月　4. 表現方法をPinterestでたくさん収集すること　5. 第5次産業　6. Smiljan Radicの炭焼き小屋、Casey Brown ArchitectureのMudgee Permanent Camping　7. 現場監督

TAKAGI's SESSION

高木　これは、ものすごく大きな模型なのかな、何分の1ですか?

吉永　1/50です。

高木　この廃材のようなものは、島で出る木材か何か、流木ですか?

吉永　流木などです。例えば、サーヴェイのところにあるセルフビルドで使っている構造用合板などを貼り付けて、どんどん内部と外部を分けていけたらと考えています。

高木　これをつくる人は誰ですか?

吉永　つくる人については一応自分が設計者として、セルフビルドとして竹をまず伐採して……。

高木　島民の人がつくって運営していくと?

吉永　はい。

高木　ここでは、風呂やトイレのような、いわゆるサニタリーのようなものは考えていないのですか?

吉永　そうですね。例えば干し場をつくっているのですけれど、その下に空白の場所があるので、そこにドラム缶を置いて水を入れて湯を沸かし、風呂にしようかなと考えています。

高木　排水が必要だったり給水が必要だったりで、結局、1番面倒なところですよね。キャンプにおいて、そこは少し離れたところにあるわけだけれど、その辺りが組み込めるともっと簡潔にできたかなと思う。それと、一度に全てできる感じではないので、そのようなリニアな、線的な建築は、徐々に変化していくとか、時間的な変化のようなものもあると面白かったと思います。でも、これができたらお金を払って泊まるんだよね?

吉永　はい。

高木　面白いと思います。

NAKAGAWA's SESSION

中川　メコン川のリサーチによって、竹を編む技術を応用してつくるという提案だと思うのですが、実際に、防波堤に竹を編んだような仮構をつ

POSTER SESSION

けていく時は、あらかじめ全部編んだものを建設するのかな、それとも釣り人などの地元人も参加しながら、その材料を取ったり張ったりするのかな?

吉永　今考えているものとしては、釣り人や島民と一緒に計画するようなものを考えています。

中川　その場合、どこにつけてどこにつけないかは、どうやって決めていくの?

吉永　最初に基本となる架構をつくった後に、例えばこの場所性でいくと、共有キッチンがどこにどのようなものが必要かを各自判断しながら決めるようにしています。

中川　A、B、C、D、E、Fの場所にそれぞれプログラムが設定してありますが、この順番はどうやって決めているのかな?

吉永　まず全体として、釣り人のスポットを調べて共有テントや宿泊テントを計画し、動線がちょうど行ったり来たりして集まる場所にキッチン、あとは散らすように展望デッキや、陸のほうには住み分け小屋をつくるように考えました。

HATA's SESSION

畑　やっていることはとてもよくわかったのですが、なぜメコン川の桟橋をリサーチしたのですか?

吉永　そうですね。防波堤を分析して、波が押し寄せてくるような災害時に危ない場所に建てるのはどうなのかとなった時に、普通の建材よりも竹に着目しました。竹の場合は竹林問題があるし、すぐ生えてくることから、循環する資材という点で竹を選定しました。その後、メコン川の桟橋が乾季の間だけつくられて、次のシーズンになるとまた繰り返し使われていくような構造体だったので、メコン川を選びました。

畑　つまり、吉永さんが計画したものも竹でできているのですか?

吉永　はい、竹でできています。

畑　この島では竹が取れる?

吉永　そうですね。島にも竹はあるのですが、小呂島は福岡なので、福岡の竹林から伐採して運搬するつもりです。竹なら軽いし加工がしやすいので。

畑　なるほどね。メコン川は川で、敷地は海ということは、淡水と海水の問題があると思いますが、この辺りはどのような違いがあるのでしょうね。何か考えたことはありますか? 要するに、今回のプロジェクトは海水を被るわけですよね。そうすると、材料の風化の仕方が少し変わってくると思うのですが、何か考えたことはあります?

吉永　壊れ方のデザインまではできていないのですが、もし壊れたとしたら、例えば竹を使ってサンゴを育てるようなものもあるので、そこに壊れた部分を転用できたらと考えています。

117

菌床のマチ
― 木密地域の糀文化再生による手前暮らしの提案 ―

ID10
青山 剛士
立命館大学理工学部
建築都市デザイン学科B4

Answer 1. Illustrator, Photoshop, SketchUp, 手描き 2. 15万円程度 3. 1〜2ヶ月 4. 自分の世界観を出せるよう図面からパースまで全て手描きで表現していたことです。 5. グラフィックデザイン 6. BONUS TRACK 7. 組織設計に行きたいと思っています。

「手前味噌」・・・自分を誇ること・自慢。東京都文京区根津ではかつて糀文化を中心として手作りの味噌を自慢し合うような「手前味噌」と呼ばれるコミュニティがあった。しかし、現代には自慢しあえるようなコミュニティはもはやなくなっており、それに対して僕は糀文化を再構築し、木密地域に挿入することで、些細なことでも自慢してシェアしあえる暮らしとして「手前暮らしな町」を提案する。

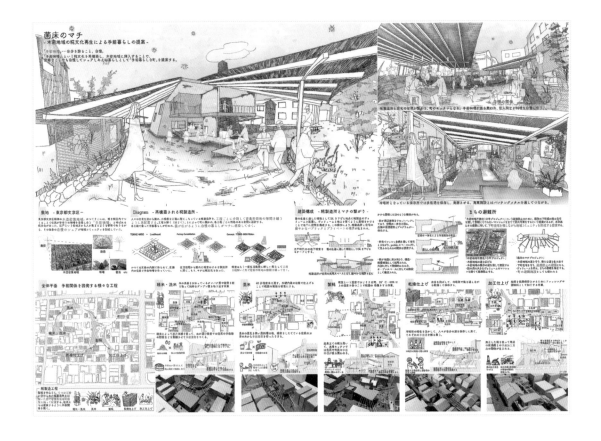

「菌床のマチ―木密地域の糀文化再生による手前暮らしの提案―」と題しまして青山が発表させていただきます。敷地である東京都文京区根津ではかつて麹文化を中心として手作りのみそを自慢し合うような手前味噌と呼ばれるようなコミュニティがありました。しかし現代では自慢し合えるようなコミュニティはもはや無くなっており、それに対して僕は麹文化を再構築し木密地域に挿入することで、些細なことでも自慢してシェアし合える暮らしとして手前暮らしの街を提案します。根津の木密地域に麹製造所を工程ごとに紐解いた形で再構築し縫うように挿入することで街に開かれ、各工程に特色のある空間が設定されています。全体計画として周辺の3つの商店街とのコンテクストを読み取りながら、例えば米屋の隣には精米所を配置するといったような配置をしていきます。この配置の際に、既存の下町間の残る住宅をできるだけ保存できるように内側の老朽化したような空き家や駐車場、空き地といったようなオープンスペース、またマンションなどを潰しながら配置していきます。この全体構成により提案が地域の避難所にもなりながら木密の転換と保存をするような地域の再編としての役割を持ちます。建築形態として麹菌が住みやすい環境としてGLを掘り、またRCのボリュームを中心にまるで菌が広がるように軒を住宅に伸ばすことで、中心が住宅の共用部となりながらそれぞれのパブリックとプライベートに自慢の関係を誘発するように設計をします。軒の出方として、店舗に対して軒がセットバック

しており空間が一体化するような型や住宅との間に余白を残して開口の開いたメッシュ金網を設けるような型などがあり、これらの操作とGLのランドスケープを基礎として工程ごとに手前暮らしの関係を誘発させます。各工程ではその特徴に合わせてそれぞれで発酵した食の自慢の関係が生まれていきます。例えば精米所では手前ぬか漬けや蒸米では蒸気を利用して紅茶をつくるなど、製糀と言われるような麹をつくる場所では、麹そのものを使って発酵します。2つ細かい例を挙げます。例えば精米所では先ほども言ったように既存住宅との余白を住民の畑として使い、精米で出た糠を用いて自慢の野菜を手前ぬか漬けとして保存しながら振る舞うような手前味噌な関係が生まれています。また、乾燥仕上げでは、冷暗所の特性を生かして風が通るように設計しており、街の人が麹を用いた酒を保存しに来て、隣接する商店街に酒を自慢してふるまうような手前酒の関係が生まれていきます。現代のSNSでもあるように私たちは自慢できる場所を求めているのではないでしょうか。菌を育てることで自慢のコミュニティが感染するように広がり、現代の街が受動的な暮らしから積極的な暮らしへ変わるような手前暮らしの提案、いかがでしょうか。

NAKAGAWA's SESSION

中川 全体のコンセプトはわかったんですけど、根津の町全体で、糀菌を飼っていくという感じなのかな。

青山 そうですね。

中川 それ以前の生活の手前味噌の時は、各家庭に糀菌がいましたよね？

青山 昔は、核の中央に糀室と言われる糀を育てる場所があり、そこを中心につくっていましたので、各家庭に糀菌がいたわけではないです。

中川 そうなんですね。言わば、糀室が井戸のように中央にあって、その周りにコミュニティもかつてあったということですね。今回の場合は、糀室をつくって、あと何を設計していたんでしたっけ？少しわかりづらかったので教えてください。

青山 街全体のコミュニティを再編していく計画ではあるのですが、例えば、これらがあることで自慢というコミュニティを誘発させるような空間をつくるとともに、街の避難所にもなるような計画です。以前は街の区画の中心に糀室があったのですが、それに対して工程をバラバラにして道のようにくっつけることによって、新たなパブリックが道の内側に現れてきて、道路のプライベートとパブリックが反転して、新しく自慢の道が生まれていくようなものを街に設計しています。

中川 道というのは、青山くんがここまでが道で、ここからは空き地のようなものがわかるように設計していくのですか？

青山 そうです。

中川 それとも、便宜上の道ということなのか

POSTER SESSION

な。道の素材が違うの？ オレンジ色のところと白いところの違いは、実際の設計上で何か違いがあるのですか？

青山 そこの場所は、糀の菌の生育所としてランドスケープ的にあまり光が入らないように、軒ができるだけかかるような感じにしています。それで、空いているところはあえて菌を繁殖させないような空間にするのを、あの道でやっています。結果的にここの道は草が生えないような、菌が住んでいるような場所になっています。

HATA's SESSION

畑 言い方が面白いですね。どうしてそのような言葉が生まれたのかという背景を見ようとする姿勢がまず面白いと思いました。味噌はあまり詳しくないのですが、例えば酒蔵なら、生酛（きもと）造りなど、要するに酒蔵に住んでいる菌を、非常に大切にするわけですよね。目には見えないけれども大切にする。今回この菌のために少し掘ると言っていましたが、つまり、菌床であるからこそ、このような建築のつくり方をしたということを、掘った以外の部分で少し教えてもらえませんか？どのように菌を育てる環境を設計したのかですね。

青山 今回設計したこととしては、先ほど言われたようにもちろん掘ることと、軒のかけ方ですね。軒のかけ方として、模型を見るとわかりやすいかと思うのですが、菌の住む環境で、光が当た

るところではなかなか菌は生育せず、冷暗所のような暗い場所のほうが菌は育ちやすいので、それに合わせて軒をかけていくことを考えていました。

畑 軒さえかければ、菌は菌床になるのでしょうか？

青山 いえ。それと地面の冷暗所のような環境によります。例えば、乾燥仕上げの場所では開口がほとんどないような環境なのですが、軒とGLを掘った壁のところが、実際にもあるような穴ぼこが空いたようなレンガ造りで対応することで、できるだけ菌を住まわせるようにしています。

FURUMORI's SESSION

古森 面白かったです。

青山 ありがとうございます。

古森 この空間のどこが1番、"手前暮らし"にぴったりな空間なのかな？

青山 そうですね、例えば各工程の特色に合わせて、そういった"手前暮らし"を便乗していくようにやっていくのですが、例えば乾燥仕上げでは、このように……。

古森 もう少しわかりやすく。ここだと言うような感じで、ピンポイントに。

青山 冷暗所から裏の居酒屋などと連結して、冷暗所では手前酒を保存し、商店街と自慢の関係、酒の自慢のやり取りなどをします。

Maison de sphère
〜ニュートン記念堂から集合住宅へのコンヴァージョン〜

ID12
岸本 結花
大阪市立大学工学部建築学科B3

Answer 1. Illustrator, Photoshop, 手描き　2.2万円程度
3. 1〜2ヶ月　4. 色味を統一して、見る人が見やすいレイアウトにする。　5. 経営　6. もりのみやキューズモールBASE　7.設計職に就きたいと思っています。

18世紀後半、フランスではフランス革命が起こり、経済難、食糧難が人々を襲った。生きることに必死であった人々は、革命から逃れようと巨大な石の塊でできたニュートン記念堂に逃げ込み、革命中の外界とは切り離された生活をおくることとなる。球体の内部という特異な環境下での生活に、多様な暮らし方を提案し、住みづらく、暮らしやすい集合住宅を設計した。18世紀から現在に至るまで、歴史を刻み続けた建築である。

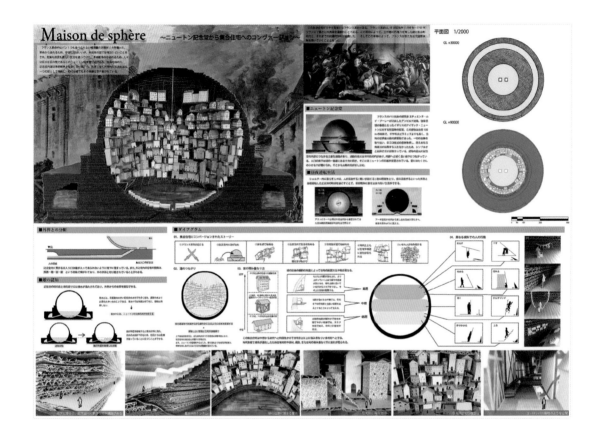

HATA's SESSION

畑　非常にユニークな視点で面白いと思うんですよね。それで、ちょっと教えて欲しいのですけれど、不明なのが外部ですよね。外部とどのような関係を持っていることになるのでしょうか？

岸本　外部とは、地下から接続できるようになっているのですが、もともとニュートン記念堂の特徴として、昼と夜の逆転の生活を送れるという特徴があったので、革命中は戦争が起こる昼間、人が活動する昼間は中で過ごして、人がいなくなる夜に外で生活に必要な物を調達してくるという形で、外部とは切り離された生活で、接続はされているという形になります。

畑　要するに、ニュートンの構造をそのまま使う、使い続けるということですか？

岸本　そうです。増築する形になります。

畑　そういうことね。本当にそのまま使うのですね。

岸本　はい。

畑　それは面白いな。ある程度時代が進んでいくと、要するに、革命が終わってもこの中での生活が一定で継続していくという視点がおそらく新しいと思う。面白いと思うのだけれど、ある年代まで続くという想定なのでしょうか？ すごく様式的な建築がズラッと年代ごとに並んでいて模型写真も手元にあるのですが、これはいつ終わるのですか？ 球体は閉じているから、一定量の建築で埋め尽くされた瞬間に、ある種のファベーラになって……これ以上建てられないという飽和状態に、表面積を食い潰すことになりますよね。飽和状態になった時に、その先はどうなるのでしょうか？

岸本　今のところ、終わりの時代のことは考えていなくて、ずっとこの中での生活は続いていくのですが、飽和した時は外側に出ていくのもありなのかなとは考えています。外側というのは、模型の内側ではなくて、外の球面に沿って山岳都市のような形でまた新しい文化を築いていくのを想定しており、どんどん時代が重なっていくというイメージです。今は19世紀くらいまでしか設計できていないのですが。

畑　19世紀まで設計……！ いやいや、19世紀までの設計で良いと思います。要するに、この殻の中に閉じているから、文化的隔離というか圧倒的ガラパゴス化的なことが起きているのと、駆逐しないということもあるんですかね？ やはり保存されてしまうのですかね？

岸本　はい。下の部分の15世紀や16世紀、それから17世紀以降のものも特に取り壊すなどはなく、そこに住み着く人がいたり、空き家になったり、そこがまた遊ぶ場所になったりとか、壊すことは考えていません。

畑　理解できました。とても面白いと思います。

POSTER SESSION

FURUMORI's SESSION

古森　これをある種の研究と捉えると、これをやることによって何か得られるものが仮にあるとすると、ニュートン記念堂という直接光も入らないような悪条件のもとで、集合住宅をつくっているような感じがするじゃない？

岸本　はい。

古森　新たな集合住宅のあり方に、何か一石を投じられそうな気がするのだけど、何か得られたものはありますか？

岸本　もともとアンビルド建築ということで、建っていない建築をコンバージョンすることが今までなかったと思うので、最初は何ができるかわかりませんでした。何か新しい発見があるのかなと思ってコンバージョンの課題に取り組み、この集合住宅を設計してみて、現実にはないニュートン記念堂という巨大なものだからできたことかもしれないのですが、これだけ時代の流れを詰め込んで設計できるということが、この設計課題で新たに発見できたことかなと思いました。

古森　でも、普通の街でも起こっていることじゃないの？ 昔のお城が残っている街に高層ビルが建っているとか。例えば、松本で伊東豊雄氏がやっていることと、あまり変わらない気がするんだよね。どちらにしても重層化するんだよね？

岸本　はい……。

古森　それ以外の発見もありそうだけどなぁ（笑）。なんかあるよ、絶対。

岸本　はい。

古森　あと1年くらいかかるかもね。気付く時がきっとあると思う。考え続けてください。

MOMOEDA's SESSION

百枝　これは卒業設計ですか、課題ですか？

岸本　課題です。

百枝　ニュートンの記念堂の設計図からスケールを起こしたのですか？ 実際に建っていないもののリノベーション、コンバージョンというのは面白いですね。実際には建っていないものですから、どのようなきっかけでこのようになったのですか？

岸本　もともと何か建築物や構築物をコンバージョンして集合住宅にするという課題を何年も続けていて、今までの先輩たちとはまた違うものを新しくつくりたいと思ったのですが、コンバージョンの対象物となるような有名な建築物がどんどんなくなってきたので、実在していないけれど建築物であったものなどに目を付けて探したところ、ニュートン記念堂にたどり着きました。

百枝　なるほど。それは面白いのだけれど、この記念堂自体をどうやってつくるのかわかっていないよね。これ光とかがないよね？

岸本　模型写真の中央に一応光となるものは

……。

百枝　照明ということ？

岸本　そうです。それ以外はないです。

百枝　窓もないけれど、どうやって暮らすの？

岸本　模型の下の少し空いているところが地下になっていて、そこから入って、この水の中をトンネルで通って上に上がるというように行き来はできます。外界との接続もあるので、中で暮らして、必要なものは外へ調達しに行くという……。

百枝　あなた自身はここに住めると思いますか？

岸本　うーん。

百枝　どこか魅力的なのだけれど、外から全く見えない球の中に入り込みたくなるくらい、世の中が厳しいというのがあるのですか？

岸本　できたきっかけとして、フランス革命によって外界が革命戦争で——。

百枝　それはわかるけれど、あなた自身がどうかということ。

岸本　この中で暮らしたいかということですか？

百枝　そう。暮らしたいかと、これは住めるのですか？

岸本　住めるようには設計したのですが、自分が住みたいかと言われると……。

百枝　覚悟はない？

岸本　ないです。

百枝　ははは（笑）。ブレは一応本気で設計したのではないかな。興味深くはありました。

待つ、という散歩

なぜ、この世界に存在しているのか。その理由に出会うまで私は「待つ、という散歩」を続けた。鷲田清一氏の著書『「待つ」ということ』の19の「待つ」の分類に基づき、それぞれの「待つ」に対する感覚を空間化する思考実験である。「現実世界」を「虚構の世界」として知覚している一個人が、「待つ」ことを通じて「現実世界」との接し方を模索する様を19種類の「待つ」空間を連続させることで表現した。

ID13

力武 真由

神戸大学工学部建築学科B4

Answer 1. Illustrator, Photoshop, Rhinoceros, Hand Drawing, Twinmotion, 手描き　2.5万円程度　3.4〜5ヶ月　4.原本を作りたかったため、5mのロール紙に図面およびパースを鉛筆で4度塗り重ねることにより描いた。　5.音楽　6.筑紫の丘斎場　7.建築家

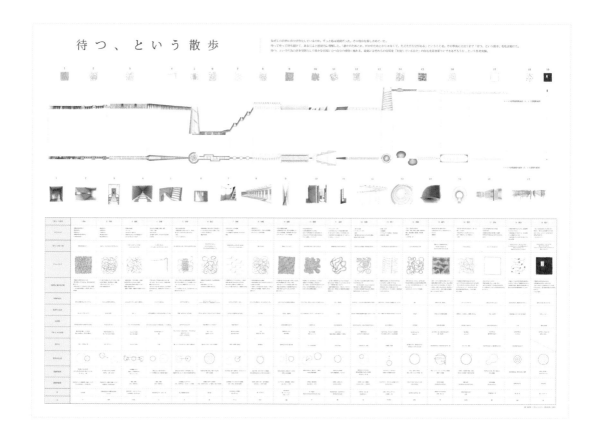

TAKAGI's SESSION

高木　10年前の自分のお守りとして……。つまり、このテキストが発端となって建築を計画したということですかね？

力武　はい、そうです。

高木　簡単に言うと、瞑想する街道のようなものですかね？一言でいうと、機能はそういうことですか？

力武　はい。自分が現実世界に存在している感覚がなくて、かつ、1から19の空間を歩み進めることによって、それぞれの空間の1つ1つに対して現実世界からの要素を付与している散歩道になっていまして、最終的に19にたどり着くころには現実世界に戻って来ているというか、この世界との接点を探し見つけた自分がいるという状態の散歩道を設計しました。

高木　これは自分自身をたどってつくったけれど、当然同じようなことを考えている、悩んでいる人たちのための散歩道になれば良いなということですかね？1、2分の時間内で話を聞き取っていくことができないし、議論を終えることもできないのですが、僕は個人的に好きですね。抽象性とはいろいろな抽象化があると思うのですが、これは建築の原点だと思うんですよね。人間の心がどのように建築によって癒されるか、影響を受けるかという感じ。建築の原点だと思うので、基本的には理解しました。あと、これは地下なのですか？

力武　地下ではないです。地下の部分が存在するというよりは、模型を見ていただくと地下のように見えるかもしれませんが、この黒いモノクロの部分が虚構の世界を表していて、周りは記憶でつくっています。それが現実世界を表しています。1つ1つの空間の縦の寸法というか、道幅とかは1/100で設計しているというか、図面通りなのですが、道の長さは体験者及び個人の歩行者によって寸法が変化するものと捉えています。それで、無限の長さで存在するかもしれないし、一瞬で過ぎ去るものかもしれないというので、個人に依存している感じですね。

高木　サイトは関係ないということですか？

力武　はい、そうですね。

NAKAGAWA's SESSION

中川　"待つ"という行為は、待つ前と待つ先という2つの時間があり、ある意味、その繋ぎの時間ということだと思うのですが、力武さんは、自制的な創作活動によることを"待つ"というように表現されていたように思いました。それで、設計された建物はいろいろな人が来る建物なのですか？図面が早送りだったこともあり、これは建物の設計だったのか、その辺りが少しわかりづらかったんですよね。

力武　ごめんなさい。これは空間の設計をしたと私は思っていて――。

POSTER SESSION

中川　空間原理の設計のような感じ？

力武　そうですね。空間およびその感情というものを空間で表現することをしてみたかったので、どう繋げるかという設計および心象風景の設計のような感じです。

中川　その場合の"待つ"というのは、通常は先ほども言ったように前後の時間があるので、その心象風景を空間に落とし込んでいく作業だとしても、どのような時間が過ごされるかは結構重要かなと私は思ったのですが、力武さんの先ほどのプレゼンテーションの中で、1番大事にしたかった設計の具体的なアイデアは何ですか？

力武　例えば、音楽などを考えてみた時に、フーガとかパッヘルベルのカノンを思い出していただくと、1個ずつ音楽が進んでいくたびに要素が変わっていくと思うのですが、私の1から19の待つに対しても、1から18までは目的ごと存在する"待つ"、それを通過した時の19個目は開けの"待つ"で、目的語が存在しない"待つ"と文中に書かれています。1個ずつの"待つ"の空間を経ていくごとに、待つとか空間の知覚方法が変化していくことを表現しています。

HATA's SESSION

畑　あなたの作家性が表れるのは、要するに鷲田清一さんの文中に表れる言葉をドローイングに変換した時だと思うんですね。それが1番大きなポイントだと思うのですが、どれか1個で良いので、このような言葉をドローイングに変換したということを、できるだけ説明できるものを1個ピックアップして説明してもらえますか？

力武　わかりました。

畑　それが肝かな。

力武　おそらく1番理解しやすいのは、4番ですかね。自壊と書いてあるのですが、ドローイングがこちらです。

畑　まず、これはどのようなことなのですか？

力武　エピソードとしましては、自分が待たされているという感覚にどんどん自分の思考が集中していき、最終的には別にそれに集中しなければただ単に待っているだけなのに、待たされることに取りつかれてしまって、失敗してしまったり崩れ落ちてしまったりする状態を表しています。

畑　どうしてそのドローイングになったのかを教えてください。そのような感情や言葉に対して、あなたはどのようなドローイングを描いたのですか？

力武　振れ幅がだんだんと大きくなっていき、最終的に脱力して消えてしまうようなドローイングを描きました。

畑　それはつまり、その時の感情のようなものをグラフィック化するのをドローイングと呼んで

いるということですかね？

力武　はい、そうですね。

畑　なるほど。そのドローイングは、そのまま形体化するのですか、それともまた変換されるのですか？

力武　また変換されるといいますと？

畑　最終的にはドローイングではなく、空間にしているわけですよね？1つの道のように繋いでいましたね。それで、その空間はどの空間ですか？

力武　4番の空間を全体平面図で言いますと、だんだんと空間が狭まっていき、自分の踏み場もだんだん狭まっていく。そのまま水が流れていく。

畑　恐ろしい、なるほど。

力武　最終的に4番の空間が5番目の空間に繋がる時には、床がスロープなのでだんだん勾配が低くなっていき、水が流れるようになっていき、最終的に滝のようになる。だから、ここに近づくにつれて滝の音も聞こえてきて、だんだんと滝の音にも自分の意識を集中させられていくという。

畑　なるほど。わかりました。では最後に1点だけ。思考実験だと言っていたので、これがリアルな建築の何かというよりかは、こういったイメージをドローイング化して空間化することによって理解するための思考実験というようなものでしょうか？

力武　理解の目的語は何でしょう……？

畑　自分自身の感情じゃないかな。"待つ"ことの意味、"待つ"ことによって自分がどう捉えているのかを理解するためのものでしょう？思考実験は目的があるでしょ、実験の目的は何ですかという聞き方です。

力武　"待つ"という行為自体にも目的語があるので、それと関連させて申し上げると、1～18の"待つ"という形態は目的が存在する"待つ"であり、19個目の"開き"というのは、何がきても臨機応変にするという"待つ"です。私自身が今まで体験してきた"待つ"ことを、1～18の空間として人々に体験してもらうことで追体験をしてもらいたい。最終的に伝えたいメッセージとしては、19個目で何がやってこようとどんと構えているというか。

畑　なるほど。わかりました。

力武　別の言い方で申し上げると、ここで模型写真を見ていただくと、この内側をモノクロでつくっていて、外側は木のままと言いますか、これは虚と実というものの対比を表したくて、虚構の世界で生きている一個人が1～19までを経ることによって現実世界との接点を探すという設計を行いました。そのため、虚構世界に生きていると思うような一個人を対象としていて、この空間を追体験することによって、現実世界の要素が1個ずつ付与されていく空間を共に体験できたらと思っています。

夜の万代と刹那の出会い

人生において万代（永遠に続く記憶と人間関係）と刹那（出会う幸せと別れる悲しみ）は、出会い共存するべきであることをコロナ禍で学んだ。私はこれからあるべき建築と人間の姿を個性が密集するゴールデン街で表現する。既存の飲み屋街にRCを流し込み住宅街をパラサイトさせ、文化が消える前に現代的な輪廻転生を行い、ヴァナキュラーでサステナブルな強固な飲み屋街に変貌させる。

ID14

清水 勇佑
日本大学理工学部建築学科B4

Answer 1. Illustrator, Photoshop, Rhinoceros, SketchUp, Vectorworks, AutoCAD, ArchiCAD, InDesign, 手描き　2. 30万円以上　3. 1年以上　4. 論理的説明とパース　5. Ai　6. アンビルド　7. 日建設計→大学教授

TAKAGI's SESSION

高木 ハウリングしていて説明があまりわからなかったのだけれど、テキストを読んで言いますと、これは新宿のゴールデン街の上に積み重なって増築していくという提案ですか?

清水 はい、そうです。

高木 飲み屋街が増築していくということですか?

清水 既存の木造密集地の飲み屋街にRCを充填して、新たに住宅へとパラサイトしていく。

高木 "万代"と"刹那"とは、どのような意味で用いたのですか?

清水 万代が永遠に続く価値のようなもので、刹那は一時の幸せとして定義しています。

高木 そういう意味ですか。刹那は、本当はそのような意味じゃないんだけどね。刹那は人間的な動物的な欲求などの意味ですからね。意味が違うのですが……。

清水 そうですね。僕は建築生活4年間の中でいろいろな人と出会って、実際に話す行為の価値について、人間関係やコネクション、それによって得られた設計スキルのようなものを永遠の価値として考え、万代と刹那の両者が共存する状況が、都市における集落とコミュニティと定義しています。

高木 上に乗っかるものの機能は何ですか?

清水 上に乗っかる機能は住宅です。

NAKAGAWA's SESSION

中川 都市の提案の人にはだいたい聞くのですが、この提案の目的は何ですか? 例えば、ゴールデン街という普通にやると失われる風景を残したいということなのか、集合住宅をつくるということなのか、いろいろなフックがあると思うのですが、何が1番の目的なのでしょうか?

清水 そうですね。この提案をつくった時に、それは決めていなくて。

中川 では、清水くんの1番の問題意識は何で

POSTER SESSION

すか? もし卒業設計でなかったらごめんだけれど、卒業設計は大変だから、やりきるためのモチベーションというのがあるじゃないですか。清水くんのモチベーションを支えているものは何ですか? ゴールデン街愛でも良いし何でも良いのですが、何ですか?

清水 僕はワンナイト刹那たちを表現したいのもありますが、最終的には建築設計論的に完成度が高い作品を目指していて、そうなってくると、敷地であったり手法であったり、表によってできる形態であったり、それによってできる空間アクティビティであったり、それら全てに対して主題を持って提案することで非常に完成度が高い提案を目指しています。その全てに主題を持つということは、全てに対してオリジナリティの提案があり、リアリティがあるという作品を目指してつくりました。

中川 では、ちょっと伺いたいのですが、清水くんの提案はゴールデン街が舞台なのですけれど、ゴールデン街は卒業設計のメッカでもあるから、清水くんの提案と関係なく、すでにいろいろな意味があるじゃないですか。清水くんの提案はともすると、ちょっと意地悪な質問かもしれないけれど、手法だけを見ると、木造密集地でもできるように感じたのですが、ゴールデン街でなければいけないという理由は何かありますか?

清水 今回はワンナイト刹那の出会いとして、価値を提示することをメインとしているのですが、新たな集合住宅をつくるうえで、飲み屋街に集合住宅をパラサイトさせることで、都市の中に集落的なコミュニティを持つ集合住宅を提案するのですが、ここであれば、飲み屋街にもともとあるコミュニティを吸引できるような集合住宅を提案しています。

HATA's SESSION

畑 ちょっとわからないのだけれど、今ある

建築群の型を取ってRCを打設して上に継ぐのですか? ちょっとそれがわからなかった。その仕組みを教えてください。

清水 建築手法は主にこの敷地の個性を表出する、木造のパラサイト的設計手法を現代的に再解釈しており、形態スケールでは飲み屋街を造形して、空間スケールでは上に住む住宅をデザインしています。

畑 上に住んでいるんだよね?

清水 いや、下の飲み屋街にパラサイトしてできた集積に対して、コンクリートを打設して継承していくとともに上はまた別の継承を。

畑 上と下は、場所が違うということですか?

清水 いや、場所は同じです。

畑 場所は同じで、違う手法を用いているということですか?

清水 いや、手法的には個性を表出するパラサイト的操作を継承しているのですが、個性を表出するパラサイト的操作にもいろいろなスケールがあり、XL、L、M、S、XSのパラサイト的操作をここで定義していて、造形手法としてはMスケールとLスケールの操作を用いています。

畑 なるほど。そうすると、いろいろなスケールのパラサイトするための手法というのがあり、それらを組み合わせているということですね?

清水 はい。

紡ぐ風景
― 大神神社参道開発計画に伴う建築の提案 ―

ID15

竹田 朱音

京都工芸繊維大学工芸科学部
デザイン・建築学課程B4

Answer 1. Illustrator, Photoshop, ArchiCAD, 手描き
2. 5万円程度 3. 1〜2ヶ月 4. 建築の雰囲気と合うデザインにしました 5. 音楽、絵画 6. 三十三間堂 7. 設計のできる仕事

奈良県桜井市三輪では大神神社参道の開発計画が進み、観光事業誘致による地域経済の急速な成長が環境や文化を壊す恐れがある。本設計では参道沿いに地元名産素麺の加工販売所・集会所・小麦畑のランドスケープを計画し、農産業と観光、福祉の連携による既存環境と観光地開発の持続可能な両立を目指す。参道からは回廊、畑、建築の重なる風景が広がり三輪の生業と共に時を紡いでゆく。

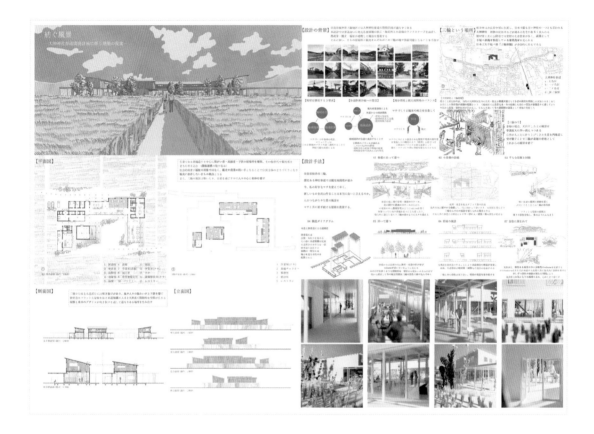

高木 これは機能的にはそうめんを食べる、そうめん会館のようなものですかね?

竹田 そうです。加工から販売、食べるまでが詰まっています。

高木 なるほど。製造しているということですね?

竹田 そうです。製造の風景も見られるようにしています。

高木 アクソメを見ると、上から下りてくるのが木造ですか?

竹田 1層目は柱の部分が軸力を支えるために下りていき、2層目は壁とか架構が乗っているイメージです。

高木 なるほど。増改築がしやすいのが木造ということですかね?

竹田 はい、そうです。

高木 どのような理由で増改築していくのですか?

竹田 機能に合わせています。例えば畑の栽培をメインにするのであれば機能も絞られていくと思うので、減らすことも可能であるし、もっと参道や観光などに向けたボリュームを求めるような提案内容になっていけば、増築してもっと人を集めるようなプログラムを増やすという想定をしています。

高木 その辺りが1番面白そうな気がしましたね。そうめんを担ぐのは当然社会的にあると思いますが。その変化のフレキシビリティはとてもリアリティがあり、それが面白いのではないかと思いますね。これは神社の参道の手前に沿っているわけですね。

竹田 はい、そうです。

畑 これは、ここでそうめんをつくるんですね?

竹田 そうです。小麦から加工してそうめんを

食べる状態まで。

畑 三輪そうめんは大変有名だし、名物ですよね。水が重要なのかなと思うのですが、水との関わりはどうなっているのですか?

竹田 この建築自体は水を引き込むことはありません。この土地では昔、小麦を栽培していて、近くに水も流れているので、小麦のほうに焦点を当てて建築を建てています。

畑 ただ、そうめんの製造工程の中で流水というのは重要なエレメントにはならないのですか?

竹田 つくること……。

畑 どうなのですか? 僕はそこは詳しくないのだけれど、必要ないのですか?

竹田 水自体は使うのですが、新鮮な水を継続的に使うという使い方はしない……。

畑 わかりました。では質問をもう1個。この建築の最も特徴的な部分とは、ほぼピロティなのではないかというくらい、1層部分を開放していることにあると思うんですね。増改築できるとか可変性のような話などがありましたが、そういうことではなく、1層部分を開放しているのがこの建築の強さではないかと思うのですが、なぜそうしたかをもう少し説明してもらえますか?

竹田 まず、木造はどうしても筋交いなどを入れて壁ができてしまうので、1層目に例えば、この建築はプログラムがたくさんあるので開放して見えるようにしたいという時に、できるだけ柱だけ落としてガラスなどを入れて視界的に繋がるような空間とか、畑も人も見えるようにつくりたいというのが目的だったので、このようなピロティになっています。

畑 1枚目のドローイングが大変象徴的ですね。要するに、小麦が育ってきた時に小麦の穂の高さとピロティがどのような関係を持っているのかがすごく重要で、もしかしたら少し低くして、小

麦の穂の高さとピロティの人の視線の高さがどのような関係にあるのが良いかを少し考えると面白かったかもしれないですね。おそらく、その高さ関係がかなり重要だと思いました。

竹田 そうですね、はい。

古森 これは結局、奈良の風景がどんどん変わりつつあり、その参道にできたものはカフェのようなものなの?

竹田 近くにある神社の神事としてもそうめんが使われているのですが、地元の産業としてそうめんが1番有名で、かつてあった小麦畑の風景などもなくなってしまったので、その風景をもとに戻しつつ、観光に来る人にもその魅力を伝えられるような食べる施設と街の人たちに向けた集会所の2つがあります。

古森 この場所に建つことによって、建築のデザインやあり方がどう変わったの? 例えば東京に建つとか、九州に建つとかではなく、この場所だからこうなったというのは何かありますか?

竹田 もともと、この青で描かれているのが参道なのですが、そこに対する開発が今進行中で、その横にある空き地にテナントとか住宅とか、奈良の街並みを残して再現するという内容です。でも、この街は、北に畑が広がっていて東には山があるというような、自然の中に街があるような魅力があるのに対し、新しいものをポツポツ建てるのは良いのかという疑問が私の中にあったので、ものをつくるというよりかは、畑のような必要最小限の機能だけにして、あとは人が自由に使えるように——。

古森 だったら、手法としては周りを畑で囲んだというのが1番のメッセージ?

竹田 そうですね。

古森 はい。

竹田 畑のところですね。

ゆとり荘

災害はいつどこで起きるか分からない
もしものときに備えて人のつながりと空間のゆとりをもった
公共住宅の提案

ID16
井本 圭亮
九州大学工学部建築学科B4

Answer 1. Illustrator, Rhinoceros, Concepts　2. 1万円程度　3. 1〜2ヶ月　4. テーマカラーの統一と見出しのわかりやすさ　5. 都市計画、英会話　6. 京都府立陶板名画の庭　7. 設計事務所か行政

都心部では仮設住宅を建設するための場所がない。そのため災害が発生すると自宅を失った人は郊外の仮設住宅に住むことになり、それまでの環境と切り離されることになる。さらに仮設住宅の供与期間が過ぎると、居住者は公営住宅に住まいを移すが、ここで再びコミュニティの形成に迫られる。これら災害時の住まいの移行によって発生する課題に対し、都心部にあらかじめ仮設住宅を建設する"ゆとり"を内包した公営住宅の提案を行う。

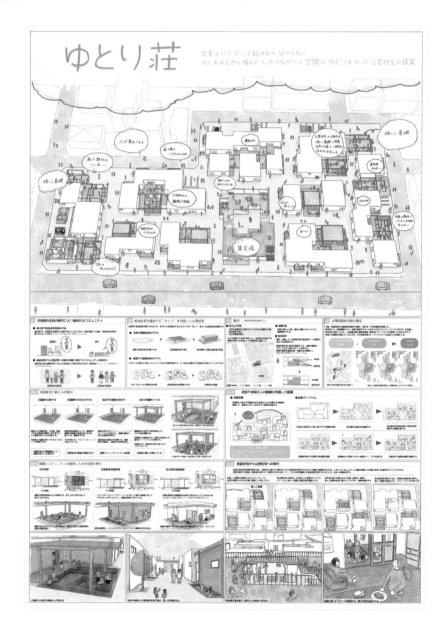

高木　既存の基礎を使うのは、仮設住宅で壊された後の基礎ということですか？

井本　公営住宅と基礎を新築するという設計で、仮設住宅を建てる際にもともとつくっておいた基礎が生かされる設計になっています。

高木　仮設ではなくて本設の住宅をつくる時に仮設の住宅の基礎を用いるということですかね？

井本　はい、そうです。

高木　基礎そのものを縁側に使うのは、そこには建てないで縁側として使うということですか？

井本　縁側にある基礎は、災害時に仮設が建てられる基礎の部分となり、日常時は縁側の掘りごたつのような空間として、地域の人や住民に開放されるというプログラムになっています。

高木　ほとんどそこに注力した提案ですよね？建物の中ではなくて縁側空間だよね。

井本　はい、そうです。

高木　わかりました。おおよそわかったのだけれど、既存の基礎を用いていろいろ考えてはいるのだけれど、もう少し既存の基礎を面白く転用していく造形というか、機能というか。あなたが加えるちょっとしたものがあまり見えてこなかったかな。

井本　基礎の設計自体は仮設住宅の間取りと、その後、公営住宅に移行する際に、その場所でそのまま増設できることを踏まえた基礎の設計をしています。立ち上がり部分が大きな基礎の空間を緩やかにして、複数のグループが共存できるようにしています。

高木　既存の基礎は既存の基礎で良いから、そこから何を加えたかがあまり面白く見えてこなかったですね。基本的な姿勢は面白いと思います。

古森　これは話としては仮設住宅で、災害の後に基礎をつくるの？

井本　日常時からつくるものとして、母体の公営住宅と仮設のための基礎をつくっておき、いざ災害が起きた時にはすぐ仮設が建てられるようにしておくというような。

古森　普段は住宅なの？

井本　普段は、そのまま基礎として残っていて……。

古森　ただ基礎だけをつくるの？

井本　そうです。パーゴラのようなものが基礎の上に乗っかり、簡単なオープンスペースのようになっていて、住民や地域の人が集まれる場所として開放しておく。

古森　災害後に、このような間取りの家が建つことが想定されているの？

井本　そうですね。災害時の仮設住宅は2年半ほどで終了するのですが……。

古森　それはわかるのだけれど……ちょっと無理があるなと思うのが、1つは災害前に、このインフラ投資のようなのがあるわけでしょ？

井本　はい。

古森　それは、災害がある前提なのよね？

井本　そうですね。

古森　例えば、福岡で災害があるという想定でつくるわけでしょ？基礎が被災したらどうするの？地震があったら基礎は割れるよ。

井本　被災しないように……。

古森　それは無理よ（笑）。それはどれだけやっても限界があるわけだからね。ちょっとそこのストーリーに若干の違和感を覚えたけれど、できるといろいろな可能性があるのは感じました。もうちょっとその辺りのストーリーを組み立てられると良いかもね。

百枝　全部平屋ですか？もう一度説明して欲しいのですが、仮設住宅にもなるということですか？

井本　おおもとの公営住宅と仮設住宅が建てられるための準備として、このように掘り下げた基礎を用意しました。それで、災害が発生して仮設住宅をすぐ建てる時に、増設できることで公営住宅にもなれるという。

百枝　周りの普段ある建物は、木造で建っているのですか？

井本　周りの公営住宅に関しては、鉄筋コンクリートです。

百枝　このボリュームは平屋のほうが良いのですかね。

井本　公営住宅ですか？

百枝　はい。

井本　公営住宅は、災害時に壊れないことを意識して、できるだけ負担を与えないような平屋で。

百枝　でも2階建てくらいは良いのかなと思う。全部2階建てにする必要もないけれど、抑揚があっても良いのかなと思いました。

井本　そうですか。耐震に関して、そこまで詰められていなくて。

百枝　しかも基礎だけがあるのが面白いけれど、実際に座ったりするの？

井本　はい、そうです。立ち上がりの部分に――。

百枝　立ち上がりに架構がついているけれど？

井本　日常時は、架構をつけておいて……。

百枝　屋根までついているということ？

井本　そうですね。

百枝　基礎だけではないんだね。フレームだけを移植するのは、あまり聞いたことがなくて面白いと思います。

墓、あるいはモニュメント

建築家アドルフ・ロースは「真の建築はお墓とモニュメントの中にしかない」という言葉を残した。そして私は建てた。どこの国かも分からない地域に、ジェンガを積み重ねるように丁寧に、大胆に。大地の上に住宅を建て、彼らのふるまいを収め、それを根拠に新たな大地を生み出す作業を何層にも繰り返し、建築をつくる作業を通して、建築について考えた。

ID20

三枝 理子

九州大学大学院芸術工学府
芸術工学専攻M1

Answer 1. Illustrator, Photoshop, SketchUp, AutoCAD, 手描き 2. 10万円程度 3. 1～2ヶ月 4. インパクト 5. イラスト 6. 東京カテドラル聖マリア大聖堂、サグラダ・ファミリア 7. 建築設計事務所

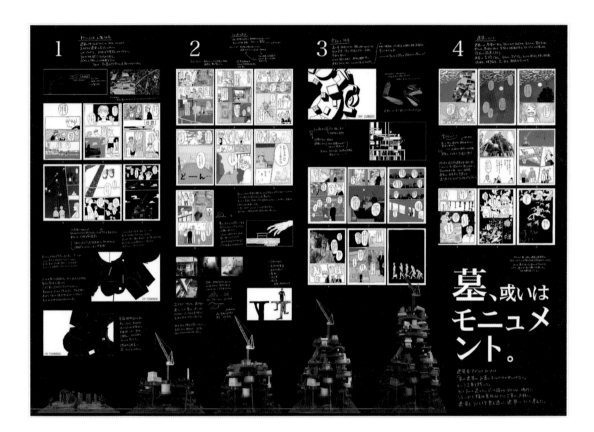

建築家アドルフ・ロースは、真の建築はお墓とモニュメントしかないと述べた。そして私は解けた。どこの国かもわからない土地に、レンガを積み重ねるように。丁寧に、大胆に。はじめに、大地を乱した。ゆっくりゆっくり長い年月をかけて大地を積層させていく。また、日常の記憶を主体にすることを考え抜いた。住人の痕跡を丁寧に掬い、それを次の大地を作る手掛かりとした。記憶の断片を吸収し、それはぐんぐん高くなっていった。そうこうして大地が10層目に達しようとするときに、着工から60年が経過していた。お化け屋敷とからかわれているここには、50件近くの住居が存在している。それぞれの住宅の大地を自分だけのものにするという

PRESENTATION

約束で彼らはここに住んでいる。狂気に感じるだろうか。ここは、永遠を願う教会のように見えるかもしれない。だがきっと、この世のだれもが明日を願う永遠の信者なのだと思う。日々、高さを増すバベルの塔を眺め、興奮を覚える。完成と崩落、その両方の空間を私は待ちわびているのかもしれない。これから時間の許す限り、何層も何層も何層も繰り返した。着工から100年近くがたつ。ようやくそれらしくなり、タナトスのささやきも聞こえなくなってきた。誰かが私に尋ねるのを聞く。これは廃墟か？と。私は作った。墓、あるいはモニュメントを。

TAKAGI's SESSION

高木 面白いね。沢田マンションを知っていますか？

三枝 はい。

高木 それがどこかに要素としてあるのですかね？

三枝 セルフビルドではなく、一応私が設計者として。

高木 そうなの。60年間だっけ、設計者としてあなたが統制していくんだね。

三枝 そうです。

高木 でも、なんとなくできたものが、アドホックというかその場的であり、それぞれの住人が勝手にやって集積した形のように見えているのだけれど、あなた自身でコントロールして、あえてそのような形にするのですか？

三枝 私がコントロールするのは、基本的に大地の形だけです。

高木 そうなんだ。

三枝 1個大地をつくる。でも、大地ができる時は下の住人のふるまいとかを手掛かりにしてつくります。この作業を、模型をつくる時にも繰り返しており、ある程度コントロールしながらも、できるだけ場所的にはしました。

高木 それは面白いね。要するに、下にあの大地ができて住人が住み始めたことによって、1個上の層が影響を受けて計画されるということ？

三枝 そうです。

高木 そこが面白いね。それがどのように影響を受け合うのかを、明日聞ければ聞きたいですね。面白い。もう1個聞けるのであれば、これが墓ということは、どこかでこれは終わりになることを前向きに捉えようとしているんですよね？

三枝 そうですね、これ全体がいつか墓になったりモニュメントになったりするかもしれないというのもあるだろうし、1個1個の住宅自体を、取り壊さない方向で考えているのですが、人がなくなって空き家となった時に、それを空き家ではなくて建築の墓のように捉えられるかなって。

高木 建築そのものの墓ということね。それはアドルフ・ロースが言っていたことですね。うん、面白いです。

POSTER SESSION

NAKAGAWA's SESSION

中川 具体的に敷地設定するというよりは、「墓、あるいはモニュメント」というキーワードや、アドルフ・ロースの発言などを踏まえてつくっていった、原理のようなものなのですかね？ 実際の敷地に何かをするという問題ではないですよね？

三枝 はい、そうです。

中川 では、モニュメントというのは通常は、ある街をシンボライズするとか、抽象化するとか、特定のもののエッセンスを抽出することがあるのですが、この場合のモニュメントは、何におけるモニュメントなのだろうか？ 目立つとか、そのようなモニュメント性はあるのだろうけど、何に対するモニュメントなのだろうか？

三枝 建築の墓をつくろうと思っていたので、建築の墓のモニュメントかもしれないし、建築そのもののモニュメントみたいなものを考えています。モニュメントという言葉は、中川さんのおっしゃったように、特定のことや人を祀るものですけれど、そのようなプロセスではなく、もっと小さいものをたくさん集めて、何かおどろおどろしさでモニュメントとなることを考えていました。

中川 いわゆるモニュメントはこのようなものなのだけれど、三枝さんオリジナルのモニュメントはこのようなものだというのを積極的に言って欲しいと思い、先ほどの質問になったのです。通常は具体的な街をシンボライズするのだけれど、三枝さんのこのモニュメントは何を抽象化したのだろう。そこに対して普段と違うことをズバッと言えると、わかりやすいと思う。普段と違うくらいの説明だと違うことはわかるけれど、何が違っていてどう価値があるのかを言って欲しいじゃん？ そこをちょっと一声お願いできますか？

三枝 説明になっているかはちょっとわからないのですが、対義語のようなものを用いれば、モニュメントをつくるとスパッと言えるのかなと思って考えたところ、モニュメントは特別ということだと思ったので、その対義語は、日常とか記憶とかのような漠然としているものや、スケールの小さいというか細かいことかなと私は思ったので、モニュメントの対義語のようなものを日常と規定し、それでモニュメントをつくろうと思いました。

FURUMORI's SESSION

古森 床の上にできていくのは住宅だけなの？

三枝 はい、住宅だけです。

古森 住宅がひたすらできていき、60年が経ちました。そうすると、そこは住宅かモニュメント、墓かわからなくなった、ということなんだな？

三枝 おそらく、そのような感じです。

古森 墓というのは、人工物の墓ということ？

三枝 いや、どちらかと言うと、建築自体がいつか墓になるというのも考えていたし、その全体像としていつか墓になるのも考えていました。墓というのは、ただの墓ではなくて"建築の死"という概念的な墓。

古森 皆、建築をつくる時に、終わりの姿を想定していないよね。それに対して、君は終わることも、終わる姿もイメージしており、終わった時も何か価値のあるものにしようとしているのかな？

三枝 そうですね、最初にアドルフ・ロースが"建築は墓とモニュメントしかない"と言っており、結局、建築はいつも死の瞬間を考えなくてはいけないものだというところに私は共感し、それを体現するものとか、自分でそのロースの理論のようなものを実際に建ててみたいと思いました。建築は絶対に死ぬので、死ぬことをどう考えていくか、卒業設計をつくるなかで考えたいと思いました。

古森 なるほど。だいぶ見えたけれど、まだもっと考えられそうな感じがするよね。

三枝 そうです……。

古森 でも、生涯のテーマが見つかって良かったんじゃない。

131

無意識の連鎖 — 都市体験を表出させる建築 —

街を散歩していると様々なモノがちらっと見えたり、気になったりするが、それらは3秒後には忘れ去ってしまうような無意識的なものにすぎない。都市を体験することとは、そんな無意識的把握の連続ではないだろうか。本作品は、そんな都市体験を建築にしている。天神ビッグバンを背景とした、再開発可能な密集したビル群の低層部のみを設計することで、都市体験を具現化したような横に伸びやかな商業施設を計画する。

ID21

柳 雄貴
九州大学芸術工学部
環境設計学科B4

Answer 1. Illustrator, Photoshop, Rhinoccros, SketchUp, AutoCAD, 手描き　2. 7万円程度　3. 2～3ヶ月　4. パッと見た時に、自分が何を伝えたいのか分かりやすくできるようにしました。　5. プロダクトデザインです。　6. ローマのパンテオンです。　7. 建築家です。

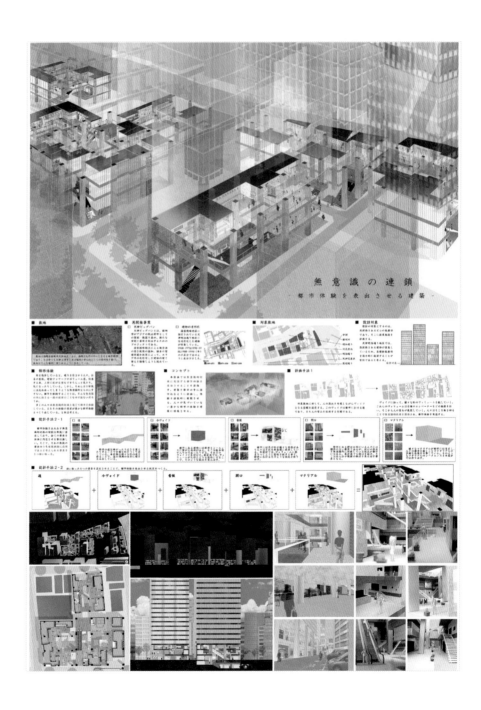

HATA's SESSION

畑　まず基本的に僕が聞いていて思い浮かぶ風景があるのですが、香港に行ったことはありますか?

柳　香港には行ったことがないです。

畑　ぜひ行ってください、これはまさに香港モデルなんですよ。ちょっと言い方が良くないですが、低層部がグッチャグチャのアジア的なカオスな空間で、その上に、圧倒的に近代的なミース・ファン・デル・ローエの世界が広がっているんです。そのコントラストが非常に面白い。GLレベルの活気と、あなたの言う"無意識的把握"があり、そういった多様な情報、サイン、記号が溢れている。それに対して、上部は資本主義の権化のようなものがバーッと建っているわけですよね? それでちょっと聞きたいのは、面白いと思ったけれど、"無意識的"まではわかるのだけれど、"把握"というのはどういうことですか?

柳　つまり、知覚でもなければ、意識や理解というのはなくて……。

畑　最初のドローイングを見せてもらえませんか? これが無意識的把握をドローイングに合わせているということで、例えば、どのようなものを無意識的に把握しているのですか?

柳　例えば、1番手前の看板は見ているけれど、理解はしていないが、存在は把握している。

畑　そういう意味か。例えば、今の画面の右側に、窓が並んでいるビルがあるけれど、その窓の配列複製のような状況も、目には入ってくるけれど、それほど理解はしておらず、把握しているという対象にはならないの?

柳　なります。このドローイングに描いているものは全部です。把握の対象をかき集めて都市になりましたという。

畑　では逆に、把握されないものはあるの?

柳　把握されないものは基本的にないと僕は思っています。なので、そういう状況が都市体験なのではないかと僕は考えています。

畑　では、無意識的にいろいろなことを把握

POSTER SESSION

してしまうと。読んでいないけれど、読んでしまうというか。読んではいないが見てしまう、のようなことかな。そのようなことが低層部で起きるということですか?

柳　そうです。

畑　うん。もう1個質問ね。どうしてそれが中層化するとか高層化しないという道を選んだのでしょうか?

柳　今回の設計の背景に再開発があります。

畑　そうだろうね。

柳　高層ビルを建てる計画に対して、高層部を全てバラバラに建てるのではなく、低層部はその体験で、一連の動きを能力的につくると、いわゆる都市に開かれたものになるのではと考えたからです。

FURUMORI's SESSION

古森　すごく感心するのが、4つくらいの高層ビルがあり、そこのおいしいところだけ俺が持っていくというスタンス。上の単純な部分は他の人にやってもらう感じで、1番楽しい下の部分は俺がやるぞという感じなんだな(笑)。例えば、北九州で棟が並ぶ再開発が起こるので、1階部分は古森さんが全部やってくださいとなり、4棟分を設計したみたいな、そういうことだったら確かにすごく面白いのかなと思うのだけれど、君はそこで何をしたの?

柳　僕はそれぞれを繋げるきっかけとして、都市体験というのがあり得ないかと考えており、その体験によって空間全体を繋げていくイメージです。

古森　体験によって空間全体を繋げるというのがよくわからないよね……。

柳　例えば、道だったらいろいろな幅が広くなったり狭くなったりとかして、人の使われ方が変わっていくことを発見するとか、歩く時の素材の違いとかを体感するとか、空気を感じるとか、そのような一連の体験をこの建物で解決しようとしています。

古森　いろいろな要素を集めて、ルールなく並べますという感じ?

柳　ルールは基本的にないです。

古森　ないでしょ? そのルールを知りたいよね。ルールがないというのは、法律がないのと一緒だから。そこは共有がないといけない。共感もない。共感とか共有などがないと、やはり建築は前に進みづらいよね。これにも発注者がいるわけだし、行政もいるし、使う人たちもいるわけじゃない。使う人が"これ大っ嫌いです"と言った時に、"嫌いなら嫌いで、うるさい"と言えないのが建築だから……。

柳　はい。

古森　ここも公共性を帯びるわけでしょ? その時にルールがないのは、理解しづらいところがある。何かないの?

柳　人の流れを、流動的にするようなヴォイドを設計しています。これも1つのルールだと思うのですが、そのヴォイドに沿ってボリュームを配していきます。その時に、これもスタディを重ねて場所を決めていったのですけれど、店舗と道の関係性とか、ヴォイドを介した向こう側との関係性、その関係性を踏まえながら設計していきました。

古森　うんうん。そこに何か説得力を持たないと、やはり建築は前には進まない……。それがアートとの大きな違いだと思うんだよね。共感が欲しいから、それをもっと説明できるようにすると良いんじゃないかなと思いました。

MOMOEDA's SESSION

百枝　面白いのですが、これは中層部から上は新築で普通のオフィスビルのような感じですか?

柳　全部新築のビルです。

百枝　上は何ですか?

柳　上は一般的なオフィスビルです。

百枝　低層階に限定したのはなぜですか?

柳　そもそも設定した敷地が再開発対象地だったので、低層部を都市に開きたかったため、低層部だけを対象にしました。

百枝　それはつまり、上がいわゆる床で稼ぐような街の現実的なことに乗っかるメリットを考えてなのか、ただ放置したのかという(笑)。

柳　結局、利益を追求する再開発なので、それに乗っかろうという。

百枝　それは良いんじゃない。良いけれど、最初の抽象的な無意識の積み重ねのようなものと、計画がどのように繋がっているのかがいまいちピンと来なかった。

柳　例えば、マテリアルのシークエンスとか視線の抜けが突然現れるとか、体験を連続的に変化させようとしています。

百枝　小嶋一浩さんの渋谷ストリームは見ましたか? あのようなものは1つの良い事例だよね。でも、現実的ですごく良い提案だと思う。

Architecture Is More
芸術に倣う設計手法の改替

ID22

福田 晃平
日本大学理工学部
海洋建築工学科B4

媒体上での消費が当たり前となった現代社会において、建築家は作家性を持たせるべく建築に表層を持たせる。建築は表層の消費のみで評価できるものではない。建築における3次元空間の消費という極めて純粋な建築の使用目的を保つために、抽象表現芸術の表現手法とそれに関連したフラクタル構造に倣う設計手法を提案する。

Answer 1 Illustrator, Photoshop, Rhinoceros, Twinmotion 2. 5万円程度 3. 2〜3ヶ月 4. 敢えて読むだけでは理解し難いものにした 5. 絵画、音楽 6. The Vessel 7. ものづくりに携わる仕事

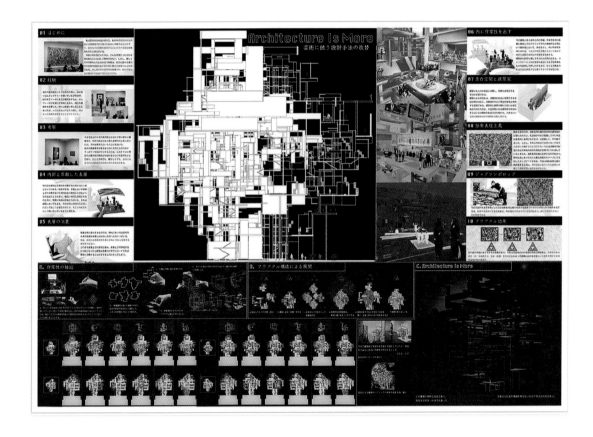

高木　これは建築が機能を想定して、機能重視で空間をつくっていくのではなく、使い手側が決めていくということですかね？

福田　そうですね、この建築は完全に余白空間と言いましたけれど、作家性のみが残っていて、それ以外の用途は特に指示することはないです。

高木　1、2分の議論では終わらないけれど、やはり根本的な問いではあるよね。では誰が金を払うのですかというとこになるんですよ。

福田　そうですね、芸術などと同じように本人または助成金とかになるのかもしれないのですが、その建築家の作品が欲しいと思わせないとダメだと思うんですよね。というのも、今は媒体上で消費するのが当たり前になっていて、実際にその場で手に入れられる価値がなくなってきているのではないかなと。

高木　いやでもこれは実際にできると、媒体上ですごく出回っちゃうと思いますよ。1、2分では話が終わられないので、残り時間だけで話をするならば、フラクタルというのが1つのポイントなんですかね？

福田　そうですね、はい。

高木　それは何だろう？　芸術性や機能がないことと関係がありますか？

福田　手本にしたジャクソン・ポロックの作品から持ってきたのですが、フラクタルによって同じ空間が何個も連続するんです。そうすると、自分と同じ空間、自分と同じ形をした空間が他にもあるので、他者と自分の消費の仕方を共有することもできれば真似することもできるし、見せつけることもできて、それはやはり3次元空間を楽しむという意味では評価できるところはあるのではないかと思っています。

畑　今回設計したものは、フラクタル構造にしたところで恣意性がないと形は生まれませんよということで、当然パラメーターを操作するわけですからね。今このジャクソン・ポロックが出てきて、ポロックの何をフラクタル化したのですか？　その変換がちょっとわからなかったです。

福田　ポロックの作品自体には、フラクタルが隠れているというか、それが科学的にわかり、フラクタルを建築に取り入れることによって、例えば同じ空間が連続して1つの空間の中にあるわけですから、同じ空間を消費して違う使い方というか見解を表現できるというのを1つの建築の中でできると思っています。同じ形の空間を利用している他人の消費行為を真似することもできるし、逆にこちらが自分の消費行為を見せつけることもできるという、その三次元空間を楽しむのが可能となります。

畑　なるほど、わかりました。そうすると、要

POSTER SESSION

素としてはパラパラとパラレルに床と壁、そして柱がパラレルを浮遊するような関係を持ち、ある種のねじれた位置にあるような、特徴的なつくり方をつくっていますけれど、これはどういった考えから生まれている単位なのでしょう？

福田　もともと、ここにある線画を描き表すのは、ポロックのように無意識化で作家性を抽出するというか、何も考えずに描くという極めて純粋な作家性を出すという意味で、線画が1番自分に向いていると思ったからです。それで、線画で構成する際に、こちらのフラクタル展開を考えた時に構築しやすい形となる一定のメディウムを設けて、例えばポロックがアトリエで塗料を用いたように、僕はRhinocerosで一定の菱形に収まるようにつくった感じですね。

百枝　一応場所などを想定しているんでしたっけ？

福田　場所は設定していないです。

百枝　表層と言っていたけれど、すごく立体的なところに立体的なものが、物が表層になっているというので良いのですか？

福田　そうですね。僕の考えとして、今までの建築は、プログラミングした内部空間と作家性を持たせる、わかりやすくした表層に分かれていると思っていて、今回はその内部空間から作家性を持たせています。内部空間から表層を——。

百枝　意地悪に言うと、平田晃久さんなどがやっているフラクタルな形状を一例として、同じ考えなのですか？

福田　平田さんは知っているのですが、それについては知らないです。

百枝　全部一緒じゃないですか。"からまりしろ"と言って面積がどんどん増えていき、内的な秩序が連続して、結果、外見が同じままで終わりますよ。

福田　それについては一切見たことがないです。

百枝　平田さんは全部それなんだけどな。まあいいや。面白いけれど、今聞いていて、説明がちょっとピンとこなかったかな。別にその建築家の作家性が表層で、中に作家性が出ていないということではない気がするのだけれど、その大きなビルは巨大なもののことを言っていますか？

福田　僕が言いたいのは建築家が何かしらの問題解決装置とかで長時間設計したものが、やはり媒体上で、表面上だけで消費されてしまうので、それなら、せっかく長時間かけて設計したものが簡単に消費されてしまうなら、内部空間から作家性を出して、そもそも内部空間における3次元空間の消費をもっと楽しもうよということで今回

取り組みました。

百枝　それはつまり、中に100万くらいインスタスポットがあるから、簡単にここに来ても消費できないぞということですか？

福田　そうですね、まぁそういうこと……。

百枝　SNSの消費と、美術空間の消費は全然違う話だと思う。現代的な簡単に消費されるSNS上の空間、空間性がないデジタル的空間の中の話に危機感があり、建築家はそれほど消費されないものであるべきであり、それに対しては前向きで良いかなと思うけれど、多少その認識がずれている気がしました。表層とか内的な秩序とか消費のようなことはどれも面白そうだけれど、どれもずれている気がしたので説明の問題かもしれないと思いました。でも、力作だと思います。他の人たちにも言ったけれど、模型を見ると迫力があるので、別のわかり方がするという意味では、模型までつくったのは良いと思います。あと、この四角くないのが面白いですね。うごめいているのかと思われる。

福田　フラクタルのスケールの普遍性はなくて、どこまでも追求できるのかなって。

百枝　でも、建築は必ず切断しちゃうから、切断を不定形にしているだけだとも言えるんだけど。

福田　芸術を考えた時に、どの場所であっても同価値のある存在なのか考えると、どの大きさでも作家性は変わらないかなと考えています。

135

ヒトトイウドウブツ ― 環世界のゆるぎ ―

我々は元来、個々に環世界を持ったただの動物である。技術や文化の発展に伴い、環世界が画一化してはいないだろうか。敷地は福岡県太宰府市に位置する宝満山。一動物として山に触れ続け私の環世界におけるコンテクストを見出した。数多くの要素からなる宝満山に12の設計を提案する。トレイル、建築、土木的に本能を刺激する設計を行った。サイトを巡る中で自身の固定観念を更新させ、純粋な動物としての本能を自覚していく。

ID24

鹿 圭登
佐賀大学理工学部都市工学科
建築環境デザインコースB4

Answer 1. Illustrator, Photoshop, SketchUp, Vectorworks, InDesign　2. 6万円程度　3. 5〜6ヶ月　4. レイアウトより世界観が見えるようにした。　5. グラフィック、カレー　6. ポンピドゥー・センター　7. 建築関係

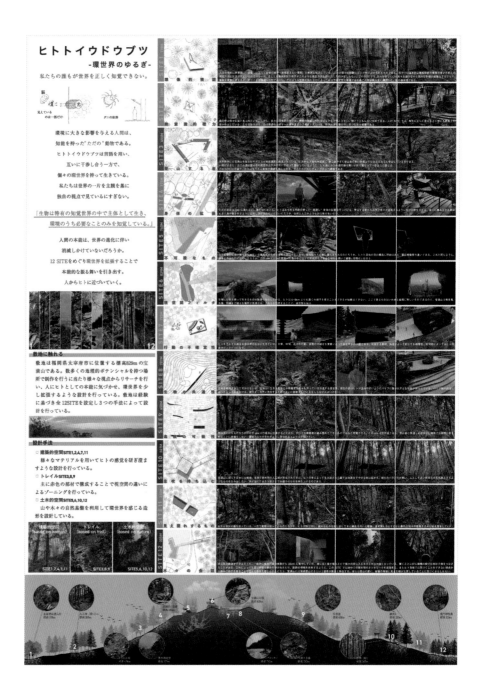

TAKAGI's SESSION

高木　"環世界"をもう一度簡単に説明してください。環世界とは何ですか？

鹿　環世界は、種それぞれの特有の知覚世界という、自分の世界の中で見ているという考え方です。

高木　同じ場所にそれぞれの世界があるということですかね？

鹿　そうですね。それぞれの世界の捉え方が全然違うという……。

高木　それで、宝満山で計画したものは、人間の立場での建築物や工作物に対して、カエルなどの人間ではないものと同様に考えるということですかね？

鹿　そうですね。ここでは人に対する建築物のようなものになっているのですが、例えばトレイルとか、建築が周囲に微妙な変化をもたらすという意味合いで、このフォリーではないですけれど、そういうものをつくっています。

高木　それはどういうことかな。山にとっての環世界ということ？

鹿　生物にはそれぞれ環世界があり、例えばカエルの場合は、カエルの世界の捉え方という部分で、視覚からの情報が多い人とは全然違うものが共存する山だからこそできる造形をここでは試しています。

NAKAGAWA's SESSION

中川　人のためだけの建築ではなく、宝満山に生息する動物や虫に目を向けながら設計していくということだと思うのですが、今のプレゼンテーションがちょっと時間的に短かったこともあり、計画の全体像がわかりづらかったかな。どこからどこまで鹿くんは提案をするというか、どこからどこまで何の建物をどれくらいつくったのかという全体像がちょっとわからなかったかも。パーツが何個かあるのはわかったのですが、全体像について

POSTER SESSION

ちょっと教えていただけますか？

鹿　全体的には、建築的な空間を取り入れる空間と、土木的な空間をそれぞれ設けていまして、例えば、今の説明では建築的なものを説明する時間がなかったのですけれど、このような大規模なパビリオンのようなものの設計を行っており、その中で、登山道に沿って12個の建築、パビリオンのようなものを点在させていくなかで、その登山体験とともに人として忘れてしまった何かを取り戻すのが僕の提案です。

中川　山の中にある12個の分棟、堀のようなものかな？　道だけというのもあると思うけれど、要は建築のかけらのようなものがたくさん山の中に散りばめられていた時に、山全体にある12個を巡ることで山全体を巡る体験にもなるということだと思うのですが、そうすると、敷地を12にするか13にするかという決定打とか、どこの敷地にどのようなものを設計するかが自由というか、何でも良いみたいになってしまうじゃない？　それはどうやって決めたのですか？

鹿　そこは僕が実際に敷地を何度も訪れていくなかで、自分の感性的な部分にはなるのですけれど、実体験をもとにここが美しいとか、そのような場所を抽象的ではあるけれど、ピックアップした感じです。

中川　そこをもう少し客観的に言えると良いかもしれないね。13ではなく12が重要で、例えば12の敷地にはこのような共通点があるとか、山の中で重要な12のポイントなのですということがプレゼンテーションされる。かつ、12はそれぞれ違う特色を持っていることから、絶対に必要なんだという、山全体を環世界にしていくルールというのかな。パーツの部分の説明やどのような目的でやるのかというビジョンは、先ほどの話でよくわかりました。だけど、全体像がやはりわかりづらい

かなというのが、もったいなく感じたところかな。伸びしろとも言えますが。

FURUMORI's SESSION

古森　これは全部でミュージアムのような提案なの？

鹿　そうですね。既存の登山道があるのですが、そこを巡りながら全部のサイトを巡るようにする。フォリーのようなものを想定しています。

古森　それに共通した何かメッセージというのは？

鹿　具体的には説明ができなかったのですが、サイトそれぞれに3つの手法を用いており、建築的なものとトレイル的なもの、土木的なものに分かれています。例えば建築的なもので言うと、人が生み出した材料を用いて他の生物の気配を感じるようなものを山の中腹に点在させている感じです。

古森　すごく人気スポットになりそう。新しい自然の楽しみ方のようなものが実現できそうな気がする。これは太宰府市になるの？

鹿　太宰府市の天満宮の裏にある竈門神社というところがあるので。

古森　それなら、売り込んでみたら2つくらいできるかもしれない（笑）。期待しています。

Symbiosis Sendagaya
人とAI自動車を繋ぐ、五輪が生んだ未来に紡ぐ共生のレガシー

ID25

柳瀬 真朗
市原 尚典

九州大学大学院人間環境学府M1

今回の東京オリンピックにて大会をサポートするAI自動車の技術をレガシーとして残していくため、人と自動車の新たな「共生」関係を生み出すための建築デザインと事業スキームを提案する。移動可能な建築空間であるAI自動車「RooMo!」は、千駄ヶ谷周辺の都市の特性を生かしながら街ゆく人々に多様な空間を与え、巨大スロープと木造格子から成る建築で賑わいをもたらしながら空間機能を豊かにしていく。

Answer 1. Illustrator, Photoshop, Rhinoceros, SketchUp, Grasshopper, Revit, LUMION 2. 1万円未満 3. 2〜3ヶ月 4. 適度な密度、パース 5. まちづくり・筋トレ・アニメ 6. 武蔵野美術大学図書館、みんなの森 ぎふメディアコスモス、JPタワー（丸の内） 7. 異空間設計・宇宙飛行士

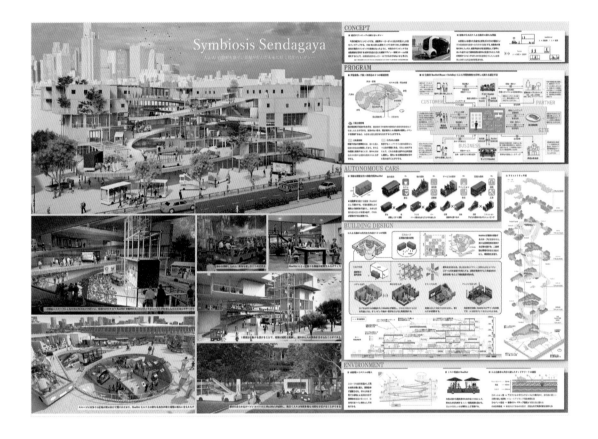

高木　素朴な疑問というか、ちょっと思ったのは、"RooMo!"を楽しめる建築としてループ状の建築物をつくっていますが、世の中的にはAI自動車ができて、自動車の中がインテリア化していくのだと思うけれど、そうなった場合は"RooMo!"が走り回る都市そのものの構造というか、そちらが改変すべきものになると思う。つまり、この建築は"RooMo!"にとってはあまり主体ではないのかなと思います。言っていることがわかりますかね？

市原　どちらかと言うと、街のほうを変えていくのが、これから求められていくのではないか、ということですか？

高木　うん、そういうこと。"最後に"と添えてあったと思うけれども、実はそちらが最初なのではないかな。それで、"RooMo!"が格納される駐車場のようなもの、ターミナルのようなものは必要なのかもしれない。それがこれなのですかね。ここで乗り入れてどこかへ行くということなのかな？

市原　そうですね。一応これが"RooMo!"の拠点のような施設にはなっております。

高木　そうだよね。

市原　ただ、都市にある駐車場などとしても機能することもできるので、メンテナンスとか、"RooMo!"のデザインができるような部屋も計画しています。

高木　なるほどね。僕はいろいろなシーンで駐車したり、動きながら内部でインテリアのように使われていたりというシーンを強くイメージしました。

中川　車がAI自動車とか自動運転とか電気自動車になると、人と車の関係が大きく変わっていくので、自分で車を運転してグルグル上がっていく自走式立体駐車場の役割が変わっていくのではないかと考え、自分の大学の設計スタジオの

POSTER SESSION

課題として出したことがあります。なので、今のお二人の提案の意図はよくわかったし、"RooMo!"もよくわかったのですが、車が建物の上まで自走していけるのが特徴ですよね。それで、人とAIの自動車になると、人と車の距離が今よりもずっと近くなって共存することができると。その上まで車が行けることによって、今は起こらないようなことが起きる可能性があり、つまり、建物のプログラムが、車が自走することによって変わる可能性がありますよね？ だから、今のお二人の提案を拝見すると、祝祭空間で何となく賑わっているように見えなくもない。だから、全部キッチンカーでもいいようにも見えてしまったのだけれど、その車が上まで行くことによって、建物の使われ方がこのように変わるということがあれば教えてください。

柳瀬　まずは僕らが今回提案している建築については先ほど説明をしたように、外部空間と内部空間の2つに大きく分けられているのですが、そのうちの内部空間は、例えばオフィスだったらそのオフィスの目の前まで"RooMo!"が上って繋がることで、これまでのオフィス空間は大人たちが仕事をするだけの場だったのが、子どもを隣で遊ばせながら、見守りをしながら仕事ができる。あとは図書館のような"RooMo!"で、参考書や書類、本などをその場で見ながら会議できるとか、これまでの機能＋＆の機能を付加しながら空間を使える、拡張することができるのがメリットかなと思っています。これまでは1つの建築の中で1つの要素だったのですけれど、1つの場所にいながら多様な空間を享受できて、便利にしたり生活を豊かにしたりするという点で、この建築を提案させていただきました。

中川　"RooMo!"の接続を踏まえて、内部空間のスロープにはいろいろな工夫をしていると思うのですが、内部空間で工夫したことがあれば教えてください。

柳瀬　パースの部分は工夫した部分があまり表現されていないのですが——。

中川　こういうのが良いのではないかとか、口頭で言ってくれるのでも良いよ。何かアイデアがあれば教えてください。

柳瀬　AI自動車の床の部分と内部空間の部屋の床のレベルを同じにするとか。寸法を車両に合わせて、例えば右下のグリッドの部分の寸法を比較化することによって、AI自動車とAI自動車が接続して、空間がよりAI自動車と一体化するように、内部空間の寸法の設定などはしました。

百枝　"RooMo!"がたくさん書かれていたけれど、どれも結構有効なのですか？

市原　はい。大きく4つの空間を提唱しようと思っています。カフェや屋台を通して料理を提供したり、ものの提供を行ったり、あとは買い物ができるようなサービスの提供をしたり、あとはオフィス空間などの空間そのものを提供できるような、それらの用途を設定してデザインを行いました。

百枝　"RooMo!"と設計した建物はどういった関係があるんでしたっけ？

市原　断面図がわかりづらかったら申し訳ありませんが、先ほどパースでお見せしたオフィスに接続して、子どもを見守りながら仕事ができるようになったり、このパースの中の1つにある、ベッドを搭載したAI自動車で寝たまま街中を移動してホテルへ接続することを可能にしたり、他にも、店の中で商品を置く場所が足りなくなったら空間ごと借りて商品を置く場所を設けたりと、使っている人に合わせてさまざまな用途を付与することができます。

環情 ― 絶え間なく巡り続ける ―

現代の社会ではインターネットの普及により人との関わりが少なくなってきている。私は現代の社会で必要なのはより早く情報を知ることではなく、人の感情を知ることであると考える。そして、人が触れ合うことで会話が生まれ、自分たちの考えや意見を言い合うことで情報交換が生まれていくのではないか。この建築では、周りの環境を取り込むことでこのキャンパスに輪を作り、絶え間なく人の感情という情報を巡らせる。

ID26

古川 智大

近畿大学工学部建築学科B3

Answer 1. Illustrator, Photoshop, Rhinoceros　2. 1万円程度　3. 1ヶ月未満　4. 模型写真、要素などの配置、配置と色合い　5. スニーカー　6. 東大門デザインプラザ　7. 組織設計事務所

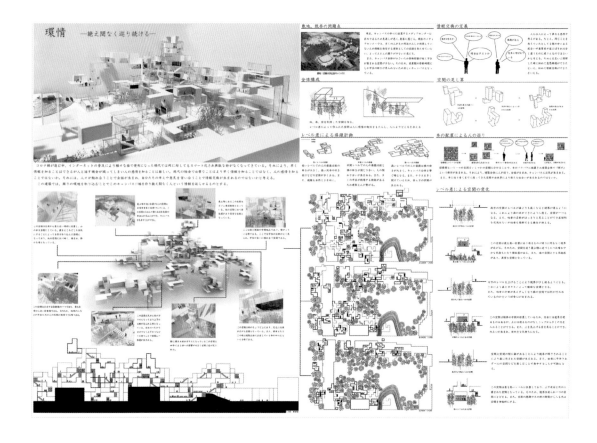

TAKAGI's SESSION

高木　これは、キャンパスに増築をするということですか?

古川　いや、キャンパスのメディアセンターを変えるという……。

高木　つくり変える?

古川　はい。

高木　その前後はわかるのですか? キャンパス全部が入れ変わるわけではないんでしょ?

古川　そうですね。キャンパス中央のメディアセンターを棟に沿わせるという建築です。

高木　既存のものが模型写真ではわからない。つくっていないよね?

古川　模型写真ではそうですね、手前の……。

高木　あ、真っ白ですが、わかりました。要するに、木々や林に覆いかぶさっている計画そのものが何かポイントなんですかね?

古川　そうですね。ここの地域は緑が多いのですが、キャンパス内はそれがなくなっているのがちょっと残念で。今回、その森をキャンパス全体に取り込むという案で、それと建築を絡めていくという案です。

NAKAGAWA's SESSION

中川　この図書館が、もともとの近畿大学広島キャンパスのキャンパス全体の中でどれくらいの面積に広がっているのかがわかる配置図はありますか?

古川　中央にある写真の真ん中の少し大きめのものです。

中川　それが中央図書館というか、メディアセンターだよね?

古川　そうですね。

中川　古川くんが今回設計した新メディアセンターは、どの辺りまで広がっていくのかわかる図面はありますか? 図面でなくても良いです。

古川　奥の棟から手前の棟にかけて沿うように──。

POSTER SESSION

中川　L字型に広がる感じ?

古川　はい、そうです。

中川　木との関係で、低層・中層・高層を説明していましたが、もともとある木というよりは、古川くんが新しく建物と合わせて植える木ということなのかな?

古川　そうですね。

中川　そっか。今の普通の図書館は機能を集約して、閲覧席とかいろいろあるけれど、言ったら本の蔵という機能もあるから、蔵としては一体になっているほうが管理しやすいから一体化するじゃない。それに対して古川くんの提案は、体験の豊かさが重要だと広がっていて、かつ、立体的にもなっているという提案だよね。体験は楽しくなると思うのだけれど、図書館と銘打つには本の蔵としての機能も持たなくてはいけない。そこで、本の貯蔵について何かアイデアがあれば教えてください。

古川　貯蔵に関しては、借りた人が自由に好きな場所に置くことで、探すという動作が生まれて会話が生まれたら良いなと。自分1人で探すというよりかは、周りに頼って探すという考えです。

MOMOEDA's SESSION

百枝　結局、キャンパス内で何を設計されているのですか、図書館?

古川　いいえ、メディアセンターです。

百枝　メディアセンター?

古川　はい。

百枝　ここのすごく浮いているところは、柱も何もない感じで実現するのですか?

古川　そうですね、構造的なことはあまり考えてはいなかったですね。周りに棟があり、その棟に絡みつくような形で建てるというか、点在させるというように考えています。

百枝　なんだろうな。単位が小さく見えるのだけれど、このグリッドの四角は何×何ですか?

古川　4m×4mですね。

百枝　それはどうやって決めているんですか?

古川　そうですね、人の動きが充分とれるのが4mくらいと仮定してつくっています。

百枝　うーん。なんだか小さく見えるけど。あと、構成や素材などをもっときちんとしたほうが良いんじゃないですかね。真っ白な感じは、それはそれで良いのですが。

ふりまわる家
― 界隈・回遊・連続から生まれるふるまいのかたち ―

ふるまいを界隈・回遊・連続を用い捉えなおす。界隈を立面の引き込みにて表現し、表面のふるまいを生む。連続と絵本作家性の関りから中間領域の在り方を提示し、表面のふるまいを内へ引き込む。回遊を加えることで相互補完的・流動的に界隈・回遊・連続が関わる。10年後の提案においてもそれぞれが複雑にかつ等価に交わる。最終的にふるまいの視点場が集積し、単純化された太動線(せこ道)が現れる。

ID27

竹内 勇真

日本福祉大学健康科学部
福祉工学科建築バリアフリー専修B2

Answer 1. Illustrator, Photoshop　2. 1万円程度　3. 2～3ヶ月　4. テイストの統一感　5. 福祉　6. Rem Koolhaas、Yves Brunier、Yona Friedman　7. 設計事務所

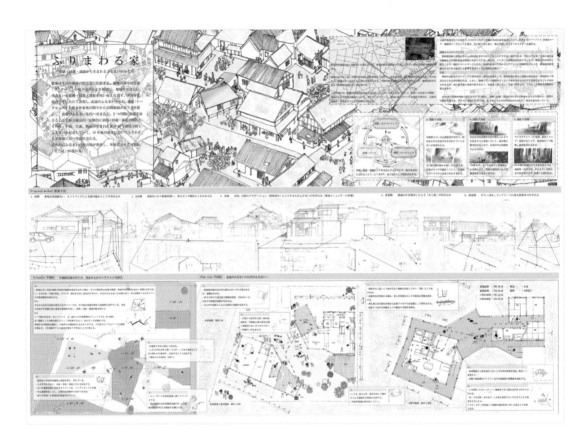

中川　住宅の設計をしたが、リビングやダイニングのような部屋の集合で建物をつくって暮らすのではなく、それよりもう少し取り留めのないような、ささやかなシーンの連続、ふるまいの連続によって、住宅を設計するという提案だと思います。各シーンが並んでいるプレゼンのシートから、いろいろなシーンを丁寧に拾い上げているのは十二分に共有できたのですが、各シーンをどうやって繋いでいくかというシークエンスの設計について、竹内くんが意識したことがあれば教えてください。

竹内　この連続性の部分で入ってくるのが絵本作家のシークエンスなのですが、平面の引き込みの際に表面のふるまいを引き込み、その後に部屋などの関係性で連続性を考えた時に、絵本の作家性のシークエンスと視点のシークエンスとしてランダム性など、日常の生活性などをここに埋め込みました。

中川　もう気持ち具体的に知りたい。というのも、シーンを繋ぎますというだけなら、シーンも取り留めもないから、どういう家でも正解になっちゃうじゃないですか。でも建築は、最終的にはものにしていくから、こういうシーンの連続が現時点で1番良いのではないかと、ある程度決めていく作業があるじゃない。それで、それを決めるためには通常はルールがあるけれど、そのルールがいつものルールのつくり方と違っても良くて。竹内くんオリジナルのルールで良いのだけれど、もう少しその決め方がわかると、この設計手法がわかりやすくなる。

竹内　絵本に入っいる言葉などを、こちらの色のパースに組み込んでいるのですが、この言葉とその空間を隙間から設計することもしました。

古森　すごく密度が高いし完成度も高い住宅で、プロとして感心します。ただ、ちょっとかわいそ

POSTER SESSION

うだと思うのが、他の皆さんは社会的な問題をテーマにした壮大なものが多いなかで、非常に完成度が高いけれど、それらと並ぶと規模が小さいだけに見劣りしてしまうことがある。これまでの住宅と決定的に違うポイントというのはどこだろう？

竹内　そうですね。もともとこれが設計課題でして。

古森　今、何年生なの？

竹内　2年生です。設計事務所も絵本作家もここで行うという設計趣旨があり、そのふるまいの引き込みとか、職住近接が起こることを目的としており、動線の膨らみが働く気配を示唆したり、地域に染み出したりとか。

古森　なるほど。すごく密度の高い住宅で、もっと話を聞いてみたいし、もっと深いことを考えているのだろうという感じがしています。

百枝　配置図的なものは見られますか？ この範囲だけしか見られませんか？

竹内　そうですね、住宅なので。

百枝　斜めに境界と言いましたけれど、現地をリサーチして設計に反映しているということですか？

竹内　そうですね。

百枝　どのような発見があったのですか？

竹内　せこ道という路地が周りにあることで、敷地には体験的な狭小性があります。周りのせこ道からふるまいを敷地内部に入れ込むために、周りの立面を場面に置き換えて刻もうと思って計画しました。

百枝　できたもののパースはありましたっけ？

竹内　鳥瞰パースだけです。こちら側のふるまいを重視していたので、内観のパースを描いています。

百枝　これは全部、設計しているもののパースですか？

竹内　はい。

百枝　一見、普通に見えるのだけれど、普通じゃない独特な空間体験があるのですか？

竹内　不規則なスペースでは、2階が回廊になっていて広がるようになっています。

閑所ホテル

これからの宿泊施設はどうあるべきか。ホテルというビルディングタイプが成立する以前の社会では、宿泊の場はその土地の文化や歴史、地域住民と深く関わっていたという歴史的背景を踏まえ、宿泊体験の本質的意義を再考する。再開発等により将来的な宿泊需要が高まる名古屋市栄において、城下町の名残である閑所を現代的に解釈し、地域住民と来訪者の活動の拠点となりうる都市型ホテルの新しいタイポロジーを提案する。

ID28

川島 史也

京都府立大学生命環境学部
環境デザイン学科B4

Answer 1. Illustrator, Photoshop, ArchiCAD, 手描き　2. 5万円程度　3. 7〜8ヶ月　4. 短時間で伝わる空間の印象と説明文　5. 歴史・哲学　6. 投入堂　7. 愛着のもてる街をつくる仕事

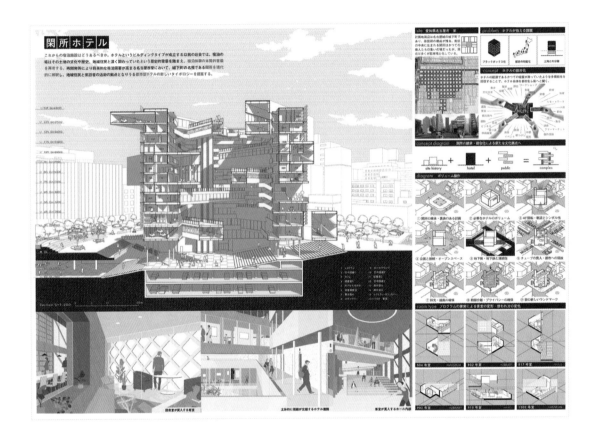

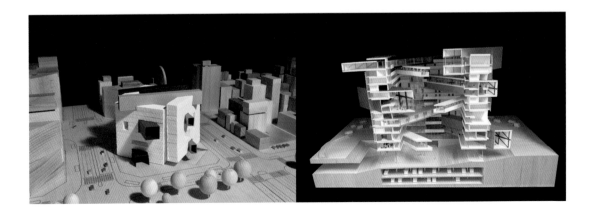

TAKAGI's SESSION

高木　現行にあるシティホテルの複合性よりも、もっとたくさんの機能が入っているんですかね?

川島　そうですね。新しい意味での複合性というのを目指しています。

高木　それは具体的に言うと何でしょう? 美術館的なところと図書館?

川島　はい。機能的には美術館のような展示ができる場所と、図書館としての機能と、あとは演劇をやるとか、何かパフォーマンスができるところを想定しています。

高木　出てきたものそれぞれが、どのような住み分けをしているのか、楽しく錯綜している感じはわかりますが、この短い時間では読み解けないな。"閑所"と説明をされているところに、寺院や神社、子どもの遊び場所のようなことを言われると、そちらのほうが瑞々しさを感じたんです。そのようなものは入っているのですか?

川島　閑所がもともと持っていた場所の特性のようなものを再解釈し、このような街区の中心部分にあらゆる活動が表れてくるようなものを、このヴォイドで表現しています。

FURUMORI's SESSION

古森　ホテルとしての新しさというのは、やはり美術館が入っているとかだけど、何が入っているの? 他の機能として、美術館が入っている図書館はすでにあるよね。ライブラリーもたくさんあるよね。内藤廣さんのホテルとかもライブラリーが入っていたけれど、それはあるんじゃないの? 君が泊まりたいのはそういうホテルなの?

川島　複合しているものは現在でもあるのですが、直接その他のプログラムと接触し、そのぶつかった部分で直接的に客室の使い方が変わったり、物理的に形が変わったりというのが、この提案の特徴かなと思います。

古森　その他の機能と当たることによって、物

POSTER SESSION

理的に形が変わっている。絵がよくわからないのだけれど、中央の鑑賞スペースなどと書かれているのは、アクソメに描かれているのね。左はアクソメで、右もアクソメ?

川島　はい、全て。

古森　赤い部分がアクソメなんだね。

川島　45度振っているので、平面的に見たらそのようになっています。

古森　なるほど。これは劇場のようなもの?

川島　そうですね。何かしらのパフォーマンスができる場所となっており、鑑賞席のような場所として下の階は使えるという……。

古森　それは部屋から眺めることができるということ?

川島　はい、そうです。

古森　そこが売りなんだね。ミュージアムも、部屋からミュージアムを感じることができる?

川島　そうですね。鑑賞もできるし、場合によっては、こちら側に展示室を確保するような使い方もできるかなと思って……。

古森　こちら側というのは?

川島　客室を展示室として拡張して、どちらでも……。

古森　ホテルか、なるほどね。そこへ両方行き来できるような使われ方をするということね。そのコンプレックスなら可能性がある。模型や絵でその辺りが伝わると良いね。2秒でパッとわかるような絵を描くというのを、僕たちもコンペの時などにするのだけれど、やろうとしていることがパッと伝わる絵の描き方をもっと考えると、わかりやすくなると思う。

MOMOEDA's SESSION

百枝　敷地の周りにはどのような建物が建っているんでしたっけ?

川島　このダイアグラムの手前の1列が、全て

公園になっており、その周りは主にオフィスや商業施設になっています。

百枝　これは四面性のようなものもあるの?

川島　はい。

百枝　1階が少し閉鎖的に見えるから、もう少し周りに開かれたほうが良いのかな。

川島　はい。

百枝　模型だとわからなかったけれど、底が抜けているんだ。1階は広場で作業をしているのですか? 地下街がある、なるほど。この色には意味があるのですか?

川島　機能としては、ホテルと対比したほうがわかりやすいかなと思って。

百枝　ホテルは白なんだ。ホテルというプログラム自体にも、メスを入れても良かったかなという気もしました。

川島　扱った部分に主に焦点を当てているので、ホテルに対比して機能ごとに色を分けています。

モリミツ
神戸市長田区駒ヶ林町木密地域の立体公園化の提案

木造密集地域はオープンスペースの不足や、延焼の危険性など、住環境に様々な問題を抱えている。そこで、既存住宅のジャッキアップを行い、人工地盤を挿入することで従来の開発では得られないスケールの敷地を生み出すことにより、緑のスミカを創出するとともに、くらしの表出するニワやロジを拡張する。一連の操作によってモクミツ地域の諸問題を解決しながら、次第にマチ全体をモリを介してつなげていくことを試みた。

ID29
大石 慎太朗
神戸大学工学部建築学科B4

Answer 1. Illustrator, Photoshop, Rhinoceros, 手描き, CLIP STUDIO PAINT　2. 3万円程度　3. 2〜3ヶ月　4. アニメーションのようなパースに合わせ、絵本のような雰囲気を作るよう心がけた。　5. イラスト　6. 地中美術館　7. 内装関係

TAKAGI's SESSION

高木　現実的なところが気になったのだけれど、既存の木造建築物をジャッキアップするということは、そのまま使うということですね？

大石　はい。

高木　それは文化財でもなく、築30年とかそれくらいの普通の木造をジャッキアップするということですね？　要するに、無差別というか無分別に壊さない方針を立てるのですか？

大石　そうですね、老朽化している空き家は壊して、極力住宅は残すように設計を行いました。

高木　それはおそらく根拠が必要であり、古くてもこれは残したほうが良さそうだという基準はありますか？

大石　そうですね……。

高木　実はね、そこにものすごく強い意志が必要なんですよ。はっきり言ってお金がかかり過ぎて、どうしてそれほどお金をかけて残したいのですかと必ず聞かれます。そこにやはり、それを残すというすごい意図があるんですよね。お寺だと、何か横にちょっと動かすというのにもお金をかけるのはあり得ますが、B級、C級建築を残していくというのは、"なぜなのか?"というのが普通に起こるんですよね。だから、そこは、もう一度考えたほうが良いと思います。それから、螺旋に配置している意味合いが僕にはちょっとわからなかった。模型などは楽しくできていると思うし、生活は楽しそうだと思います。ただ、そうするために、ものすごいお金と時間がかかる。そこが少しリアリティな面で気になりましたね。

NAKAGAWA's SESSION

中川　前提条件でちょっとわからなかったところがあるので教えていただきたいです。この神戸の長田区はもともと木造密集地域だということですよね？

大石　はい。

POSTER SESSION

中川　大石さんの提案では、緑があふれる決して密集していない住宅群になっていると思うのですが、それは、住戸数を減らしているということなのかな？　それとも、高層化することによって余白が生まれているということなのかな？　その辺りが少しわからなかったので教えていただけますか？

大石　神戸市では空き家を取り壊すための仕組みがあり、それを利用して空き家は壊す前提で行うのですが、今ある住宅をできるだけ使うような設計を行いました。

中川　では、もともといくつの住戸があり、そのうちのいくつを壊し、いくつを残しているのですか？

大石　今回は50戸です。2つの街区で、50戸のうち40戸残す前提で設計しました。

中川　高層化もしているんだよね？

大石　はい。

中川　もともと何階建てだったものを、何階建てにしているのですか？

大石　もともとの住宅自体は2階なのですが、スラブは7階層です。

中川　今、7階建てなんだ。木造密集地域は特殊で、終わりがないというか、人がいるだけ、木密ではなくて割と面的に広がっているじゃないですか。大石さんの提案では、ケーススタディで2街区を取っているということなのかもしれないけれど、もともと2階建てだった横に7階建てが建つと、すごい高層のものが建ったように感じられるじゃないですか。この高さはどのように設定していったのですか？　要は、空き地をどれくらいの割合で持たせることが、何階建てにするかの決定打になっている気がしますが、その割合はどうやって決めたのですか？

大石　階層の数は、隣り合わないように振り分けるという前提で設計したのですが、隣り合わ

いようにしたら7階建てになったみたいなところですね。

MOMOEDA's SESSION

百枝　これは木造を改修して解体して、新設する建築ということで合っていますか？

大石　木密の基本部分はそのままです。

百枝　木密は今の法規的には基準に合っていないことが多いのですが、そこまで考えていないですよね。ジャッキアップしてまで、その密度感を残すということですか？

大石　はい。

百枝　やっていることは面白いし、模型も面白いけれど、なんだろうな。ただ床を挿入して高さを変えると、立体的に見た時にはすごくポーラスになるということですよね。もともと平屋というか、地面に全部建っていたということですよね。立体的な路地の大きさということですよね。そこまでする理由がわからないけれど、できているものは面白いと思います。

二人六脚

―西宮市街地の公共空間としての協働犬訓練施設―

協働犬ーその存在は多くの人にとって、メディアの中だけの生物なのではないか。
そんな協働犬訓練制度の発展のためには、社会の理解と支援を得る必要がある。
そこで、空間や制度、西宮市などの「相互補完の群れ」で、協働犬と身体障害者、訓練
士を身近に感じ、犬も人も種別を越え自由に過ごせる場を、都市に形成する。寂しが
りやの協働犬と、補助が必要な身体障害者の関係である「相互補完」を来訪者の五
感に訴えかけ、新たなソーシャル・インクルージョンの公共空間を目指す。

ID30

吉本 美春

神戸大学工学部建築学科B4

Answer 1. Illustrator, Photoshop, ArchiCAD, 手描き
2. 10万円程度 3. 4～5ヶ月 4. 犬の視覚に基づいた色
遣い、平面図とパースの対応 5. 動物の生態、TVドラマ
の製作 6. セイナッツァロの村役場 7. デベロッパー

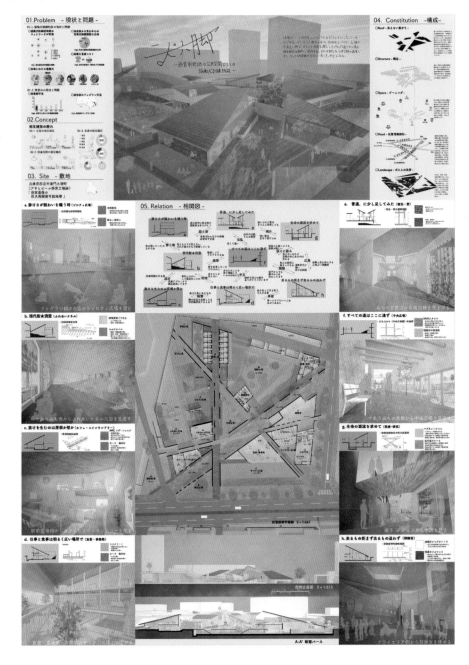

TAKAGI's SESSION

高木 面白いとすれば、駅にある意味直結しているということですかね?

吉本 そうです。

高木 そこが面白いとこですよね。おそらく可能性としては、この犬の教習所だけで成立はしづらいのかもしれないけれど、このロケーションはすごく面白味を感じました。でも、駅の真横であれば、これほど大らかにはできないと思います。リアルな話になりますが、その辺りをもう少しクリアしていれば、十分あり得る話だと思いました。

高木 犬の訓練にはもう少し大きなグラウンドのようなものは要らないのですか?

吉本 今見えているところは普通の一般犬などが走れるようなところで、この中央広場より奥に訓練広場というものがあり、そこは結構大きな面積をとっています。

高木 御影石などをあてがっているけれど、これは何ですか?

吉本 これは、足の裏から五感に働きかけることを目的としています。視覚障害者の方とかに、全く見えないわけじゃなくて少し見える方が多いので、そういう方のためにコントラストが付くように色とか素材とか、手触りで温度が高いものとか、そのようなものを用いて感知できるようにしています。

高木 なるほどね。そこをもっと表現して、要するに、犬のためだけではなく、不自由な方々が限られた感覚で建築に触れられるというか、建築を理解していくというところをもう少し力点として、並べても良かったかもしれない。

FURUMORI's SESSION

古森 これは訓練施設なんですね?

吉本 はい。

古森 僕、盲導犬の訓練施設を一度見に行ったことがある。半ば観光地化していて、うちの子どもが行きたいというから一緒に行ったんだけれ

POSTER SESSION

ど、そういう施設になるの?

吉本 そうですね。観光というかどちらかというと地元住民の日常の場所というか公共空間として。

古森 ここには、協働犬についてレクチャーしてもらう場所などはないの?

吉本 たくさんあります。訓練室に屋内のステージがあるし、ライブラリーには犬とか牛の資料をたくさん集めています。ピロティ広場の上には屋外ステージもあって、ふれあいケネルで実際に犬たちと触れ合うなどもでき、より体験的に訓練や福祉について触れられるように計画しています。

古森 これは、明日もし協働犬の計画がプロポーザルに出たら、君がそれを勝ち取って来年実現してもおかしくないような、すごく強烈なリアリティを感じている。

吉本 ありがとうございます(笑)。

古森 それはすごく素晴らしいことなのだけれど、道が大きく3つ、4つ貫通しているところの説明がもう少し欲しい。

吉本 はい。交差部はやはり出会いが生まれる場所で大切に思っているので、五感に働きかけるということで、どこも石で凸凹が出るような素材を使っています。しかも、明るく開けたような場所にしているので、視覚障害者などが見えない状態で歩いても、感覚的に"ここは交差部だな"とわかるようにしていて、その近くには結構ゆとりを持たせています。訓練室を見渡せるベンチなどがあったりとかして、それぞれが使いこなせるようにしています。

古森 これはもう、ゲートとかなくて、日常的に人が通り抜けられるようなものなんですよね?

吉本 そうですね。そのようにして、近道でも良いので近づいて欲しいなぁと。

古森 うんうん。道のデザインとしてもすごく良

いね。非常に感心しています。

MOMOEDA's SESSION

百枝 全景の中で、屋根はどうやって決めているのですか?

吉本 屋根は近くから見た時にバラバラに集まっているように見え、遠くから見た時には一方向に集まっているように見えるとか、犬とか人はそれぞれ違うものだけれど、同じ方向を向けたら良いなという考えです。

百枝 犬はここに来て訓練するわけじゃないですよね。訓練もするのですか?

吉本 訓練をします。

百枝 訓練もするんですね。

吉本 はい、そうです。

百枝 では、常に犬と一緒に暮らしている人が、ここに遊びに来ることもあるのですか?

吉本 はい、あります。ピロティ広場などは一般開放していて、できるのですけれど……。

百枝 基本は訓練施設なんですね。

吉本 そうですね。このような訓練施設には訓練所の犬がいて。

百枝 そういうのを見られるんですね。

吉本 そうですね。

百枝 来た人が、外からとか。

吉本 距離感はいろいろ取っていますが……。

百枝 このまっすぐな道は曲げずに、まっすぐが良い理由などはあるのですか?

吉本 基本的に身体障害者というか視覚障害者に重きを置いていて、溝などを頼りに道を歩いているということを伺ったので、なるべく道幅や影、光で交差点とそれ以外の違いがわかるようにしようと思いました。

心像空間に迷い込む建築
～スーパーマーケット　再編改革～

ID31
大見 果
名城大学理工学部建築学科B4

Answer 1. Illustrator, Photoshop, Vectorworks　2.5万円程度　3.1ヶ月未満　4. 作品を表現すること、言語化すること　5.舞台　6.豊田市美術館　7.建築士

仮想世界の発達により、様々な生活行為が短縮化されている。本計画では、実世界で日常的体験を見直す。生活のルーティンの中でも、商品を買うという行為に着目した。実世界に店舗を持つスーパーマーケットに空間体験を付与することにより感情の介在しない行為からの脱却を目指した。田舎と都市にスーパーマーケットを設計し、周辺環境が日常となっている人々が非日常的体験に迷い込むことで、日常から解放される時間を創出した。

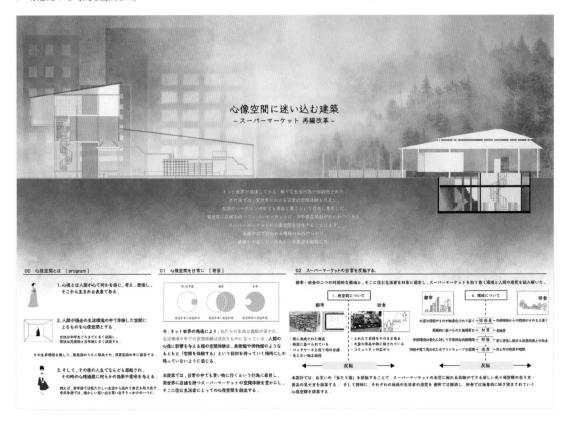

NAKAGAWA's SESSION

中川　田舎の敷地と都会の敷地という話だったのですが、具体的な場所の設定はあるのですか？　というのもプレゼンの時に、スーパーマーケットの周りの環境を踏まえて考えていくという話があったのですが、周りがどのような環境なのかが今のプレゼンだとちょっとわかりづらくて。それについて考えがあれば教えてください。

大見　都市の敷地では、周りがビルに囲まれていて、スーパーマーケットを利用する人たちは周辺のオフィスビルで働く人たちを想定しています。そして、周辺のスーパーマーケットでは、大げさに言うとコンビニのようにきれいに並べられてすでに加工済みの商品が並べられています。ですが、田舎だとこのように有機的な環境の中で中心をつくるように設計されていて、とれたての素材をそのまま売るというように商品が雑に積まれているような状態があると読み解きました。

中川　どうして都市と田舎を交換するのかな？

大見　スーパーマーケットは地域によってパッケージ化が進んでおり、都市と田舎を交換して互いの見えていない部分の意識を反転させることによって、スーパーマーケットの本質を知り、新しいスーパーマーケットの売り方を提案するとともに、人間の感覚も都市では開放を、田舎では研ぎ澄ましていくというような心像空間が生まれるように設計しています。

FURUMORI's SESSION

古森　アプローチとして、田舎と都市を対比して考えている。それで、同じビルディングタイプの物を同時にスタディするやり方は非常に共感するし、非常に面白い提案だと思います。ただ、商売は絡まないほうが話はクリアだったような気はしている。どうしても売れる、売れないの話になってくると、都会にとっても生々しすぎるし、田舎にとっても都会的過ぎて、果たして皆が喜ぶものかどうか。その点はいかがですか？

POSTER SESSION

大見　私がそもそもスーパーマーケットに心像空間を設計した理由としては、スーパーマーケットにもともとある消費するための動線を、私たちが体験する心像空間へと誘導していくことを構成として取り入れています。

古森　モチベーションは非常によくわかるし共感するのだけれど、やはりスーパーマーケットは儲かるためにあるわけだから、その場に適性で欲しがるものを陳列していると思うのね。田舎の人は田舎の人が欲しがるもの、都会は都会の人が欲しがるもの。だから、その点をもう少しビルディングタイプがいじられていると、もっとグッとくる。どうしても、このままポンと置くのでは、互いに500万ずつ出してつくろうとなった時に"いや、やるのはどうだろう"となりそうだから、その辺りをもう少しビジネスと割り切って表現しても良いかなという気がする。でも、アプローチは大好きです。

MOMOEDA's SESSION

百枝　これは、田舎と都市の2つで、それぞれが普段体験できない形でスーパーマーケットを設計しているということですよね。都市型では、あえて動物というか肉のようなものに触れるということを経験させ、田舎では抽象的な自分1人の心象世界に閉じこもれるようにしたんですよね。なぜスーパーマーケットにしようと思ったのですか？

大見　まず、スーパーマーケットという日常的にある建築物ということがまず1つで、その次に、スーパーマーケットにはもともと消費活動によって消費経験があります。その消費経験が奥にある心象空間へと誘導していくという構成を取るためにスーパーマーケットを選びました。

百枝　消費動線？

大見　人間がスーパーマーケットで消費する時のスーパーマーケットをまわる……。

百枝　ものを順に買っていくということですかね。

大見　はい、そうです。

百枝　ちなみに、スーパーマーケットは建築という感じがしますか？　なんていうか、建築物として大学ではあまり教わらないですよね。

大見　今回、心象空間を日常に入れることと、もう1つやりたかったのが、今のスーパーマーケットを見つめ直すということです。本質である加工現場がバックヤードに隠れてしまって、ただものが並ぶような空間になってしまっているけれど、この空間になっているために、ネットスーパーなどに存在が脅かされているのかなと思いました。今回そこを脱却するために新しいスーパーマーケットとしての発見をできたら良いなと思ってしました。

百枝　なるほど。僕は今、スーパーマーケットを設計しているので、そういうコメントはすごく勉強になります。あと、建築としてのスーパーマーケットを唱えるというのは僕らの世代ではなかなかなかったので、自分の着眼点を信じて進められているので面白いと思いました。

所有と脚色

現在の住宅を省みる。まず先に箱を購入し、それに見合った家具を搬入する。無意識のうちに与えられた住環境を受け入れ、うまく住みこなしているつもりである。このように画一化した住宅を変革するため、家具といった所有物に注目した。自身の必要性から用意された住民の所有物を机を中心として先に配置し、それぞれに脚色を加える。住民の主体性を写す所有物は踊り出し、より自由で明るい"マイホーム"を獲得することができる。

ID32

北垣 直輝
京都大学工学部建築学科B4

Answer 1. SketchUp, 手描き　2. 10万円程度　3. 7〜8ヶ月　4. 所有物　5. 構造主義　6. みんなの森 ぎふメディアコスモス　7. 真剣に悩んでいます。

TAKAGI's SESSION

高木 これは所有物の手前にその人の趣味のようなものが、もっと手前にあるのかな?

北垣 中心が円卓となっていて、円卓に関連するものは円卓に近づいてくるので、円卓が境界条件というのが決まりで、プライベートなものはより奥に行って、そうでないものは視線の前にという配置計画が行われます。それで、その後に脚色を加えるというような……。

高木 この想定というのは、ミニチュアだったっけ? ものの趣味というか、コレクションのようなものがはっきりしている人なのだと思うのだけれど、ものに反映しない趣味嗜好のようなものには関与しないのですね?

北垣 そうですね。例えばどういったものを持っているかという偏りとか人格。人格はそういうものに現れると僕は考えているので、大きい差はないかもしれないですが、偏りというものが生まれるので、そういったものが暮らしの空間として現れるのではないかと考えています。

高木 その時に円卓はその中心になるということですね?

北垣 そうですね。家族の象徴としての意味もありますし、生活の基盤という意味もありますし、そういった意味で中心になると考えています。

POSTER SESSION

NAKAGAWA's SESSION

中川 この円卓を中心に、家族の所有しているものは家族の歴史そのものだから、そういうものに囲まれていることから設計していこうという提案だと思うのですけれど、それの中心的な役割として円卓がありますよね。そこまではわかりました。実際の家の設計が具体的にされていて、途中から隣と端数の家があるから3軒ぐらい設計していると思うのですが、円卓がある以外の家にはこのように設計されるというルールはあるのかしら?

北垣 円卓が何でしたっけ?

中川 円卓がある住宅の設計する時には、円卓があるというルールがあるじゃない。3軒設計するなら、今回の提案の場合だと、3軒とも円卓を持つというルールはありますよね? 円卓がある以外のルールはあるのですか?

北垣 そのレベルの所有物に対して操作を行うということで、円卓をつくるという操作が行われているので、例えばベッドであれば天蓋のようなものを設けて、神秘性を上げてベッドのあるべき姿というようなものをそれぞれ発見していき、それぞれの所有物に対してそれぞれの脚色を加え

ていくというような設計をしています。

MOMOEDA's SESSION

百枝 机に着眼して全体を設計しているのですか?

北垣 今持っている所有物を机との位置関係から再配置して、脚色を加えてプラスのものをつくるという……。

百枝 この屋根の丸いのは何ですかね?

北垣 今回は円卓を暮らしの中心にしていて、象徴性を高める脚色として用いています。

百枝 机にあまり目がいかないのが、僕はもったいないような気がしているんだよな。

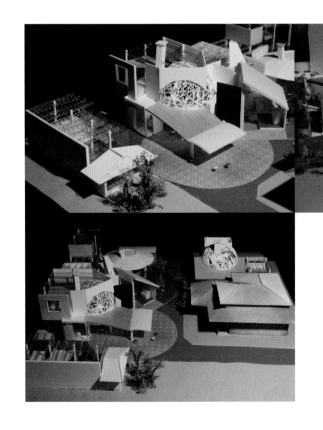

池袋サンクチュアリ　― ゴミと共に歩む ―

近年世界各地で環境問題に対する意識は高まりつつあり、時代と共に変化し賑わい続けてきた高密都市豊島区・池袋において、ゴミと共生する未来を再考する。循環型社会が進む中での清掃工場を、多種多様な植物・動物・人間が集まる「池袋サンクチュアリ」として設計する。清掃工場に集約した物質、またそこで発生した物質を「資源」と捉え、それらを生態系や文化芸術、盛り場へと有効活用することで「資源」は循環していく。

ID33

赤間 悠斗
上柿 光平
髙橋 和希

早稲田大学創造理工学部
建築学科B4

Answer 1. Illustrator, Photoshop, Rhinoceros, AutoCAD, ArchiCAD, 手描き　2. 20万円程度　3. 6〜7ヶ月　4. 楽しそうな感じ。　5. デベ　6. 武蔵野美術大学図書館　7. 建築系

高木　かなり技術的な提案が根底にあると思うんですよね。ものの循環、エネルギーの循環、廃棄物の循環。それで、本来はもう少しそれぞれ大規模に行ったほうが合理的なものですよね。それをどうして都心のど真ん中、地価の高いところでやるかというと、先ほど言っていた、要は、デモンストレーション的な意味合いですよね。本当はこのような小さなところで生ごみをコンポストでやるとか、都市中の生ごみを集めてここで再生させるとか、おそらく不合理じゃないですか。でも、デモンストレーションだからやるということでしょう？

髙橋　そうですね。あともう1つの理由としては、現状、燃えるごみとして生ごみも一緒に燃やしているのですが、生ごみをコンポストにすることで、燃焼効率を良くするといった意味合いを考えています。

高木　それも、都市の廃棄されるごみからすると僅かにしか処理できないので、全てはデモンストレーションのためということだろうと思う。もう少し、デモンストレーションとしての割り切りがあったほうが良いかなと思いますよ。この小さな空間をこれほどに仕切って別世界をつくっているけれども、実際は不合理なんですよね。ただ、世界としてはわかります。本当はもう少し地球規模で起こっているリサイクルをここにギュッと押し込めましたということならわかるのですが、おそらくそこに、ものすごいリアリティとのずれがあるような気がしますね。ちょっとアンリアルな感じがします。

古森　1つ1つのコンテンツの内容はよくわかるし、盛りだくさん。なんとなく幕の内弁当という感じになっていて、しかも、それぞれできあがったものがどこから来たのかがわからないみたいな。本当にできるのか、ちょっと怪しい。オークションとか本当にできるのかというのもあるし、うちもコ

POSTER SESSION

ンポストをやっているけれど、コンポストから野菜をつくるまでのプロセスは結構大変なので、そこから主婦が賑わって買うほどのものができるのかとか、結構大変よ。

髙橋　全体で延床がたしか2,800㎡くらいあるので、かなりの収穫量を見込めるのではないかという。

古森　いや、コンポストからできるのは土だけで、野菜はならないよ。今僕も野菜を育てているけれど、本当微々たるもので、それがどのようなストーリーなのかもよくわからない。1つ1つはどうでもいいのだけど、全体を総じて何か建築的なメッセージはある？

髙橋　建築的と言いますと、最初に言った"もったいない"というのを日本がもっと促進していくべきだというのがあり、ゴミ焼却炉を起点にそういった環境提案をやっていくことができるのではないかと。

古森　大学の授業でもよく言うのだけれど、企画は電通の人がやるし、やれる人は他にもいるわけだから、そこは競ってもしょうがないというか。でもそこから先の、建築家として何をやっているかを見たいのよね。企画の提案の競争じゃないから。あくまで君の建築家としての表現をリクエストしているんだよね。それは何なのか？

髙橋　建築として行った1番大きな操作としては、スロープ状に形成することで、一続きにさまざまな生態系をスロープで巡っていくという部分が新しい提案で面白いことじゃないかと。

百枝　これはリノベーションですか、新築？

髙橋　新築です。中の機械はそのまま使うことになっています。

百枝　中の機械？もともとここには何かあったの？

髙橋　もともと都市の清掃工場が建っています。

百枝　機器だけ使うということですか？

髙橋　機器と、現在入っている柱の間隔などを利用します。

百枝　この内部空間全体はコンプレックスで、ギャラリーなどがいろいろ入っているのですか？

髙橋　はい。内部空間はギャラリーだったり、アーティストたちの工房になったりしています。

百枝　なるほど。このアーチはどのような理由ですか？

髙橋　清掃工場なので大型の機械を内包しつつ、屋上全てを公園にするので、土を耐久させなくてはいけないということで、アーチ構造を用いて作成しています。

百枝　土で？

髙橋　土で仕上げていて、RC×土という構造提案をしています。

百枝　土で仕上げをしているだけなのですか、それとも構造にするのですか？

髙橋　RCでシェルをつくり、中に土がおりるようになっています。

百枝　緑化するためにか。でもこれ、アーチがぶつかる頂部は緑化できないということになるのですか？

髙橋　頂部は通り道のようになっています。

仕掛ける躯体
── 渋谷のアジールをたちあげる ──

昨今渋谷は数々の規制に制御され、人や文化がごちゃまぜな存在として更新され続けてきた魅力は失われつつある。制御に対していき過ぎた暴力的な自由は街を乱し、さらなる規制をよび両者はいたちごっこを繰り返す。本計画では、雑多なままの渋谷をすくいあげ、その新たな在り方を考えた。過密な都市に穴をあけ遊具を与えるような操作を施す。行為や領域を能動的に選択し、人々が思い思いの居方をつくる仕掛けとなる建築を息づかせる。

ID34

野田 夢乃
早稲田大学創造理工学部
建築学科B4

Answer 1. Illustrator, Photoshop, Rhinoceros, Grasshopper, 手描き 2. 10万円程度 3. 2〜3ヶ月 4. なんか気になる、と思わせるように心がけること 5. 音楽、料理 6. 世田谷区役所など 7. 保留

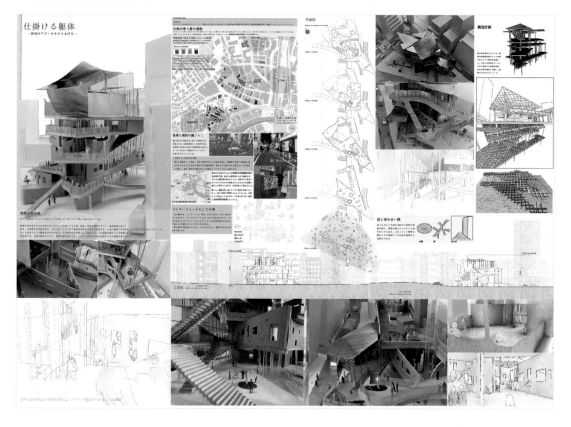

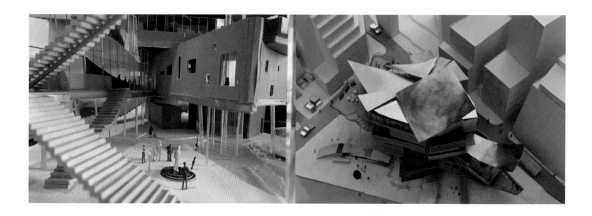

高木　これの機能は公園ですか？

野田　公園とは言わないのがミソというか……。

高木　では何でしょう？

野田　公園と言うと、渋谷においては渋谷らしさを排除する要因の1つになってしまうので、公園と言わずに建築としてつくることで、いわばそれを回避しているという側面もあります。

高木　これを公園と言っても、階層を持った建築なので、既存の公園とは違うようにしか捉えられないから、公園と言ってもそれほど悪くない気もする。でも、公園であれば行政がお金を払ってつくることができるのですが、ここは誰がつくるのかという、リアルな社会における前提が見えないんですよ。誰がこれにお金を払うのか。商業空間であればテナントとしてペイしますとなるけれど、商店が入るわけではないんでしょ。ということは、公園というのかフォリーというのか。要するに、特定の役割を持っていないということだよね。もう少し前向きにこれが成立できる要因のようなものを匂わせて欲しい。

野田　私は、行政が建てることを考えていました。

高木　では、そう言った意味では公園に近いよね。具体的な意味ではなくて、概念的にそういうことだよね。公の人が使える広場のようなものだよね。そうなったら公園には公園の、日向ぼっこしたり、ちょっと休憩したり、ベンチに座ったりという、暗黙の了解があるのですが、それを成立させる。この建築の場合は、建てないよりも建てるほうがどのように良いのかが、建築が好きな人のためのフォリーになって終わっている感じがするんですよね。

野田　形とか寸法を細かく操作しており、いろいろ使われるようなものをたくさん散りばめているのですが。

高木　逆に、大きな都市の遊具などが言葉に

POSTER SESSION

よってわかると、何とかなりそうな気はするんですよ。だけど極論、お金的に成立しづらい状態なので、そこが全く見えないとやはりファンタジーなんですよね。そこが気になりました。まぁ今後の種にしてもらったらと思います。

古森　とても感心しました。渋谷がそのまま1つの建築になったみたいで、魅力的だと思います。

野田　ありがとうございます。

古森　これの対象は若者だけなのかな？

野田　いや、若者だけに絞らないことにしています。渋谷を構成するのはいろいろな層の人々と捉えていて、渋谷というグチャグチャなものをつくっている要素を全て弾かないで、どのようにその状態を守っていくかにトライしたという感じ……。

古森　用途は何なのかな？

野田　用途として特定のものを定めていなくて、一応ここに劇場施設を入れているのですが、別にこれで収益を回したいという話ではなく、どちらかというと、それこそ公園の遊具のように、ある種歩道橋のような……。

古森　そうすると、これは公共建築なんだね？

野田　はい、そのつもりでつくっています。

古森　公共建築だと、税金でつくるから皆の利益にならないとダメで、皆が喜ぶものにしなくてはいけない。最後の質問になるけれど、先ほど世代は関係ないと言っていましたが、仮に年配の人とか若者以外の人はどのように使ったら良いのかな？

野田　渋谷という街は、住んでいる人が多い街ではなく、そこに訪れる外部の人が多いと思うのですが、行政機関というのは、例えば地方の街だったら住んでいる人を対象に──。

古森　これ長くなりそうだな（笑）。ちょっと長く

なりそうだからここまでにするけれど、そこがもう少しクリアになることを期待しています。

百枝　すみません、ところどころ聞きそびれたのだけれど、おおよその概要はわかりました。これは渋谷のどこでしたっけ？

野田　渋谷のセンター街を抜けた交番があるところです。

百枝　全体としては、それほど大きくないですよね。

野田　それほど大きくないです。

百枝　この屋根の銅板は、どのようなイメージなのですか？

野田　先ほども少しだけ話したのですが、いろいろなところから入れるようにしています。正面をあえて1つに定めないことができる敷地だったので、その動線のようなものが表されるような形にしたいというのが理由の1つです。銅板で構成したことで、映り込む敷地があり、それが各面で傾きもサイズも幅も違うので、都市の個性のようなものを映し出すのではないか、その時々によって変わった表情を見せるのではないかと。

百枝　他の床も同じようなイメージでつくっても良かったのではないかと思うのですが、どうですか？　屋根のイメージが近いものであれば、断面も全部、壁と床が繋がったような、妹島和世さんが日立市新庁舎で屋根の形状を設計したようなものとか。それは床ではやっていなかったと思うのですが、これは床と屋根が切れているのがもったいない気がしました。

野田　あえて壁を立ち上げ、インターフェースなところに意味があるのではないかと表現してみました。

百枝　壁を天井まで上げなくても良かったというか、それは可能ですよね。

野田　そういう意味では、屋外と屋内の繋ぎ方をいろいろな方法で取っていきました。

サカリバヤクバ
― 包摂と共存のパブリックライフ ―

ID36
平田 颯彦
九州大学工学部建築学科B4

Answer 1. Illustrator, Photoshop, Rhinoceros, ArchiCAD, LUMION 2.5万円程度 3.1〜2ヶ月 4.ビジュアルで考えを伝える 5.社会学 6.Israels Plads, 豊島美術館 7.居場所をつくる仕事

都市や建築によって分断された社会や、不可視化された弱者と排除を問題として提起する。今まで社会的包摂に貢献してきた都市機能である盛り場と役場を複合し、コミュニティを育む二大性格である匿名性と祝祭性を組み込んだサカリバヤクバを計画する。街に分布するエダと拠点としてのヒロバという二種類のサカリバヤクバによって、全ての市民の居場所の獲得や相互理解といった包摂と共存のパブリックライフを目指す。

あらゆる市民が包摂され共存する魅力忘のヒロバ

01 問題提起 都市の個室化・弱者の不可視化

02 コンセプト サカリバヤクバ ―包摂と共存のパブリックライフ―

03 敷地 福岡のサカリバたる大名

中川　"ヤクバ"というのが、普段の日常生活と距離があるから、"エダヤクバ"になったり"ヒロバヤクバ"になったりして、利用者に用がなくても訪れるような場所になったり、より公共的な役割を持つ場所になったら良いのではないかという提案だと思うんですけれども、今の提案の中で、その利用者の人が快適になることは良くわかったし、街の機能を改善するだろうなということも良くわかりました。でも、一方で役場というのは、市庁舎のコンペなどの場合でよく言われるのだけれど、ほとんどオフィスビルなのよね。だから、オフィスとしての新しさがどこにあるのかが、実務のコンペの時は結構問われたりする。その時に、平田くんの提案が、オフィス空間としてどのように新しいのかというアイデアがあれば教えていただけますか？

平田　僕としては市民目線からつくってしまっているので、少しおろそかになっているところはあるのかなとは思うのですが、それでも、市民と職員の方の働き方というのはだいぶ変わるのかなと考えていて──。

中川　例えばどのように変わる？

平田　結構分棟されていて、働く効率としてはちょっと落ちてしまうところがあるかとは思うのですが、その中をリモートワークなどの電子的な扶助によって働き方を補助しつつ、市民との接点が増える。実際の市民生活の現場を眺められるとか、日常の食事なども、職員の方が広場まで降りて一緒に食べるとか、そういったところで市民との距離が近づいて、より市民目線から考えられるようになるという点では、働き方としてはすごく新しいのではないかなと思っています。

古森　場所が僕もすごくわかるので、このようなものができたら本当に豊かになるなと感じました。それで、まだちょっと理解できていないのが、2つの役場というのが何かな？"エダヤクバ"とヒ

POSTER SESSION

ロバヤクバ"があるんだね。

平田　"ヒロバヤクバ"が今の中央区区役所の敷地と全く同じ場所に建てるもので、少し拠点的な機能を持つ大きなものとして捉えていて、それらに対して街に6つほど小さな役場の支部局のようなものが、街中に分布していて、その分布している小さな"エダヤクバ"というものが、"サカリバ"に根付いているコミュニティの活動に寄り添っていく。それで、そこでの窓口相談業務を通じて、なかなか今行政にアクセスできていないような人たちが、市民サービスにアクセスできるようにするというのが"エダヤクバ"の目的です。そういった方々がある程度社会への持続を獲得したり、市民サービスを享受できたりするようになった段階の次のステップとして、自分と違う社会属性の集団の方と共存していくための距離感を保つ場所というのが"ヒロバヤクバ"という大きなオープンスペースを備えた役場になっています。

古森　なるほど。今でも役所の支所はたくさんあるじゃない、駅前とか。小さな窓口はすでにいくつかあるから、それとどう違うのかな？

平田　自分が役所の小さな支所をあまり把握できていなくて、リサーチ不足ではあったかもしれないのですが、僕がこの"エダヤクバ"でどういったものを想定しているかというと、子育て支援の相談窓口であったり、外国人の方の就労支援だったり、高齢者の方のサポートだったり、それぞれの相談機能を街に分布させるという形です。

古森　よくわかりました。残りのクリティークの人に、1つだけこれから説明してもらいたいとしたら、これが今までと、どのように状況が変わっているのかが完璧にはつかめなかったので、その辺りを説明すると。時間を長くもらえればわかったのだろうけれど。それぞれは今ある機能で、市役所のそういう部署のようなものがそれぞれの建物になったような感じ。これによって良いことがどう起こるのかを、もっと聞きたかったな（笑）。でもす

ごく感心しました。

百枝　具体的な平面などは今から見せてくれるのでしょうか？

平田　こちらでよろしいでしょうか？これ以上のという意味ですか？

百枝　これでも良いですけれど。"ヤクバ"とは、いわゆる役場のことですよね。公共的な役場ということですよね？

平田　区役所みたいな。

百枝　そこをより開かれた場所にすることがテーマでしたっけ？

平田　それでも間違いではないのですけれど、1番はあらゆる市民の人が過ごせる場所が都市の公共空間だと捉えていて、いろいろな市民の過ごす場所を役場と"サカリバ"という機能のそばにつくるというのが本筋です。

百枝　この外部は積極的に設計されているのですか？

平田　外部を基本的には力を入れて設計しています。

百枝　パースをもう一度見せてもらえますか？どの辺りに力を入れているんでしたっけ？

平田　広場の中央に向かっているところや、最初にダイヤグラムで説明したようなところが1番力の入っているところですかね。

百枝　ダイヤグラムはわかるのだけれど、実際にできている空間を見ると、人が集う場所がパッとわからなかったかな。何か小さなスペースがあると良いのかなと思う。大きなランドスケープがあるのはわかりました。小さなヒューマンスケールの場所が外部にも設計されると良いのかなと思いました。

平田　広場のほうではなく、小さなコモンズのようなもの、"エダヤクバ"というものを街に分布してつくっていけたらと考えて設計しました。スケールの違いについては、意図的に設計している部分ではあります。

キリカブシェルター

林業の衰退によって日本の森は荒れ果てた。自然を支配しようとする20世紀の建築に対して、未来の建築はどうあるべきか。自然の物でも人間の物でもないキリカブをメタファーに、森を甦らせるための建築を考える。森を透かす籠のようなシェルターの内部に入れ子状に機能を配置することで、中間領域では人間と自然がせめぎあい、森の手入れの拠点から、約100年の年月を経て人間が森の豊かさを楽しむための拠点へと変化していく。

ID40

長田 遥哉

神戸大学工学部建築学科B4

Answer 1. Illustrator, Photoshop, Rhinoceros　2.15万円程度　3.5〜6ヶ月　4.全体の構成がわかる平面図を大きくしたこと。　5.都市、物流、林業、農業　6.バウスベア教会　7.設計

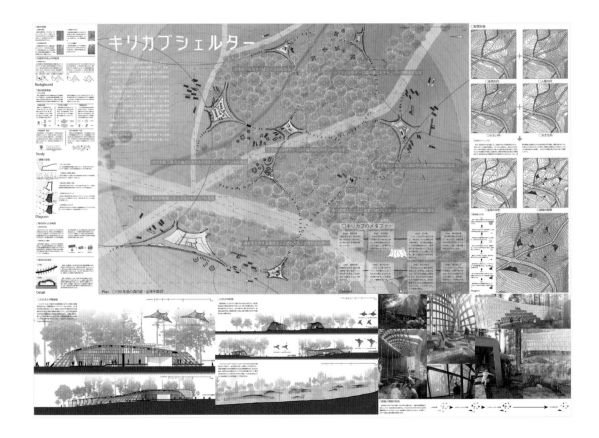

高木　どうして"キリカブシェルター"なのですか？

長田　切り株というのは、建築が人間と自然の関係性を表していると考えており、例えばモダニズムの建築、今のオフィス空間だと人間は自然を排除して制御しようとしている。それに対して切り株は、人間が木を切るために行った操作の副産物として残っており、人間と自然の中間のどちらにも属さないものとして森に残っている。人間のためだけではない建築が可能かどうかを提案したくて"キリカブ"という名前を付けました。

高木　僕が捉える切り株のイメージは、あなたが言うように人間が完全にコントロールしきっていないところですよね。一方建築というのはある程度自然のコントロールを強めないと建築にならないわけですよね。それで、そのコントロールを強めていくのではなく、ある意味弱めていく作業と考えた時に、木造は今ものすごく、いろいろな人がいろいろ考えており、その調整がものすごくできるんですよ。どこまで人間がコントロールしていくかというのは調整面、ものすごく段階があるんですよ。それで、そうした時に間伐材を使うと言ったけれど、間伐材による集成材を使っているじゃないですか。

長田　間伐材は一応ジベルで結合し、接着剤を使わずに細かい木材から形成しようと考えています。

高木　ではエンジニアに。これにも程度があるということね。この辺りについては1、2分では話せないのだけど、切り株と言っているわりにはエンジニアリングがものすごく働いているような気が少しします。この構造も、そういった意味では建築然としている気がします。

長田　僕の切り株のイメージとして、もちろん人間がたまに手を加えていないという意味もあるのですが、森の中に水平面が表れていて結構構築的だと思っています。ただ建築はどうしても構築してしまうものなので、今の建築から次のス

POSTER SESSION

テップというか、完全に自然に任せるというよりかは、新しい人間と自然の関係を示したいと考えていて、構築してしまっているという意味では、一応意図的である部分があります。

高木　ボリュームのことを言っているのではなく、木の使い方が少し気になる。林業における木材利用の歩留まりという言葉を知っていますか？

長田　はい、効率ということですよね。

高木　どれくらい丸太のまま使うかというところも絡んできて、ちょっと説明できないけれど、他にもやりようがあると思いますね。もう少し林業のことを考えると、落としどころはあるような気がしますね。ただ、良いところを突いています。だけど、やるからにはそこにもう少し入り込むべきだと思います。これはやり続けてくださいね。

中川　計画の目的や、つくる意味のようなものは良くわかったのですが、実際に建物をつくる時に、なぜこのような建物の組み立て方にしているのか、架構にしているのかがちょっとわからなかったので教えていただきたい。立体格子で組んでいますよね。なぜ立体格子なのだろう。

長田　林業の問題として木材の利用方法がないので、その間伐材を利用したいのがまずあり、次にシェルターという形で外を囲ったのは、空間を囲い込むことで人間が完全に制御しようとしてしまっていることに問題意識を感じたからです。それが今の森の荒廃とも関係していると思ったので、建築の空間が人間のためだけでなく、例えばこの断面の地面は森の土が残っている部分もあり、その空間を自然と人間が共存していることが、森と人間のこれからの関係性を伝えられる空間になると思ったので、森が透けて見えるようなシェルターという形にしました。

中川　この建物は、屋根はあるのですか？

長田　そうですね。間伐材で組んだシェルター

の外にETFEという半透明の膜をかけているので、雨風は凌げるようになっています。

百枝　間伐材はパネル状になるのですか？

長田　間伐材は、森の中で今余っているものが直径150mmくらいのものなので、それをジベルで結合して板材をつくる想定です。

百枝　集成材ということですか？

長田　集成材と違うところは、接着剤をたくさん使っていないところで、接着剤の会社が儲かって森に利益が入らないのは避けたく、できるだけ接着剤を使わないように板材を構成しようとしています。

百枝　ジベルが不勉強でわからないのですが、これは何ですか？

長田　金物で木の——。

百枝　引っ張って留めるのですか？

長田　両側に釘が出ているような状態で、打ち込んで嵌っている状態です。板材に圧力がかかるので、全体として、このような構造が圧縮されて結合しています。

百枝　この板の材料のつくり方、グリット状の架構は相性が良いんですかね？ この建物全体が大きな、こういう方向で面ができているじゃないですか。

長田　構造としては一応圧縮力が自重にかかるから成り立つものと、板に構成させた理由として、森に対して板がさまざまな方向を向くことによる空間の変化を狙ってつくりました。

百枝　なるほど、透明なのはガラスですか？

長田　ETFE膜を想定しています。

百枝　もうほとんど外のような空間ですよね。材料から組み立てまで良くできていて、総合力が高いのだろうと思いました。

螺旋が紡ぐ過去と今
～近代化を支えた炭鉱の記憶～

現代の日本は既存のものを乗り越えようとする新しさの希求から建築の歴史感覚が短く、歴史を消費しているように感じる。しかし、乗り越えるために歴史を消費していくのではなく、長い時間や歴史を場所に記憶する建築にしかできない力を生かし、歴史的時間を連続的に積み重ねて未来へ引き継いでいくことに意味があると考える。そこで、近代産業遺産の記憶を過去から引き伸ばして現在と紡ぎ合わせ、未来へつなげる空間を提案する。

ID41
日高 拓哉
福岡大学工学部建築学科B4

Answer 1. Illustrator, Photoshop, Vectorworks, ArchiCAD 2. 2万円程度 3. 9～10ヶ月 4. 炭鉱らしさを表現した色使い 5. テクノロジー 6. ホロコースト記念碑 7. 建築関係

TAKAGI's SESSION

高木　この平面の造形は人間が歩いていく形ですかね。グルグル回りながら一筆書きで歩いて行けるということですかね。

日高　はい、そうです。

高木　なかなか良い散歩道になる感じがしますね。ただ、これは本当に回遊する機能はありますか？

日高　どういうことですか？

高木　全部がギャラリーであればそうなのだろうけれど、実際の機能的には何が入っているのですか？ギャラリーはあったけれど、他には何が入っているのですか？

日高　こちらが研究施設、こちらがものづくりの場、こちらが福祉に関する施設、そしてこちらが学習の施設になります。

高木　では遊びに来た人がグルッと見て回れるということなのかな。

日高　そうですね、こういう動線があるので坑道をイメージした空間を楽しみながら、半地下に潜るとか、櫓が見え隠れするとか、そういう楽しさがあるかなと思います。

高木　先ほどコンクリートの削り出しと言っていたけれど、他には素材の提案はないのですか？

日高　もともと崖地だったのを、地域と周りとの接続が悪かったので、なだらかにするために土を削り、ランドスケープデザインの丘に土を利用するとか、展示空間の土の表現に再利用するなどしました。

FURUMORI's SESSION

古森　1つ1つの空間を、炭鉱の中に入ったような空間をイメージしてつくっていると思うのだけれど、それは合っているんだよね？

日高　はい、そうです。

古森　ちょっとわからなかったのが、この渦巻きのような形はどこから出てきたの？

日高　そうですね、1つは、現状として櫓が建っ

POSTER SESSION

ているけれど、その周りには人々が全然いないので……。

古森　うん、僕も場所はよくわかる。

日高　それで、櫓の周りを人々に回って欲しいことから、この機能のゾーニングをもとにそれらを繋ぐように計画しました。

古森　でも君以外の人が計画したら、このような形にはならなそうじゃない？

日高　そうですね。

古森　これは君のセンスではないの？

日高　この櫓の垂直性と、僕がつくった建物の水平性を対比させることによって、この櫓との関係が補完されて、この相乗効果が生まれるのではないかと思いました。

古森　それがすごく素敵だね。ただ、この形は君のセンスがすごく立っていて、果たしてこの形が正しいのかどうかは共有したいね。建築はお客さんに説明したりいろいろな人に共有したりしないといけないから、ここに来た人に、どうしてこのような形になったのかをしっかりと説明したいよね。それが君のセンスに委ねられている感じがしたし、このような形になる必然性がどこかに説明としてあると納得できると思いました。でも中の動線とかコンテンツなどは非常に魅力的なので、この形の説明がもっと説得力を増すともっと良いのではないかなと思いました。

MOMOEDA's SESSION

百枝　炭鉱跡地はよく見るのですが、この有機的な平面はどのように決められるのですか？

日高　過去の施設の配置をもとにある程度ゾーニングを決めて、それに対するデザインとして、人々が施設に介入できるように三角形の敷地の軸性や、周りの炭鉱住宅の軸性に対して広がるように考えました。さらに、炭鉱なので坑道のイメージで無限に広がっていくイメージを一筆書き

でデザインしました。

百枝　平面とかは、炭鉱のもともとの形状とは関係ないのですか？

日高　そうですね。この立坑櫓の幾何学性とのある種の対比だったり、直線の対比だったりなどを意識しました。

百枝　もともとの形状と離れ過ぎている気がして、結構な違和感があるかな。炭鉱にある空間性の再開発策でいいのかなと思ったのですが。

日高　炭鉱のものを現代に持っていくと、重たい空間のようになって地域の人や外部の人が寄らないので、ある種、巡るといった1つの楽しさを曲線で表現して、それを人々が感じられるようにしました。

百枝　RCに穴を開けるといったパースや模型写真を見ているのですが、これは結構重くないですかね。

日高　こちらは模型ですので、そういった空間を表現しているのですが、ものづくりなどの場所は違う素材で表現しています。

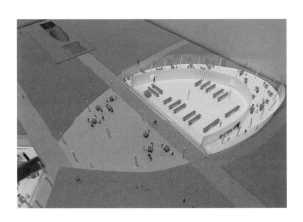

薩摩焼の記憶
― 微地形に建つ建築が再掲する ―

ID42
築瀬 雄己
熊本大学工学部建築学科B4

Answer 1. Illustrator, Photoshop, 手描き　2. 4万円程度
3. 2〜3ヶ月　4. 見やすさ、インパクト　5. Youtube、海外
ドラマ　6. 地中美術館、豊田市美術館　7. 組織設計事務所

400年以上の歴史を持つ薩摩焼の里"美山"には現在11の窯元が集まる。傾斜地ならではの整備により石垣や塀がつくられ外との繋がりが薄まったこの地に、微地形を生かした薩摩焼のギャラリーを計画する。木軸と水平スラブの構成は微地形を生かす・可視化する"ものさし"となり、この地に新たな空間体験や魅力を創る。この建築が窯元と外とを繋ぐひとつの橋渡しのような役割を担い、施設を中心に薩摩焼の歴史・作品が残るだろう。

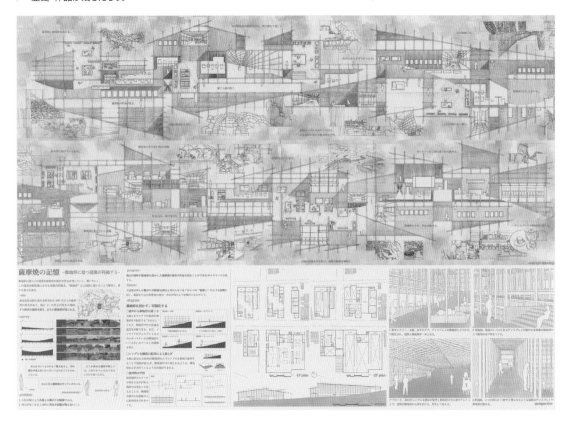

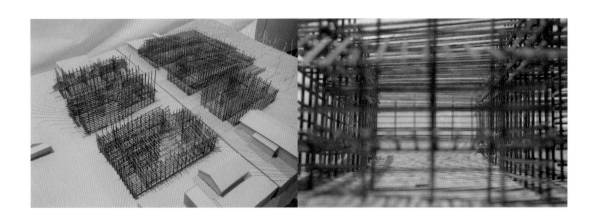

TAKAGI's SESSION

高木　微地形という言葉が何回言われたかな、すごいね。いかに既存の斜面と建築が面白く関係しているかということだよね。見えているパースはわかりましたが、建築内部の床の地面は何でしょうか?

簗瀬　建物の内部は、スロープと地形はそのまま利用して……。

高木　土のままですか?

簗瀬　はい。ギャラリー部分はそのまま利用して、その他の施設などの場所はモルタルなどでその地形を引き継いでいます。

高木　良い図面をたくさん描いていますが、もっと必要な図面があると思う。全部が土ではないのなら、どこが土で、どこが何の素材を使っているかというのを、建築と地面が接するところの断面など、地形のところの情報を示す図を描くべきだったね。パースでだいたいわかりましたが、仕上げはわからなかった。微地形が100回くらい出てきたから(笑)、そこをもう少し知りたかった。意外と、建築と地面の接点は実際の設計でも重要なんですよ。そこが気になりました。

NAKAGAWA's SESSION

中川　質問なのですが、その微地形というのは、敷地全体で高低差がどの程度あるのですか?

簗瀬　これが1mおきに等高線を記したもので、だいたい8mか10mあります。

中川　そうすると、何分の1の勾配なのですか?

簗瀬　1/12からで、%で言うと5%から10%の傾斜があります。

中川　そうすると、微地形というかそれなりに地形だよね。

簗瀬　はい。

中川　地形には方向性があるじゃないですか、こちら側に向かって上るというような。それを建物の計画の中でどのように取り入れたかを、平面などで教えていただけますか?

POSTER SESSION

簗瀬　傾斜はこのようになっているのですが、建築の構え方は既存の集落から考えていて、見た目としては、あまり風景を変えないように、でも、ボリュームの中にある地形がいろいろな形で野性的な面を持って建築に入ることで、小さいディスプレイと干渉し合って融合するという形をとっています。

中川　うんうん。ちょっと不勉強で申し訳ないのですが、薩摩焼は他の焼き物と比べてどのような特徴があるのですか?

簗瀬　薩摩焼は鹿児島の焼き物なのですが、白薩摩と黒薩摩という2種類があり、この街としては薩摩焼という名のもとに11の窯元があります。独自でいろいろな種類をつくっており、小さい皿や大きな壺とかが多数存在しています。

MOMOEDA's SESSION

百枝　プログラムは何でしたっけ、ギャラリー?

簗瀬　薩摩焼のギャラリーです。

百枝　石垣はそのまま残すのですか?

簗瀬　残さずに、地形をそのまま引き継いで建築を建てていこうと思っています。

百枝　地面の勾配ということですね。模型も結構抽象的な感じだったよね。時間がなくて中はあまりつくれなかった、それとも、わざとなのかな?

簗瀬　軸組だけでつくるということで、コンセプト模型のような抽象的な感じでつくりました。

百枝　地形の話の時は、やはり壁が必要なんですかね。地面と屋根という関係が1番オーソドックスかと思ったけれど、壁も同様の扱い方にするのは気になりました。例えば西沢立衛さんの軽井沢千住博美術館を知っていますか?

簗瀬　知っています。

百枝　それは建築の床が斜めで、もとの地面のままで、屋根も平行でガラス張りなのです。地形をテーマにすると、屋根を地形にどのように呼応させるか、壁が同じ扱いで良いのかが気になりました。

オリンピック島
人類がオリンピックを諦めないための海上建築

過度に商業化した近代オリンピックを持続性の観点から再考し、「オリンピック島」を設計する。従来のホスト国ではなく、"ホスト地域" を島が接岸して廻るリレーのような新しい祝祭方法である。世界中の様々な敷地へ接岸するために、特定の建築様式に縛られない百の異なる形態の島をパラメトリックに造形する。接岸場所によって組み変わる島々は新しいスタジアム建築像である。海上移動するこの建築の共有が世界平和の象徴となる。

ID43

兵頭 璃季
二上 匠太郎
松尾 和弥

早稲田大学創造理工学部
建築学科B4

Answer 1. Illustrator, Photoshop, Rhinoceros, 手描き 2. 20万円程度 3. 1〜2ヶ月 4. 直感でわかる紙面 5. 政治・社会問題 6. 臥龍山荘 7. 設計職

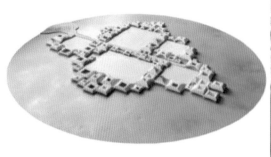

高木　なかなか衝撃的な提案ですね。議論の題材としては面白いですよね。

兵頭　ありがとうございます。

高木　1、2分では質問しきれないので1つだけ聞くと、既存のオリンピックから何を捨象して、何を取り上げて取り込んだのだろうね。捨てたものと拾ったものを明快に言ってくれる？

兵頭　既存のオリンピックが過剰に商業化し、オリンピックが国力を誇示するものに変わってしまったことで、まあ民衆と体制がそうなったこともあると思いますが、それらを排除して、これ以上土地を圧迫しないようにして新しい大規模建築をつくる、かつ、近代オリンピックが世界に広がったことでオリンピックというソフトは変わらなくても、その文化間で一緒に染まるという、臨場感や即時性のようなものは新しいオリンピックの形態でも引き継いでいきたいと思ったので、このような移動建築という形を取りました。

高木　経済はどう考える？

兵頭　オリンピック島の中にはホテルや飲食店のようなものは基本的に入っていなくて、飲食店が出店するような場所はあるのですが、食堂塔という場所があります。ただ、ここに来る観客は内陸からやって来てオリンピックを見る、そして宿泊施設などは内地側にあり、そこにお金が生まれることが考えられます。そして、また内陸から来訪するという。このように、立つ鳥跡を濁さずという経済効果を考えています。負の遺産が生まれないことを考えています。

高木　なかなか楽しいね。いや、僕も経済効果は存続しようかなということなのかなと思いました。いろいろ聞きたいけれど、ありがとうございます。ちょっと菊竹清訓さんっぽいよね。

兵頭　はい、参考にさせていただきました。

高木　菊竹さんも最後に遷都論を話していたけれど、本当に根本から変えようとしている。本当に面白かった、ありがとう。

POSTER SESSION

中川　オリンピック島はそれぞれの島が合体して、接岸によって形を変えながら移動していくという話だったと思うのですが、ここの護岸ではこのように組み替えるというのは誰が決めるのかな？

兵頭　例えば、2020年はアフリカ大陸の東岸部オリンピックということで3ヶ所接岸して巡るので、その度にフロアマップをつくって接岸方法を設定する予定です。

中川　その接岸方法を設定するのは誰なのだろう。毎回、島と一緒に浮遊して設計するのかな？

兵頭　それはIOCの運営団体やホスト地域の人たちが話し合い、自分たちの地形はリアス式海岸だからこのように接岸したら面白いかもとか、都市がグリッドだから、それの延長で都市を配置したら面白いかもということを話し合って決めることを想定しています。設計者がいなくても自由にできます。

中川　これほど大きい施設を護岸に接続する場合、どこでも接続できるというよりは、ある程度の規模で海際まで来られる動線が確保されるという意味で、世界中のどこでも接続できるのだけど、ある程度の規模となった時にある程度の接岸のルールがありそうな気が少しだけしました。そうすると、接岸の仕方に合わせた設計というのが、あらかじめシステム構築の時にもう少しあっても良いのではという気がしますが、それが私の誤読だったら反論してください。

兵頭　この建築は小さいものは10m×10mで、大きいものでも50m×50mなので、集まった時に大規模になるだけで1つの単位としてはとても小さいです。だから、100個全て使わなくてもいいので、バラバラに使うとかいろいろなバリエーションが考えられるので、ほとんどの海岸でこの建築を採用するのではないかと考えています。

百枝　これはどのように移動するのですか？エネルギーは？

兵頭　オリンピック期間中はこのように牽引を用いて、いくつかの島単位で集合して船で引っ張られて動いていきます。

百枝　期間外は？

兵頭　期間外に移動するものは、風の力を受けて漂うようなものもあれば、停泊して港で動かないものもあります。期間があるものに関しては、きちんと担保された移動方法で。

百枝　これは浮いているのですが、どのように安定というか静止するのですか？

兵頭　港の海底には船が停泊する用の杭のようなものがあるので、それで繋ぎます。島同士は図面からはわかりづらいのですが、波止場にあるロープのような繋ぐものをいくつか結んで、動線を管理することができます。

百枝　少しは揺れるけれど大丈夫という考えですか？

兵頭　例えば、フィールドに関しては周りの島が波を受け止めるような形になるとか、みんなで大きく面になることで1つが大きく揺れることはないと考えています。

にぎわいに沈む

― 道頓堀における劇場文化を介した旅人と住民の共生空間 ―

今日では旅は我々にとって身近なものとなり、それ故に、旅は日常的で軽薄な行為となって旅人と地域住民の関係を希薄にしているのではないか。本提案では、巨大観光地・道頓堀で現在も残る劇場文化を通じて、旅人と地域住民が相補的関係性をもちながら共生できる空間を目指した。この建築は、道頓堀の多様性と呼応する新たな賑わいを創出する舞台となり、さらには地域住民の生活を映し出す舞台となる。

ID44

尾野 拓海

神戸大学工学部建築学科B4

Answer 1. Illustrator, Photoshop, Rhinoceros, SketchUp, Cinema 4D, 手描き　2. 4万円程度　3. 4〜5ヶ月　4. 図面もパースもすべて手描き　5. 宇宙、地球環境　6. 東京カテドラル聖マリア大聖堂　7. 設計

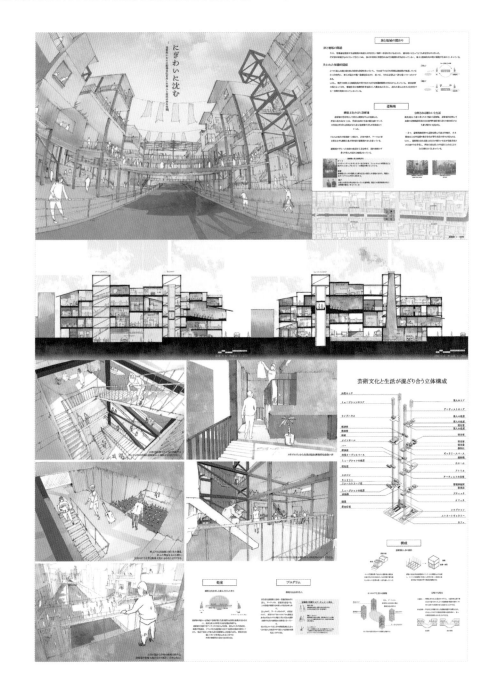

TAKAGI's SESSION

高木　敷地面積はどのくらいですか？

尾野　60×60ですね。

高木　3600ね。最後に劇場化していくというのは、目指すべき当然の結論だと思うのですが、それを建築としては最初に全部つくってしまうのですかね？

尾野　そうですね。ここは普段は川の裏側で、表側は上下に商店街があって人通りの多い道となっています。普段は川を繋ぐ橋として機能していて、そこが劇場のような形で、催事の際には使えれば良いかなと……。

高木　となると、おそらくポイントとなるのは、ものが最初からできていて劇場として成長し、それらの住まいといろいろな小空間の使われ方が成長していくということなのだろうね。それを促していくのが建築の何か仕掛けなのでしょうけれど、それは一言で言うと何でしょうか？

尾野　進化していくかはちょっとわからないのですが、こういったオープンスペースを居室と居室の間に広く取ることで、アーティストなども自由に使えます。鉄骨で構成されるのですが、そういったところにアフォーダンスを設けることでさまざまな使われ方がされていくのではないかと思っています。

NAKAGAWA's SESSION

中川　日常的に道頓堀にいる人が混ざっていく提案は、内外の境界線が物理的に隔ててしまうような状況をどうやって建築で混ぜていくかという課題もあると思うのですが、どこが内側でどこが外側という設定で工夫したことはありますか？

尾野　内が居住者で、外が旅行者ということで良いですか？

中川　いや、内部空間と外部空間という意味です。例えば、中米のキューバは年間通じて25℃くらいだから建物にガラスが入っていないわけ。だから、建物の内側のレストランと道が一体になっ

POSTER SESSION

ていて境界がないんだよね。尾野くんの提案もそのようなのが理想なのだと思うのだけれど、日本だとそうはいかなくて、内部空間と外部空間の境界をつくらないといけないじゃない。だから、混ぜ合わせたいという時に、物理的な境界にどうしてもなってしまうのを何とか乗り越えていく必要があると思うのですが、そのアイデアは何かありますかという質問です。

尾野　そこ自体にあまり工夫はできていないかもしれないですが、スラブに設けたオープンスペースが大事だと思っていて、そこが生活が増えてくる場でもあるから、そこをできるだけ大きくとろうとしました。

中川　では例えば、住居の直前まで旅人が来たりすると、内側と外側の境界はあるとしても、混ざっていると言える可能性もあるじゃないですか。その混ぜ合わせていくための工夫をもう少し詳しく教えていただけますか？

尾野　居住者の部分と旅人たちが使う部分は、レベル差を開けて視線や行為などは見えるのだけれど、直接的には交わりがないようにはしました。

FURUMORI's SESSION

古森　非常に面白い提案です。この前、通天閣に行ったら、おそらく施設の人が吉本の人なんだよね。それで、吉本の人がおばあさんに"修学旅行ですか？"って質問して笑わせたのね。これがなかなか大阪らしい光景で。この案は、アーティストはいらなくて、お笑いの人だけで構成したほうが良いのでは？アーティストとあとは何だっけ？

尾野　アーティストとミュージシャン、芸人ですね。

古森　芸人だけではダメなの？

尾野　現地をサーベイすると、道頓堀がジャズの発祥の地でもあり、そういったいろいろなもの

を巻き込んだほうが道頓堀の雑多感というか、それを出したかったというのがありますね。

古森　完全に興味なのだけれど、吉本などがこのようなレジデンスをつくって芸人を住まわせて、ホテルに旅行者が行くと芸人に気軽に話しかけられるというような。何か話したいのに話を聞いてくれる人がいないとか、話し相手がいない人が世の中にはたくさんいるけれど、ここに行くと芸人が話を聞いてくれるのでしょう？

尾野　そうですね。

古森　良いよね。僕は、アーティストとミュージシャンはいらないのではないかと思った。

尾野　それぞれのコアごとにいろいろな職業の人がいるから、それが空間の豊かさのバリエーションにもなるのではと考えて、このような提案になりました。

古森　君自身がここに行くとすると、やはりアーティストもミュージシャンもいて欲しい？

尾野　そうですね、空間としてはそのほうが面白いかなと思います。

古森　そうね。非常に楽しい施設なのだけれど、ものとして、建築的な楽しさは何かな？

尾野　コアが4つあって、それぞれコアを登るごとに道頓堀の賑わいと……。

古森　もちろんね、平面的な楽しさはよくわかるのだけれど、それが重層化する楽しさということ。重なり合って目線が通るという、いろいろなところに見る・見られるの関係が生まれるという楽しさ？

尾野　それもありますし、例えばこのコアが上下動線になっているのですが、登っていくにつれて賑わいと生活の景色がいろいろ変わるので、ここにあるのは賑わいだけでなく、きちんと人が生活しているという、生活の部分を見て欲しかったんです。

古森　なるほど。それは楽しいね。純粋に泊まってみたいと思います。

共庭都市

― 公と私の都市空間に対する共的空間形成の手法と実践 ―

地球環境の悪化と人口減少を迎える今、縮小のデザインが必要だ。日常の場を狭め、古くから生活の場の中心であった現在の都市に新しい住環境を整える。身近な都市である神戸三宮をケーススタディとして、道路と敷地という公と私に分けられることによって、都市にかけている「共」を、「庭」をメタファーとして手法化し、街と共に変化成長し、共に育て、街を支える共庭インフラとして実践する。

ID45

篠原 敬佑

神戸大学工学部建築学科B4

Answer 1. Illustrator, Photoshop, Rhinoceros, Cinema 4D　2. 10万円程度　3. 3〜4ヶ月　4. メインの絵の迫力と全体の密度　5. 映像　6. 筑紫の丘斎場　7. 建築設計職

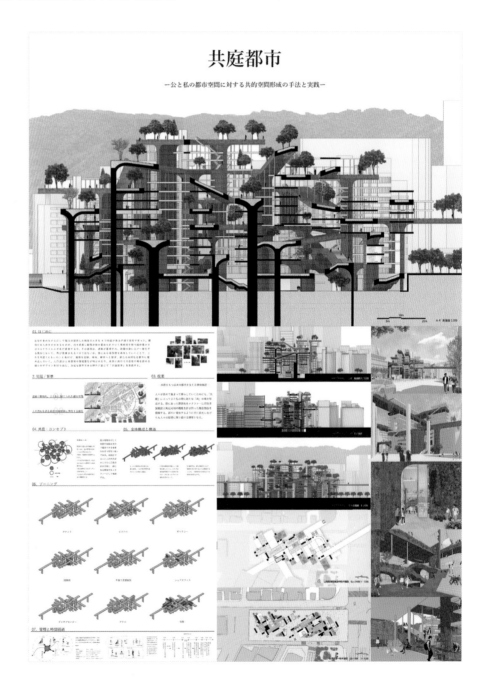

中川　"共庭"というキーワードがあったと思うのですが、庭と呼んでいるのはプレゼンテーションの時や今の画面に出ている緑色の部分のことですか?

篠原　はい、そうです。

中川　庭と内部空間の割合はどのように決めていますか?"共庭"というタイトルを付けていたので、わりと庭を主体とした提案なのかと思ったのですが、結構建物にボリュームがあるし、それなりに高層だから、悪い意味ではないのですが、タイトルだけ聞いた時の印象と違うと思ったんです。この建物全体の規模に対してどれくらいの庭があると、篠原くんが考えているその愛着や、最初に話された庭へのリスペクトが達成できると考えたのかを知りたくて質問しました。

篠原　途中で述べましたが、この機能床の部分は時代とともに、例えば、人口減少するとそれほど機能が必要ではないから減っていくようなことを考えていて、30年後の白い機能床を少しずつつくっていくというか、最大容量の形として図面とパースでは表れています。その状態で言うと、庭と機能床の部分がおそらく1:3、もしくは1:4くらいになるようなボリューム感だと思うのですが、そのボリュームの割合はあまり重要ではなく、どちらかといえば、その庭と機能の部分の運営の仕方とか、貫入していたり平行していたり含包していたりという関係性の方が大切だと僕は考えました。

中川　では、関係性という話が出たのでお伺いしたいのですが、庭の配置をするにあたって気を付けたことやアイデアはありますか?

篠原　はい、あります。基本的に庭の部分の全体構成を5つの手法と申し上げましたが、それによりできあがっているけれど、それを敷地で実践していき、敷地の形になっていくなかで、庭が外からの道の動線の一部となるようにするのと、さらにその庭を違う事業主同士でともに管理していくように配置していくことを考えました。

中川　庭と内部空間の配置にルールはありま

POSTER SESSION

すか?

篠原　今話したように、大きいコアや含包、並立、貫入している部分があるのですが、例えば、左上の模型写真は貫入型の関係性があるとか。

中川　なぜ貫入すると良いの?

篠原　貫入すると良いのは、庭と白い床の部分がもっと混ざり合って、さらに言えば、普通は白い床の部分が図で庭の部分が地になると思うのですが、それが反転していくような関係性が、庭を立体化するなかで生まれていくのではないかと考えました。

古森　本当にあると良いなと感じるのだけれど、実際にこれは公共建築なの?

篠原　先ほど申し上げた通り、庭の部分と白の機能の入っている床の部分、2つの構成となっています。庭の部分だけは先に行政がつくり上げていくのですが、その後、街に必要な機能が入っていく白い床の部分は、そこを使いたいという事業主がお金を出していき、そこに接する庭も事業主や利用する市民が庭を育てていくことで、行政から市民へと運営が変わっていくという流れになります。

古森　最初につくられるのは庭なんだね?

篠原　庭を最初に公園として使い始めて、機能の部分はゆっくりゆっくりとつくっていく感じです。

古森　なるほど。どうしても僕たち大人は、実際の工事で徐々につくっていくというのが難しいと思ってしまう。あとは最初の何も機能がない状態で公共として一歩を踏み出す時に、説得力がちょっとあると良いなと思いました。これがどうしても必要だというのがないと、最初のレンガの部分だけをつくる理由がないじゃない。

篠原　1つとしては、神戸という街が阪神淡路大震災で被災してから、どこか記憶のないようなタブラ・ラーサの状態にあると思っており、そのような場所で庭の部分が立体化し、それを自分たちで育

てていくという、新しい自分たちのアイデアを確立するためにも、この都心の中心部分において、このようなインストラクチャーが必要だと考えました。

古森　なるほど。それが愛着に繋がると。

篠原　そうです。自分たちで風景をつくっていくことが愛着であると考えています。

百枝　レンガを使っているのは何故でしたっけ?

篠原　レンガにしているのは2つあり、1つは耐水性に優れているからで、2つ目は都市の中でずっと残っている部分なのでエイジングがきれいなものが良いと思いました。

百枝　場所の説明をもう一度お願いします。

篠原　三宮の開発圧力の強い都心の部分です。北側がセンター街、南側が市役所などのオフィス街となっている用途地域境界上に存在する一街区になります。

百枝　三宮に限らず他の場所でもできる普遍的な提案ですか、それとも、三宮ではないといけない提案ですか、どちらですか?

篠原　手法の部分は普遍的に応用可能となっていて、実践の部分として敷地の読み取りから形が生まれるので、場所によって違うものとして立ち現れるようにしています。

百枝　説明も絵も上手だと思うのですが、良くも悪くもレンガというのがすごく気になる。悪くはないのですが、レンガという選択がなんだろう、東京駅ではないけれど、街の歴史などに繋がっているのかなと最初に感じたので。レンガは一般的にはそれくらい強い素材なので、このスケールもあってそのように思いました。

篠原　最初は神戸から引っ張ってきました。

百枝　なるほど。レンガの他が白く表現されているけれど、インフィルのような提案だと思うので、白くなっているところが本当は素材感などが猥雑で人の暮らしなどが展開されてテクスチャが当てはまっていくのかなと思いました。だから、レンガが良くも悪くも強いという印象はありますね。

見え隠れする小景

― 浸透度を得たコーガ石の街並みの計画 ―

東京都新島の石の街並みは、コーガ石の加工のしやすさから「住民の手で建築される文化」が根付き、セルフビルドによって作られた。本提案は街並みの維持・継承とともに、住民・観光客の交流を促すことを目的とし、その手法として既存の倉を活用し、コーガ石の再考と石からできる新島ガラスの文化の拠点を形成する計画である。これは、みんなが気づかなかった土地の物語を翻訳し、この街の美しい街並みを紡いでいくための提案である。

ID46

勝 満智子
武内 宏輔

名古屋大学工学部環境土木・
建築学科B4

Answer 1. Illustrator, Photoshop, ArchiCAD, 手描き 2. 4万円程度 3. 1〜2ヶ月 4. 手描きのパース、図を使って説明する 5. 心理学、不動産、経営 6. 豊島美術館、江之浦測候所 7. 設計

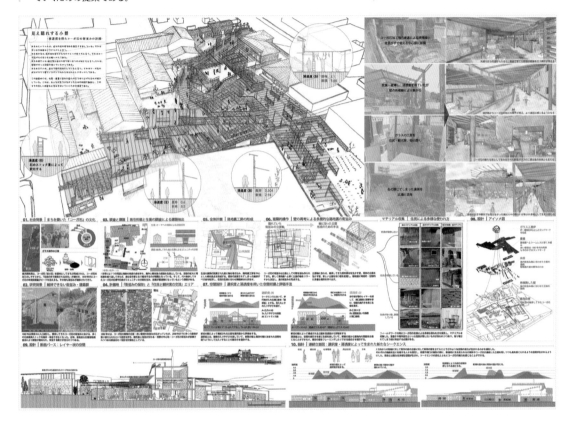

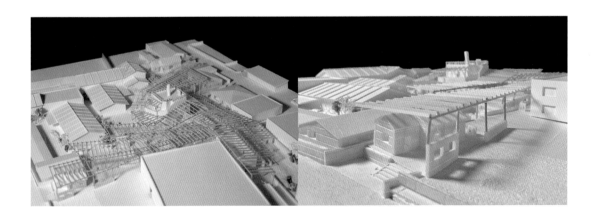

東京都新島はコーガ石の加工のしやすさと高いガラス成分の特徴を生かし、新島ガラスとしての産業が栄えました。文献から住戸が複数の蔵を保有するような形態となっていることが分かり、民宿活用、蔵と塀による分断が明らかになりました。現在19の蔵が使われておらず、既存不適格な建築で構成される街並みの保全と住民と観光客の交流エリアを選定しました。計画の裏側の放棄された蔵に軸を巻き込み、路地裏工房を形成します。マテリアルと住民の使われ方を収集し、隠れていた街並みの軸に合わせ壁を再考します。都市スケールでは3つの動線を引き込み、周辺を巻き込む屋根をかけます。周辺環境のシークエンスに合わせ、ガラス工房を中心にゾーニングされています。中心にあるガラス工房では、新たな壁を作り出し、島全体の再構築を行うことをします。浸透するファサードにし、住民が隙間を縫って入っていき、街並みに合わせ高さを抑え、街並みに溶けるようにしています。住民スペース、作業スペース、ガラス工房、ガラス建材置き場のレイヤー状の空間となっています。コーガ石から新島ガラスへの作業工程を空間化しています。構成です。コミュニティの分断は浸透具合が関与していると感じ、見えたときの入りやすさを表す選択度、空間の奥行きを感じる値を表す浸透度を考えながらスタディしました。住民や観光客のパターンでは、新規の壁によって選択度が高まっています。仕事関係、子供と住民の動線です。山奥にある加工場は中心部に移設し、ガラス工房を住民観光局、街に開きます。壁の再構築により繋がり、街の閉じていた裏側を表にし、広場にします。例えば、あるおじいちゃんは自分の家の壁が削れた環境を許しています。それは、思い出を街並みにできるからといいます。このようにして、みんなが気付かなかった土地の物語を翻訳し、その街の美しい街並みを紡いでいくための提案です。

POSTER SESSION

TAKAGI's SESSION

高木 ガラスのこの工房は、全てレンガである必要はあるのですか？

勝 レンガ、つまり新島でしか取れないコーガ石の組積造などでできている既存の建物をコンバージョンするような形で提案を行っています。なので、コーガ石であることに意味があると感じています。

高木 これはもともとあるものなんだ。

勝 そうです。既存の19個を使っています。

高木 なるほど。

勝 この建物は既存不適格なのですが、残していく必要は住民の意思としてもあるので、それをマテリアル収集という形でこのような使われ方もしているので、それを生かした提案を行っています。

高木 それをこの新しい木造の屋根に繋ぐということかな？

勝 はい。既存不適格のこの積まれている石像、礎石などに対して、木組みなどで補強し、そこに全体を繋ぐような形で屋根を大きく架けて空間を繋いでいます。

高木 わかりました。中央の13、14は模型写真にもあるのかな。これは既存なのですか？

勝 はい。そこの部分が……。

高木 既存なんだね。

勝 そうなのですが、青色の部分が既存で、そこを囲うように新築のものが……。

高木 なるほど、なるほど。混ざっているんだね。

勝 経年変化などによって石の見え方も変わるので、そこが挟まれたような空間が生まれています。

高木 なるほど。上手い気がしますね。もう少し詳しく新旧を見ていきたい。リノベーションは結局、新旧の組み合わせなんだよね。これが色分けされている図面ですか？

勝 はい。それが色分けされて、新規のものと既存のものと、改築・移設したものと、石の塀や塀の部分とで分かれています。緑色と水色の部分が既存で、オレンジが移設、赤が新規の……。

高木 なるほどね。調査に基づいているんですね。

NAKAGAWA's SESSION

中川 街区の真ん中を利用しているのは、おそらく既存不適格な接同していない建物を取り除いていったところに建物をつくっていったということなのかなと理解したんですけれども、建物の形状が渦巻いてるようなかたちになっているのはどのように決めましたか？

勝 まず都市スケールから見た時に、中心部からの、つまりその役場だったり住民センターの位置する場所からの動線と、そこをつなぐ大通りの文化的な道や祭りの動線を引きこむための道、また、住民などが良く通る、通勤などで通るような道を引き込むような、三方向からの引き込みのために、このようなかたちにしています。

中川 今の説明で三方向というのは分かったのですけれど、この三枚くらいの屋根でそれぞれを構成している、つまりこの屋根を小分けにしている理由は何ですか？

勝 塀などをつなぐためにこの大きい形にしているんですが、それだけだと、内部への光の差し込みが、光などが足りなくなってしまっているので、そのため新島ガラスのオリーブ色の光に包まれるようなかたちで、ハイサイドライトとして光が入るように、屋根をこのように分けて架けています。

FURUMORI's SESSION

古森 その産業と生活と、観光まで含めて1つの区画で完結しているんだね？

勝 はい。1つの区画だけというよりも、この街がコーガ石という居住形態を持っており、街全体がそのようなつくりになっているのですが、開口が閉じているとか、コミュニティを分断するものとして機能してしまっているので、その壁の再構築を行う建材などを管理する場として、街全体の再興を考える場としても捉えられたらと考えています。

古森 なるほど。よくわかりました。最後に聞きたいのは、これがずっとパラレルな状態で、そのバランス感があるわけでしょう？産業のこと、観光のこと、生活のことを、どのような比率で、30年後、50年後のビジョンとして持っているか。このままずっと続くの？

勝 30年後や50年後に関しては、現在の既存不適格な建築などが取り壊されていることを見直していくのと、セルフビルドで建てられていた建物も魅力だと感じているので、住民が30年後や50年後に実際の生活をするうえで、新たに壁を構築して生活に合わせて変化するようなつくり方をしていくのが、この島に合っているのではないかと考えています。

綿のみち

～都市計画道路減幅計画～

近代が生み出した機械生産という合理性を追求した社会は、個人の日常を分断し均一化させた。本提案は都市計画道路を用いて機械生産におけるモノの生産や消費ではなく、「モノの貯え方」を通じて日常を再考する。

ID47

松山 美耶

大阪工業大学工学部建築学科B4

Answer 1. Illustrator, Photoshop, AutoCAD, ArchiCAD, 手描き　2.20万円程度　3.1年以上　4.コンセプトに合うかどうか　5.コーヒー　6.豊田市美術館　7.建築士

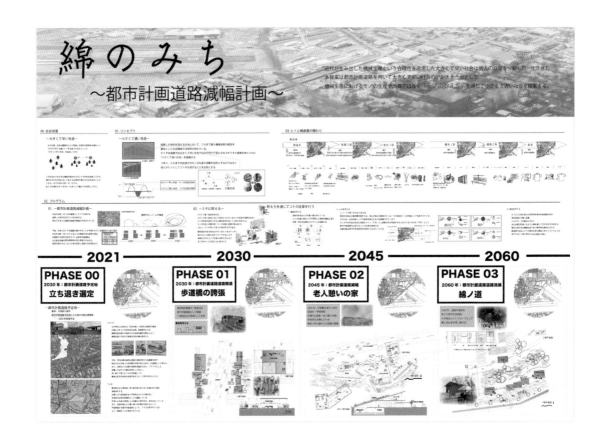

TAKAGI's SESSION

高木 道と言っているけれど、実際にそこに綿が通り抜けるということではなく、道の空間を使って綿に関わる施設を並べていこうということですかね。

松山 そうですね。道に分散させるような形で、綿産業を配置していく計画です。

高木 この地域には綿産業があったということですか？

松山 そうですね。もともと大和川が氾濫していて、それを防ぐために川を移設し、空いた土地を使って綿産業が始まりました。その歴史からも、道というものを、使われなくなった土地を利用して綿産業を復活させていこうと考えています。

高木 マスタープランをもう一度見せてもらっていいですか？ マスタープランが見えないんですよね。これはどちらかというと都市計画的な視点からの提案ですかね？ 要するにちょっと聞きたいのが、線状の道路の使い方のようなところがポイントなのかなと思うのです。それが見えない。

松山 そうですね……今回は点としての提案、発表にしようと思っていたので……。

高木 綿の道なのだから、将来的にはこのように並んでいくというのがないと。やはり道状に計画されるところが面白いのではないかなと思いました。

HATA's SESSION

畑 視点が面白いね。非常に面白いと思って聞いていましたが、もう少しきちんと教えて欲しいです。最終的にコットンロードになる建物は、都市計画道路が通ったら1階はバラして2階だけになるんだよね？

松山 はい。

畑 ここにあった産業を復興させるものとするのは良くわかるのだけれど、これを所有しているのは個人でしょ？

松山 そうです、個人ですね。

POSTER SESSION

畑 それはどういうことですか？ 市が買い取って綿の道になるようなプログラムを入れて、オープンするということですか？

松山 この歩道橋のプログラムの一部は、既存の物流倉庫として活用しながらほとんどは市が買い取る……。

畑 買い取るんだ。要するに、物の看取り方と言いましたよね？ その言い回しが非常に気になったというか。それはどのようなことを表しているかが今度は気になりました。看取るというのはちょっと言葉が悪いけれど、これから死んでいくものを見守るような意味に聞こえるじゃないですか。それってどういうことです？

松山 ものの看取り方というか、使われていたある機能が失われると、ものは看取られずに滅びてしまう。

畑 なるほど。そういう意味ね。なんとなく伝わりました。そこにアイデアが欲しい。市がそれを買い取るというよりは、綿の道にならなくても良いのかも。つまり、都市計画道路なる不要なものが決定されたからといって、街が必要としていないような矛盾が起きた時、どうするかという、新しい都市計画手法にあたる。それを言ってくれると十分な気がしました。あなたはおそらくわかっていると思うけれど、都市計画道路内に建てられる建物は、簡単に除却できるものに限られますよね？

松山 はい。

畑 だから鉄骨造か木造で、かつ回数も限定されている。その上に、建築のつくり方、残し方でもあるけれど、新たにつくっても良いというように、歩道橋なるものをつくると言ってくれたほうが良いと思う。

松山 はい。

畑 残し方だけではなく、積極的に出て来て良いよと言ってくれたほうが良いと僕は思いました。すごく面白いプロジェクトです。

FURUMORI's SESSION

古森 なるほど。道路がなくなってしまうという話だね。

松山 そうですね、もともとないところに都市計画道路が予定されていて、現在は渋滞などがあるので開通はするけれど、交通量がどんどん減っていく日本において減幅を行って最終的になくなるという。

古森 なるほど。減らすのはわかるけれど、完全になくなることもあるということだよね？ この計画ではそのようになっているの？

松山 完全になくなるような道路としてのあり方という提案……。

古森 最後の2050年には道路がなくなるの？

松山 車が走るという機能はなくなるのですが、シルクロードのような感じで――。

古森 街道としては残るみたいな？ 記憶は残るの？

松山 車は通らないのですが、綿の道として、歩行者や小さな産業として運ぶための道の機能はそのまま受け継いでいく。

古森 正直なところ、道路を減らすまでの話はすごく説得力があったけれど、なくすとなると、本当に可能かが気になりました。だけど、これから人口も減っていくわけだし、コンパクトになっていく。あともう1つ気になったのが、その裏の建物は道路を期待して建てたのに、実際には道路がなくなってしまうと結構大変なのよね。消防車どうする、救急車どうするということを考えなくてはいけない。それはまた期待しています。

175

農知の波紋

― 人と大地と湖を繋ぐ農地活用の提案 ―

かつては生活風景の中にいつも農景観があったが、今はどうだろうか。農地を農あり
きの空間体験ができ、農に関する多面的な活動を繋ぐハブ機能を持つ集落営農拠点
および農業公園に再編する。敷地は農業推進拠点として機能し、本提案を通して、農
とまちが一体になってできるまちづくりとライフスタイルの可能性を考える。

ID48

傍島 靖葉

立命館大学理工学部
建築都市デザイン学科B4

Answer 1. Illustrator, Photoshop, ArchiCAD, 手描き
2. 6万円程度 3. 1〜2ヶ月 4. 詰まず順序に合わせてレイ
アウトする 5. ランドスケープデザイン 6. みんなの森
ぎふメディアコスモス 7. ランドスケープデザイナー

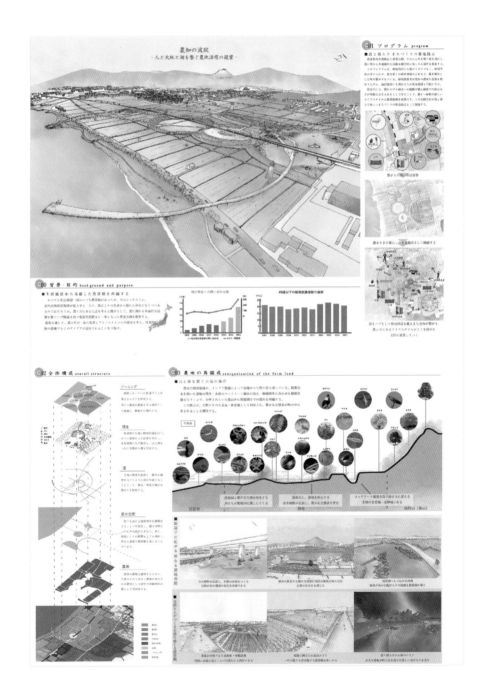

高木　建築の中の機能は何ですか？

傍島　機能としては、周辺の田んぼで取れた野菜を食べられたりとか、それらを調理できるキッチンスタジオであったり、近くの農業系の工場の人、会社の人たちが、自分たちの農機具などを展示できるような空間スペースといった、オープン的な空間を計画しています。

高木　そこに分断されている上の高架は新幹線ですか？

傍島　いえ、JRの北陸線が通っています。

高木　なるほど。農業をきちんとしましょうというのは国策になって久しいですけれど、なんていうかな。補助金も出ているし、既存の農村の集落を再生していこうというのに対して、新しくつくるということ。グリーンツーリズムなどのように、ゼロからつくることの旨味みたいなものが、どこまで導き出せているかなというのはちょっとありますね。

傍島　現状では、農業を生業としてできている家は全部で100軒あるうちの2軒程度しかなくて、今後も今のかたちで経営するのが難しいという状況があることと、グリーンツーリズムや郊外というものへの需要が高まっていることから、その2つを繋げるような場所が、今のシステムとしてないのかなと感じ、そのような場所として農地を活用できないかと考えています。

畑　長浜市がバイオうんぬんというのがあったけれど、要するにこれは、農業を媒介として研究機能であったり、農業体験であったりと、どちらかと言うとリアルに農業する人の農地開発ではなく、農業の持つ新しい景観や機能にどのようなものがありうるのかを描いていると理解して良いですか？

傍島　そうですね。そもそも農地が今は食物を生産するための言わば工場のようになっていると思っています。だからこそ、人が勝手に踏み入れることもできなくて、どんどん周りの要素を断絶している。一方で、暗渠にある用水は大学生が研究

する内容であったり、ポテンシャル自体を秘めている場所でもあったりすると思うので、それが今の経営では維持することもできないので、そのような街の要素を引き込むものとして使えないかという感じですね。

畑　よくわかりました。長浜ということは要するに都市近郊の農業よね？ いわゆる遠方の郊外というわけではなく、大津市や京都市などの商圏、マーケットに近いところなんですよね？ だから、いわゆるアーバンデザインで言うところのアーバンフリンジと言われるところのような、大きな商圏に近接した農地なわけで、琵琶湖周辺なので特にそのような場所であり、そうすると、そこで取れたものはあっという間に京都の高級料亭に運べるわけですよ、例えば。だから、農業は生産の場で研究の場ではないと思うんですよ。農業はやはり生産であり、一次生産の場であると。それで、都市というのは農業や漁業、一次生産しない人たちが暮らせる場所なので、そこに対して、立地を生かした生産に背を向けない方法を考えて欲しいんですよね。

傍島　生産に関しては、都市部のこともわかるのですが、すぐそこに卸売場があり、そことの関係性がなくなってしまっているので、そこでの生産性とか、そもそも農業人口を増やすためにここを土台として独立させるためのプログラムや、企業に就職するためのプログラムとして、ここは起用して欲しいと考えております。

古森　僕も今、畑に取り組んでいるので非常に興味があるのだけれど、これができることによって、どのような波及効果を期待しているのかな？

傍島　近所としては、今は田んぼが生産の機能しかできていないので、そこに関わる人が少ないのですが、ここが公園化されることで、例えば観光客の人たちがここの土地を利用して田んぼ体験をするとか、近所の給食センターの人が市場で

食べ物のやり取りをするとか、小中学校の臨海学校のプログラムを入れ込むとか、街自体も中心に繋がることができると思っています。あとは、新規の就農者たちが農業を始めるための土台として、ここで資金調達やコミュニティの形成などができることで、街としても全国的にも農業のために必要な敷地になるのではないかと考えています。

古森　それはよくわかったのだけれど、それと景観がどう関わっているの？ 最初にそのような話をしたよね。君のテーマは景観ではないの？

傍島　私自身も観光や農業の景観はすごく美しくて好きなのですが、それを今のままの経営で維持させるには難しいと思っています。その風景を維持するためには、それをつくる人を維持しなければいけないと思っているので、そのためのプログラムと、あとはこれらの美しさを日常的に公園として楽しんでもらえればと思って計画しました。

古森　それが公園。スイスなどでは、農業の人たちに、山に手を入れてもらうことによって景観が維持されているじゃない。それと似たような話かと思っていました。最終的にこれができることによって景観がどう変わるか、最終的な周りの景観なのか、ここの景観なのかはわからないけれど、日本の景観とか地域の景観がどのように維持されるのかがテーマかと思ったのだけれど、そこではないの？ それと産業の話になると、よくある話になっちゃうよね。農協もやっているし、いろいろなところがやっているから。それが風景となる、何か目論見のようなものがもっとわかれば。

傍島　農業用水を開渠化することで生まれる風景が、今断裂している琵琶湖とか、里山である田村山との風景を繋ぐきっかけとなり、ここの風景を繋いでいけたらと思います。

天皇ハ神聖ニシテ侵スヘカラス

加速度的に発展する情報社会において希薄化する主体性。身体とそれらを取り巻く世界との接地面を最大限拡張する行為をアニミスティックな行為と定義し、それらを促すことで個人という存在を今一度定位させる場を提案する。

ID50

力安 一樹

近畿大学建築学部建築学科B4

Answer 1. Illustrator, Photoshop, Rhinoceros　2. 2万円程度　3. 1〜2ヶ月　4. 揃えるとこ揃える　5. 哲学、文化人類学　6. Guggenheim Museum、Helsinki | MFG　7. アカデミア

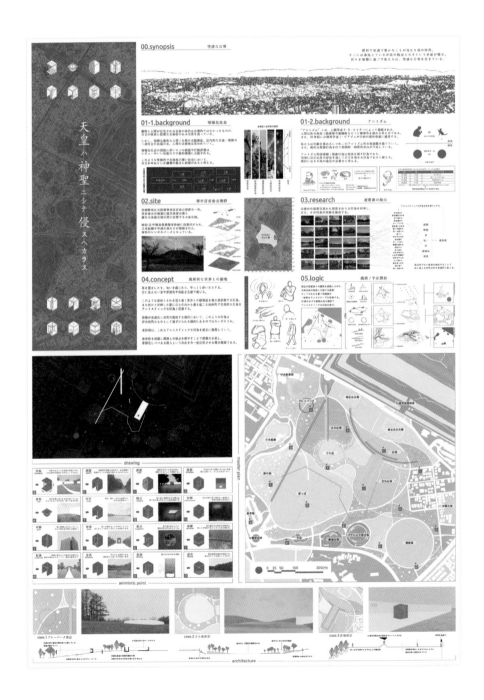

高木　つくっている建築はフォリーですか？

力安　フォリーです。機能主義に対してすごく弱い機能として。

高木　なるほど。弱いけれど、アニミスティックな行為と言っているわけですね。すごく共感しました。希薄化する個人と言っていることはわかります。人間の身体的な能力というか動物的な能力が落ちているという。それを回復していくためのフォリーということかな。

力安　そうですね。フォリーだけでなく、最初の地形と大きな建築、その上に位置づけられるフォリーという一体的な経験をもとに、先生のおっしゃられる身体の回復や動物の回復を目的としています。

高木　タイトルはすごく右翼的というか（笑）、神様どうぞお願いしますという感じ。いわゆるとっておきの抽象的な話はありませんか？

力安　そうですね。情報を解釈する多様性のメタファーとして、この「天皇ヲ神聖ニシテ侵スヘカラス」を扱っています。

高木　なるほどね、わかりました。具体的な1つ1つの造形と感触、雰囲気のようなものがもう少しきちんとわかると良かったです。ここは少し円形なんですよね。それと1つ1つの土地の起伏というか環境そのものとの兼ね合いでと話していたけれど、ちょっとわからなかったな。それ自体がすごく抽象的だった。

力安　造形に関しては、この敷地の中で、都市的ではないような、ちょっと空が黄色く見えてしまいそうなほどに変な空間に感じたので、パースや空間など全体的に抽象的に示してしまっています。

高木　抽象性がいけないわけではないんだけれど。建築が決して好きなわけではない人に関係ない話というのは、どうかな。どのような人でも救われるというのが匂ってくると良かったのでは。建築にはそういう必要性が本来的にあると思うんですよ。僕ら建築好きだけにしか話が通じないのでは、どうしようもないんですよ。そこをもう少し丹

POSTER SESSION

念に、何か見せてくれたら良かったと思いますね。

畑　小さな建築というのは、あなたが言うところの何か感覚のようなものを敏感にさせて、匂いや触り心地などいろいろな感覚と向き合うような、そういうものなのかと思ったのですが、大きな建築とも言いましたよね？そこの説明がちょっとわからなかったのでどれか1個でも良いので、どういうものかもう少し教えてくれませんか。

力安　この建築を計画するにおいて地形を最初に操作していて、その中で環境的な性質を分けるために、東西に長く伸びる壁だったり、天皇陵の方向に向けて軸を取った物見台だったり、そういった大きな建築をつくります。例えばこの植物的に密度のある場所や広い野原の場所、あとはその周遊路を回るなかで、大きな建築を通り過ぎることによって風景がいきなり切り替わる瞬間があるとか、そういった連続的な運動を演出するために大きな建築が公園全体に点在しています。

畑　なるほど。面白いと思う。要するに、都市計画とは無関係にある古墳のようなものが、突然あなたがつくった壁によって巨大な神聖な墓地であることを一瞬にして認識させられるというような。そういう認識が切り替わることをあなたはアニミスティックと呼んでいるのかなと思ったのですが、そういうことなんでしょうね？

力安　はい。現代の都市において、古墳がアンタッチャブルな領域として一切計画できない状態の中で、森としてしか使われていない状況に対して……。

畑　森ではないぞ、墓場だと（笑）。とても良くわかる。面白いと思います。

古森　これは美術館のようなミュージアムのようなものなのかな？機能は何、フォリー？

力安　機能としてはメモリアルパークのようなランドスケープのような感じです。

古森　それの個別のデザインをしている？

力安　そうです。建築とそれを繋ぐ周遊路について、敷地の中での地形操作と配置計画的なことをしています。

古森　これはモニュメントのようなもの？フォリーとかよく言うけれど、そういうものなの？

力安　そうですね。有機的な地形とそれらの場所に性格を持たせる大きな壁のような建築を配置したうえで、グリット状に沿って3m×3m×4mのフォリーというか、限りなく弱い機能を持った建築を16個、公園内に点在させています。

古森　これには人を癒すとか、芸術的な価値がすごくあると思うんですよね。そういう目的でできるものになるのかな？これが何か社会的な役割を担うとかではなく、あくまで——。

力安　今回は説明を省かせてもらったのですが、流動的な情報化社会において、個人の身体というものがすごく希薄化されていくという問題を感じていて、大きな公園の中で小さなもの、建築たちと対峙した時に、自分の内から沸き起こる感情というのがすごく大切だと……。

古森　それは非常にアートの世界の言葉に近い気がするのだけれど。実際にそういう感覚を呼び覚ますというか、そういう目的のために人と人とが繋がるとか、そういうことではなく？

力安　社会の中の人間というよりかは、個人でどうやって見つめ合うかを第1目的に計画しています。

古森　なるほど。できあがったら非常に見てみたいと思う提案なのだけれど、人と人が繋がる社会との関係性のようなものがあると厚みのある提案になったよね。個人が対峙するという枠をもう少し超えると良かった。建築とは、そういうこともできてしまうと思うのよね。だから何かアートを越える建築になれば。僕はアートを建築の一要素だと思っているから、それがもっと幅広い言葉になるともっと豊かになると思いました。

インダストリアルなインセンティブ

― 日々の暮らしと溶け合った働き方 ―

ID51

鎌田 栞

東京理科大学理工学部建築学科B4

敷地である妙見島には産業廃棄物の中間処理工場が建ち並び、都市の中にも関わらず川と擁壁によって都市と隔てられた特殊な環境が成立している。本設計ではそのような近づきがたい一面をむしろ日々の暮らしに孕んだ刺激を引き起こす魅力であると考える。1人で受ける刺激と人から受ける刺激の両方を同時に得ることで、組織に所属しながらも個を高めていくような豊かな体験が、暮らしと溶け合った新しいワークスタイルへと繋がる。

Answer 1. Illustrator, Photoshop, Rhinoceros, LUMION 2.5万円程度 3.1ヶ月未満 4.文字をデザインしたり、色を統一したり、同じワードを何度もだすなど。 5.音楽や旅 6.太田市美術館・図書館 7.設計

高木　これはこの島に移り住んで、ホリデイも楽しめるし、仕事もできるということですかね？

鎌田　移り住むわけではなくて、周りの住宅街からとか、電車で来るとか、コワーキングスペース的な形で利用しに来るという……。

高木　基本的には働きに来る場所ということね。でもゲストハウスとか、船で横付けするというのは、家じゃないんですか？

鎌田　そうです。街の中を旅するように暮らして、短期滞在で一週間泊まってちょっと仕事を集中してやろうかなみたいな働き方。

高木　ワーキングホリデーとかワーケーションとか言ってるやつね。それとサイクリングロードはどう関係がありますか？

鎌田　サイクリングロードは島を、全体を楽しむために挿入しています。要するに、生活というのは一瞬一瞬の日々の暮らし、全ての刺激をデザインしようと思って、そういう合間の時間も自転車とかで移動して、工場の間を通っていくことで、新しい体験ができるという……。

高木　僕が一番関心を持ったのが、これは工場群でその廃棄物が出る場所なんですかね。そういうのを使ってプロダクトをつくっていくとか、新しいものを考えていくとか、そういうのは面白いなと思いましたね。いろいろやっているけれど、それらを繋ぐものがあまり見えなかったです。単独であっても良いようなもので、この島全体をとにかく楽しく、炙り出そうとして、いろいろしているけれど、それ自体はすごく意欲的なのは伝わりましたが、それぞれの相乗効果みたいなものがあまりよく分からなかったかな。

中川　仕事と生活を分けずに溶け合わせるという提案なので聞きたいのですけれども、この妙見島の計画は既に住んでいる人もいるのですか？　住宅の設計、オフィスのことは分かったのですが、住宅の説明が今なかったのでよく分からなかったです。

POSTER SESSION

鎌田　工場の団地などが存在しています。

中川　鎌田さんが設計した住宅というのはあるのかな。

鎌田　いえ、それはないです。短期滞在型の場所として設計しました。

中川　じゃあワークプレイスとサイクリングロードとその短期滞在の場所を設計しているということだよね。ワークプレイスで働く人は、先程の設計事務所やゼネコンとかの話であったんですけど、この妙見島にもともと住んでいる方が皆ゼネコンの人というわけではないよね。そうすると、例えばどういう働き方とかどういう業種の人がここのワークプレイスに来るイメージですか？

鎌田　例えば、大きな設計事務所とかの組織とかに所属していて、所属しながらも自分の功を高めるためにここに来ていろいろな人といろいろなことをやったりだとか。ゼネコンの社員だったら、ここに産業廃棄物工場があるので、それの最終責任者としてチェックをしに来るので、その時に立ち寄って一緒に仕事をしたりとか。あとは周りの住宅街から人が来てコワーキングスペースとして使う、という想定です。

中川　ちょっと意地悪な質問になったら悪いのですが、仕事と生活を溶け合わせようという話だから産廃のチェックで来る人とかは、働きに来るという感じだよね。鎌田さんが言う、仕事と生活が混ざり合うというのはどういう状態のことを言っていますか？

鎌田　生活という言い方はちょっと紛らわしいんですけれど、日々生きている全ての時間という意味で、ちょっとした隙間の時間とかが、例えばデスクワークだったら目の前のデスクの壁とかじゃなくて景色とか、そういう造形とかから刺激が得られるのではないかな、ということです。

中川　そうするとワーケーションに近いんだね。ワーケーションって知っています？　ワーケーションと言ったほうが分かりやすいかもね。すごく景色が良いところまで行くというよりは、割と身近で取り入れやすいワーケーションの1つの提案ですと言うほうがもしかしたら分かりやすいかもしれないですね。

古森　今までの働き方と変わっているところは何かあるのかな？

鎌田　今までは会社の中でデスクワークをしていると思うんですけれど、リモートワークになったことを生かして、違う会社の人同士が集まっているのに話したりすることがないと思うコワーキングスペースとは異なり、ここにきて一人で島から刺激を受けると同時に、違う会社の人たちと話すことを繰り返していくことで新しい発想が得られるという。

古森　それはよく分かるんだけれど、一番のメッセージとしてはコワーキングスペースをつくるということ？　なんかね、内容が盛りだくさんでいろいろなことを書いている論説を読んだような気分になる。サイクリングの話はどこにいったんだという感じになる（笑）。サイクリングとコワーキングの関係はどうなの？

鎌田　例えば、仕事の合間とかの移動時とかに休憩しながら島の景色とか、かたちとかを見ながら刺激を受けられるとか、細かな時間が刺激を与えてくれるという考え方です。

古森　最初のところで何の話をしてたっけ？

鎌田　最初は仕事と生活を切り離して考えているから、圧迫しているように感じるということを話しました。

古森　僕も自転車に乗るからすごく楽しいだろうなと思うけれど、非常に余計な話だと思ったのは広告の話だな。それはどこでもやっている話だから、特別なものではないし、一つ一つの魅力的な空間づくりが物販みたいな。その11番のやつは何かな？　これはオフィスかな？

鎌田　2種類ワークプレイスをつくっていて、そのひとつです。

古森　いろいろなものがたくさん入っているから、その一つ一つはステキなシーンができているんだけれど、全体を通じた新しさみたいなものは何だろう。なんとなくね、あの人の論文のここは面白かったです、この人の論文のあそこは面白かったですというものを集めてきた感じがするんだよね。それで、この論文のあなたのアイデアは何ですか、あなたの論はどこにあるんですかというところがやっぱり問われるわけじゃない。だから、それをしっかり説明できるとすごく聞きやすいかなと思う。次のクリティークに話す時にはそこを意識して、自分の新しいアイデア、肝みたいな部分をクリアに伝えるといいと思う。

壕を解する

― 奈良・屯鶴峯地下壕における空間体験型戦争ミュージアム ―

私たち日本人は多くの場合、第二次世界大戦による被害者として語られる。しかしそれと同時に、我々日本人が背負う加害的要素から目を背けているのではないだろうか。そこで、本土決戦を覚悟して作られた屯鶴峯地下壕を計画敷地とし、第二次世界大戦を多角的視点から捉え直す戦争ミュージアムを提案する。壕に関わる5つの歴史的要素を抽出し、建築空間で表現することで、目で見て学ぶだけでなく肌で感じるミュージアムを目指した。

ID53

吉永 悠真

神戸大学工学部建築学科B4

Answer 1. Illustrator, Photoshop, Rhinoceros, Cinema 4D, Twinmotion 2. 6万円程度 3. 1〜2ヶ月 4. 短手断面図とともに展開断面図を作成することで、全体像をわかりやく表現しようとしたところ。 5. 都市計画、宇宙系 6. 福井県立恐竜博物館 7. デベロッパー、都市開発

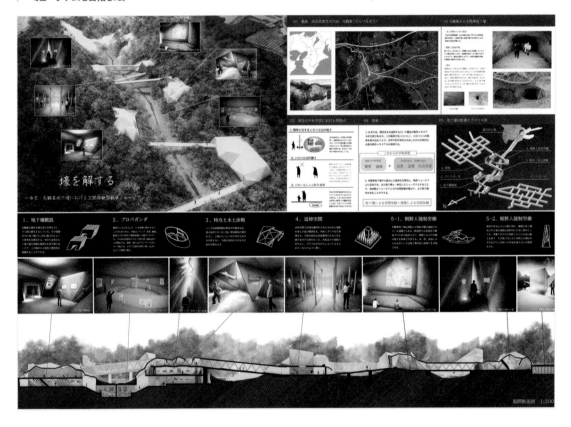

高木　計画そのものがすごく良いと思う。リアリティもあるし、政治的に影響を与えそう。おそらく悪い方向にはいかないと思うけれど、デリケートな部分ですよね。大事なのは加害者意識を持ってこれを考えるということでしょうね。

吉永　そうですね。

高木　この計画全体に染み込んでいる追悼、哀悼、悲哀というか、謝罪というか、そういうことを表現しているのでしょう？

吉永　そうですね、はい。

高木　ある種の悲しみと暗さのようなものがドローイングに表現されている気はしました。

吉永　そうですね。この暗い歴史を学んでこそ、未来の明るさというものを感じられるかと……。

高木　なんかね、うん。

吉永　一時的には悲しいものになっていますが、未来を考えると明るいものになると良いかなって……。

高木　まあ時々与えられる建築の1つの役割だよね。墓とかモニュメントとか、時々そういうテーマのものがあると思うので。壕があるようなこれほど大規模なものであれば、今はどうなっているのですか？

吉永　今はもう、ただの森になっているので、外から見れば何もないように見えます。

高木　解放されて？ 管理はされているの？

吉永　管理もされていないので、ただの壕があるだけです。そこを改善したいと思っています。

高木　いずれきちんと管理をして、プロパガンダしていくという話は本当にありそうですよね。

吉永　はい、それを期待しています。

高木　題材も良かったし、姿勢として間違っていないという感じですね。

中川　提案の目的というか、これをやる意義は

POSTER SESSION

よくわかったのですが、吉永くんが戦争をテーマにこの設計をやろうと思われた理由というか、モチベーションは何ですか？

吉永　小さい頃に爆弾の痕を一緒に見に行こうと祖父に言われ、その時に自分の目で見た景色というのが一番印象に残っていて、今までの平和教育というのと照らし合わせた時に繋がらないというか、違和感を覚えたので、これをテーマにしようと考えました。

中川　吉永くんの戦争ミュージアムの提案は、ミュージアムの設計自体は1つずつの場所の設計に理由もあるし良いと思うのですが、吉永くんが今言ってくれたように、祖父に連れられて実際に見に行ったという体験のパワーが記憶をつくるというところがあるじゃないですか。

吉永　はい。

中川　そうすると、この奈良県の屯鶴峯周辺の方は行きやすいと思うし、例えば地域の小学生とかも来ると思うのね。それで、少しスケールの大きい質問になるのですが、できれば日本全国どこにでも、吉永くんが考えたような記憶を伝えるような場所があっても良いかもしれないじゃないですか？

吉永　はい。

中川　だから、吉永くんの計画が戦争の記憶を正しく伝えるという目的を達成するには、局所的な1箇所につくるだけではなく、もう少し大きい視野に立って計画する必要があるよね？

吉永　そうですね、はい。

中川　そういうところに対して、何かアイデアがあれば教えてください。

吉永　形としては表れていないのですが、日常に埋もれる戦争の保存という、1つの提案として、この他にもできるのではないかということを伝えたいと思ってつくりました。

畑　戦争ミュージアムなんですよね？ それぞれがどのようになっているのか、1つ1つの展示室のような説明はしてもらったので、構成が少し知りたいのですが、平面図のようなものはありますか？ パビリオンのようになっているところは、どのような関係になっているのでしょう？

吉永　この建築部分はそれぞれ展示室になっていて、エントランスを通った後に地下壕を通り、それぞれの展示室、先ほど説明した展示室を回って2回目の地下壕に入るという形で提案しました。

畑　なるほど。すごく特徴的な場所を選んでいて、ちょうど谷筋を跨ぐようにパビリオンが立っていますが、既存の屯鶴峯という地下壕との接続はわかるのだけれど、斜面地に結構張り付くような、すごく特殊な建築の配置の仕方をしているのですが、これはどのような意図ですか？

吉永　現在はただの森になっていて、地下壕が存在するのが全くわからない状態になっており、斜面地に張り付くような建築を構成することによって、ここにこれほど荒々しい物が埋まっているというのを外観的にも表現していこうと考えました。

畑　谷筋は人が歩けるのですよね？

吉永　そうですね、最後ここを通って帰っていく……。

畑　なるほどね。そもそもあなたは全く戦争を知らないと思うのですが、戦争ミュージアムをつくろうと思ったモチベーションは何ですか？

吉永　爆弾痕を祖父に見せられた時の実際の空間体験から、そういう体験が必要だと思ったので、このような遺構を残していこうと思いました。

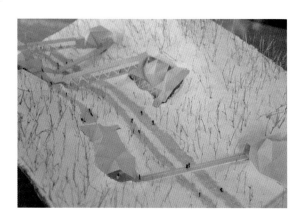

ほころぶまちの隙間

～縮退していく中山間都市における"まち"の転写的記述～

日本の「ヴォイド」は"まちのかたち"を具現化する力がある。縮退を始め、ほころぶ中山間都市、宮城県加美郡加美町中新田に、まちのヴォイドを転写的に記述する壁のタイムスケープを提案する。継時的に変化するまちを蓄積したヴォイドは、ほころぶ関係・ほころぶかたちを生み出しながら、まちの生きた遺産へと昇華する。

ID54

戎谷 貴仁
東北大学工学部
建築・社会環境工学科B4

Answer 1. Illustrator, Photoshop, Rhinoceros, LUMION, 手描き 2. 3万円程度 3. 1〜2ヶ月 4. キーカラーを設定し、表現として敢えて実際とは違う色を使い、コンセプチュアルにする。 5. 不動産開発 6. リボンチャペル 7. デベロッパー

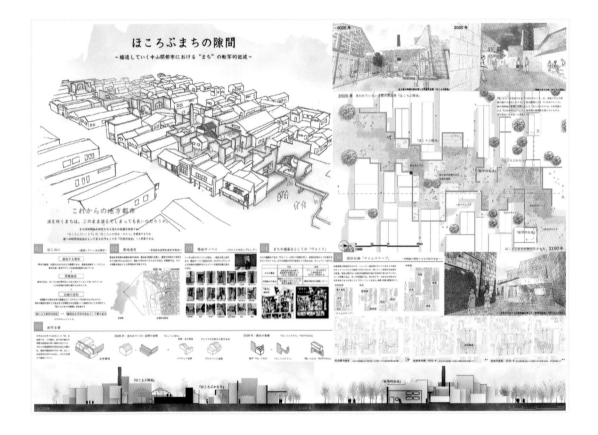

NAKAGAWA's SESSION

中川　壁の転写的記述とは、どういう意味ですか？　具体的にどのような設計のことを言っているのかがわかりづらかったので、教えていただけますか？

戎谷　この平面図と簡単な絵があるのですが、既存建築に沿ってコンクリートを打設して、その既存建築の表層を写し取る転写的記述と、建物に噛むように壁を建てることで、その既存建物が老朽化して崩れた際に、その形を残した実寸大の本物の空間として、転写的に街に記述していくというものが具体的なものになります。

中川　戎谷くんの提案は、町屋形式のもともと持っていたヴォイドを細やかに繋いでいくというのが提案の重要な部分としてあると思うのですけれど、ヴォイドとこの転写的な壁の関係は、どのようなことによってつくられているのでしょうか？

戎谷　例えば町屋の中の不適格で取り除かれたところなどに沿って、フェーズ1でヴォイドの外形線を抽出しました。その抽出した外形線に沿って壁を建てたのがフェーズ2で、フェーズ3は100年後をひと通り想定していて、今回設計した壁が街全体に広がっていくような関係性で考えています。

中川　壁はヴォイドの輪郭線なんだ？

戎谷　そうですね、はい。

中川　壁を輪郭線に建てることで、戎谷くんが囲い取ったヴォイドと囲い取らなかったヴォイドが分断されることはないのですか？

戎谷　2020年の段階では、大通り沿いから隙間のところは壁を抜いていて、結構分断されている感じはしていますが、ただ2100年に既存建築が老朽してなくなっていった時に、この壁の境界が揺らいでいくという感じで今回設計したヴォイドが外部に広がっていく。パッチワーク的に増えていくようなことを想定しています。

中川　壁は一度輪郭に入れたらもう終わりなの？　100年間、1つの輪郭で勝負する感じですか？

戎谷　今回建てた壁はずっと残していき、白い部分などで使われなくなった建物ができてきたら、また輪郭に合わせて壁を建てていくという、いろいろなところに広がっていくような。それで、今回建てた壁は残すのですが、また壁はどんどん増えていき、黄色い部分など壁は増えていくような場所と考えています。

中川　オレンジ色の壁と黄色の壁が重なり合っている平面の絵はあるのですか？　オレンジ色の壁の絵は先ほどの平面などだと思うのですが、今の図を見ると、オレンジ色の壁に加えて黄色の壁も増えていくわけじゃないですか。それが両方重なっている図面はありますか？

戎谷　すみません、用意していなかったです。

中川　時間とともに街が変遷していくことを、

POSTER SESSION

転写的記述で写し取りながら、完全な保存ではないけれど部分的に少しイメージさせるものを保存する感じだから、その重なり合っていくことが面白いんですよね。だから最初のプレゼンで1発の壁で勝負するように見えてしまったけれど、話を聞くと黄色い第2段階の壁があるということだったので、そのように何かいろいろな段階を経て重なっていくという様がもう少し感じられると、提案としてやりたいことがクリアになったのかなという気はちょっとしました。

HATA's SESSION

畑　興味深いと思いました。要するに滅び方のスタディというか、賑わいを取り戻すというようなことばかりがよく言われているけれど、そのようなことはしなくても良いという案ですね。戦略的縮退というのには、僕も非常に共感するし、面白いと思ったのだけれど、壁のタイムスケープという言葉と、壁による転写的記述ということが具体的にちょっとわかりづらいんですよね。できれば、壁のタイムスケープというのは結果生まれるものだろうから、壁による転写的記述についてもう少し具体的に、何をどうするのか教えてください。

戎谷　平面図と簡単な図があるのですが、このコンクリートの壁を既存の建物に沿って打ち込む、打設することで既存の建物の表層を写し取るという転写的記述と、もう1つは、既存の建物を噛む感じで壁を挿入することにより、経年劣化で既存の建物が壊れた際に形だけが残り、実寸大の架構を感じられる空間として残ることを転写的記述としています。

畑　なるほど。そうすると、どんどん建物が減っていったとして、この壁がどんどんあみだくじのように増えていくイメージですか？　今は建物が建っているところとヴォイドの境界のところに建っているように見えるのだけれど、実際は滅びていく、なくなっていく。そのなくなり方というのはパッチワーク的になるのでしょう？　ある部分から水彩画のようににじわじわと広がるわけではなく、迷路のように転写的な記述壁が残っていくイメージですか？

戎谷　はい。

畑　それが最終で、ある種の記念碑のようなものになるということですか？

戎谷　そうですね、街の人たちの記憶などを転写させていき……。

畑　なるほどね。すごく面白いと思うけれど、この場所なのかな。もっともっと限界集落でやるとすごく面白いよね。最後の消え方というか、残し方が結構重要だと思う。この場所で残すとしたら、かなりのものが残る気がする。相当な密度でコンクリートの壁が残ると思うし、それはちょっと

どうなのかなと思いました。面白い方法だとは思います。

FURUMORI's SESSION

古森　ちょっと教えて欲しいのだけれど、つくったものとしては何をつくったの？　壁をつくったの？　オレンジのやつは何？

戎谷　コンクリートの壁を……。

古森　これを今回新しくつくるの？

戎谷　はい。白いところが既存の建物で、それを噛むようにしながら壁を配置していく。

古森　壁を建てる？　それで、その間に挟まれたところはパブリックスペースになるの？

戎谷　はい。商店街がすでに衰退して使われていない空間で、そこをパブリックスペースとして都市に。

古森　そこにいろいろな居場所をつくっていくということ？

戎谷　現在ではそのように考えています。

古森　なぜ壁を建てたの？

戎谷　自分が考えていることとして、現在の縮退の仕方は違うのではないかというのがあります。都市を縮退させていくというか、計画的に中山間都市が市街地に移動していくというあり方が僕的にはあまり上手くいっていないのではないかと考えています。人と街がすでに戦略的に移動した後でも、人はずっとここに愛着があったりするので、そういう人たちのために、このような街を象徴するモニュメントを建てるという案になります。

古森　具体的に壁を建てることによって、何が得られるの？　壁がない時とある時で、壁が建つことによって何が得られる？

戎谷　住んでいた人や今まで住んできた建物の形、暮らしというものをこの街に定着させるための壁として機能していて、最終的にこの周りの白いところが崩れたら壁だけが残る中山間都市のようなものを想定しています。

古森　その壁を建てなくてはいけないという点をもう少し時間があったら詳しく聞きたかったな。この壁が絶対ないとこのプロジェクトは成り立たないというくらい、この壁は象徴的なものよね。この提案ではすごく肝でしょう？　この壁を抜いたら提案がなくなるよね？

戎谷　そうですね、はい。

古森　だったら、なぜこの壁が必ずないといけないのか、壁以外のものでは考えられないのかということを説明して欲しかったのですけれど、時間があまりないのでまたちょっと考えてみてください。

マチの『核』は呼応する

建築は強く、遅く、美しいモノであるということを伝えたかった……。その建築の存在でマチ丸ごと飲み込んでしまうような大きなモノ。それは待ちゆく人々の指標であり指針。誰もが愛し求めるような建築。そんな"ケンチク"には力がある、そんな"建築"は意思を持つ。今、私達がすべきことは世界の均一化でも価値観の統一化でもない。新しい何かを生み出すことだ。当然の概念が変わる時、何かが見える。

ID55

柳澤 嵩人

近畿大学工学部建築学科B4

Answer 1. Illustrator, Photoshop, Rhinoceros　2. 4万円程度　3. 1ヶ月未満　4. 見やすく綺麗にかっこよく目に止まるように。　5. アート系　6. 高い建物　7. 建築以外にも手をつける仕事

POSTER SESSION

高木　そうですか、機能はないということですか。

柳澤　はい。

高木　僕も昔から同じように建築を考えています。物体か物質かという2つを立てて、物質ということに注視した場合にどうなるかを僕も考えているのですが、ただ、これはどういう空間になるかはわからないということと、考え合わせてコンクリートでつくっているのですか？

柳澤　今回はたまたまコンクリートでつくりました。模型上で引いてつくったことを伝えたいのが1番にあり、流し込んでつくるものだったので、1番手に入りやすいコンクリートを今回採用しました。

高木　うん。もちろんマイナスのデザインは僕も良いというか面白いと思いますけれど、なかなか現代社会における建築の中でできないですよね。それをどうするかということですよね。どのように実際につくっていくかなんですよね。

柳澤　はい。実際、立つ時に考えると、おそらく減らしながらつくることは不可能だと思うので。

高木　そういうことで良いんだよね。

柳澤　プロセスとして引いて造形を考えたというだけで、建てる時はおそらく今まで通りになると思います。

高木　なるほど。わかりました。次の課題を言うなら、やはり建築なので彫刻ではないのでそこに機能を与えてあげる。きちんと誠実に与えてあげることを考えるようにしたほうが良いとは思いますね。彫刻家になるのだったら今の案で良いのですが、建築はやはり実際に空間として使えないといけないので、そこまで責任を持って考えるという責任はあると思うんですよ。

このまま発しても良いのだけど、次はやはり機能が欲しいな。機能主義という意味ではなく、何に使うのかという想定を含めて同じデザインをして欲しい。

柳澤　はい。わかりました。

高木　まぁ、それはすごく前向きな意味として伝

えておきます。

畑　僕は共感しますよ。すごく共感する。要するに先天的な形というものがあった時に、人間はその形を使いこなせれば良いだけで、建築がなぜ機能に支配されなければならないのかという。そんなものに迎合する必要はないのだと、先天的な形にある魅力を追求するという可能性はないのかということに対しては、あると思うんですよ。あなたは、ヴァレリオ・オルジャティの本を読むと良いと思います。

柳澤　はい。

畑　それで迷いを払拭できるかもしれない。とはいえ、人は洞窟を見付けて寝るのにちょうど良いとか、身を隠すのにちょうど良いとか、そこで火を焚くとちょうど良いとか、過去、そのように場所を読んでいった。それが建築のある種の原型的なものだとすれば、例えばここにある、あなたがつくった空間ではどのようなことができそうですか？

柳澤　はい。

畑　要するに、機能は形をつくった後に考えれば良いのだけれど、何か言えませんか？ 例えばこのクレバスのような階段は、このようなこともできるだろうし、このようなこともできるのではないかということを言えないですか？

柳澤　僕的には空間としての差異を求めています。その差異、人間的な尺度をこの建築の中に入れることで、そこを空間として人間がしっかり使えるのではないかと考えています。例えばですけれど、段差が多い建物などだったら、シンプルに交通手段というか、動線として使われるかもしれないし、もしかしたら、このような平べったいところは何かしらのカフェだったり、高い吹き抜けがあるところなら花壇だったり、そのようなものになるかもしれない。何になるかもわからないものが都市に点在するのですが、そのような無限の可能性を秘めている建築のほうが僕は面白いと

思って設計しました。

畑　それを何種類にもわたって、このようにも使われるかもしれないという"姿"を見せてくれると、もっとわかりやすかったかもね！ 何も描かないというよりは何種類も描いて見せてさ。

柳澤　はい。

畑　これほど入れ替われると言ってくれると、すごく良かったかもしれない。ただ、共感はします、とてもね。面白いんじゃないですかね。

古森　建築はいろいろな側面で考えることができるけれど、建築には発注者がいるのよね。絵画などは先に描いて、この絵を買う人はいませんかと言えますが、建築の場合はどうしても誰かから頼まないとつくれないか、もしくは自分でお金を出して建てるかのどちらかだと思うのよね。この場合は、どういう背景でできあがるの？

柳澤　タイトルにもあるのですが、行政が……。

古森　公共建築なんだ。

柳澤　はい、公共建築になります。

古森　税金で建てるんだね。

柳澤　そうですね。

古森　皆さんの合意は得られそうですか？

柳澤　それはちょっとわからないですけど……（笑）。

古森　だったら、公共建築ではないじゃない。

柳澤　何かしらの都市が抱えている問題だと。

古森　いやいや、それはよくわかるのよね。問題がたくさんあるし、それを解決しなきゃいけないけれど、建築というのはその合意の下でしかできない……絵を描くわけじゃないからさ。キャンバスと絵の具があったら絵は描けるけれど、君の案は何億もかかるわけでしょ。

柳澤　そうですね……。

古森　どのようにして、誰のお金で建てるのかが必ず付きまとうよね。

柳澤　はい。

古森　その時に公共という話であれば、それは税金よね。

柳澤　はい。

古森　例えば1億かかることについて周りの人を説得してください。社会人や学生ということ抜きに、建築を成り立たせるということはそういうことだから。君の周りの人に、1億くらいかけてこれを税金で建てるのを説得できない限り、あとは君のお金でやるしかないよ。君が1億円かけて建てるしかないよ(笑)。

柳澤　わかりました（笑）。

古森　だから、そこをもう少し突き詰めて考えると、もっと面白くなるかもしれません。

「くつした」で大地を歩く

私たちは普段、家では裸足で、外では靴をはき、靴下で生活することは少ない。靴下は靴よりもリラックスでき、裸足よりもしっかりと守ってくれる。そこで靴、靴下、裸足の関係に着目し、様々な素材を渡り歩くことで足の感じ方の違いを楽しむ空間を設計した。床スラブを斜めに配置することで、足に意識が向いて地面の素材を感じ、すれ違う人々と交流する。靴下について学び、作り、そして歩いて楽しむ建築を提案する。

ID56

常田 朋弥

九州大学芸術工学部
環境設計学科B4

Answer 1. Illustrator, Photoshop, SketchUp, AutoCAD, InDesign, Twinmotion 2. 3万円程度 3. 1〜2ヶ月 4. パースで全体像を把握して欲しかったので、画像を多めに配置した。 5. ゲームのステージ制作デザイン 6. 地中美術館 7. 小から中規模の建築を設計したいです。

TAKAGI's SESSION

高木 初めてですね、このような提案は。いろいろ考えられている。あなたは日本靴下協会の広報部の人では（笑）。

常田 違います（笑）。

高木 でも靴下がたくさん売れるようにということでしょう？

常田 そうですね。地域産業の活性化なので。

高木 そういうことよね。どうして靴下の床は外で成立するのだろうか。

常田 成立するかはわからないのですが、靴下を使って外を歩くことを主題においています。

高木 真面目に考えると、外のほうが開放的なのはもちろんあるし、外があっても良いのかもしれないけれど、要は、裸足になれるところで靴下を履くほうが良いという利点がどのように生まれるかがちょっとよくわからないんですよ。その時は裸足が良いのではないかと思うんですよね。だから、裸足よりも靴下を履きたいという空間をどうつくるかということではないかなと思うんですよね。この造形はあまり靴下に関係ないし、むしろ斜めになっていると、実は靴下だとよれて歩きづらいでしょう。僕は、やはり床の素材のようなものに対する感覚などに行き着くのではないかと思いますけどね。素材の提案がなかったよね。少しだけありますね、草と木、岩と書いてある。まぁ、もう少し詳しく、このようなざっくりとしたカテゴリーではなくてもう少し繊細なところではないですかね。ちょっと寒い時に非常に重厚な石だと、足の裏が冷たいから靴下が良いなとか。そのようになると、建築的には良い訓練になると僕は思いますけどね。でも、靴下から入る建築というのは面白い視点だね。

NAKAGAWA's SESSION

中川 常田さんは、奈良県広陵町出身なのですか？

常田 はい、そうです。地元を使いました。

POSTER SESSION

中川 地元はなぜ靴下の生産が日本一なんだろう？ 産業というのは、地形の利点を生かして織物をやるとか、林業をやるとか、何かしらそこでその産業をやる利点があるんだよね。だから、広陵町は靴下を生産することに何か利点があって、靴下生産を始めたのかなと思ったのですが、それについてご存知ですか？

常田 アメリカに誰かが渡って綿製品をつくる機械を買ってきたというのが始まりで、大阪に近いこともあり、大阪に靴下を売り出して発展したという歴史だった気がします。

中川 うんうん。靴下ミュージアムには、どういう人に来て欲しいですか？

常田 靴下の生産量が日本一なのですが、中国などに市場を奪われているので、このミュージアムによって、日本の広陵町の靴下を知ってもらい、周りの人たちに来て欲しいという感じですかね。

中川 私は今、2歳の息子がいるのですが、息子を連れていると、靴のところと、靴下で行けるところと、大きく違いがあり、靴下で行けるところがもっと増えればいいのになと思うんですよ。だから、周りの人が行くのはもちろんあると思うのですが、子ども、しかも未就学児を中心に遊ぶ広場としても、靴下ミュージアムという名前でなかったとしても、靴下で過ごす可能性とか、そういうことをしたい人々は、いくつかいる気がしました。今回は靴下ミュージアムということでしたが、違う使い方にも応用できるのではないかなと、聞いていて感じました。

HATA's SESSION

畑 独特だね。変わっていて面白いね。靴と靴下は根本的に違うから、これはもう良いと思うんですよ。足の裏で感じる感覚とか、親密さとか、あなたの言う通りだと思います。それはすごくわかる。一方で裸足と靴下の対比が非常に難しいと思ったんですよ。おそらく、そこで悩んだと思うし。

常田 悩みました。

畑 足の裏の感覚がやや鈍くなるとか、ちょっと守られているとか、少し暖かいとか、濡れた時の不快感が半端ないとか、靴下性ということ、裸足と靴下の違いをどう考えたかを端的に教えてください。

常田 はい。自分は靴下というのは裸足よりも繊細なものと考えていて、裸足なら汚れても洗えば何とかなるけれど、靴下はひどい汚れ方をすると、もう取り返しのつかないことになるというか。

畑 まぁね（笑）。

常田 なので、靴下を繊細で守られているものと考えています。

畑 なるほど。では質問を変えて、靴下そのものではなく、靴下を履いている足と裸足の足の違いをどう考えました？

常田 あー……。

畑 靴下そのものはもういいや。どうです、何が違う？ これは本気で考えると、面白いと思うんだよね（笑）。

常田 布が重なることで……どう違うんだろ（笑）。

畑 どう違うんだろ。やはり夏場にサンダルを履く時は靴下がないわけじゃない？

常田 ないですね。

畑 ということは、冬場と夏場でどのようにアクティビティに変化があるのかとか。

常田 あー……。

畑 サンダルの靴底と、靴の靴底はどのような違いがあるのかとか、そこを本気で考えるとかなり面白そうなことが起きそうな気がした。是非考えてみてください。

常田 はい。考え不足でした（笑）。

畑 いや、面白いと思います（笑）。視点が面白いね。

縁を漉く
― 美濃和紙の構造化による公園工房の創出 ―

ID57

加藤 亜海
神戸大学工学部建築学科B4

Answer 1. Illustrator, Photoshop, Rhinoceros, Cinema 4D　2. 7万円程度　3. 1～2ヶ月　4. 和紙感　5. デザイン　6. 豊島美術館　7. ゼネコン

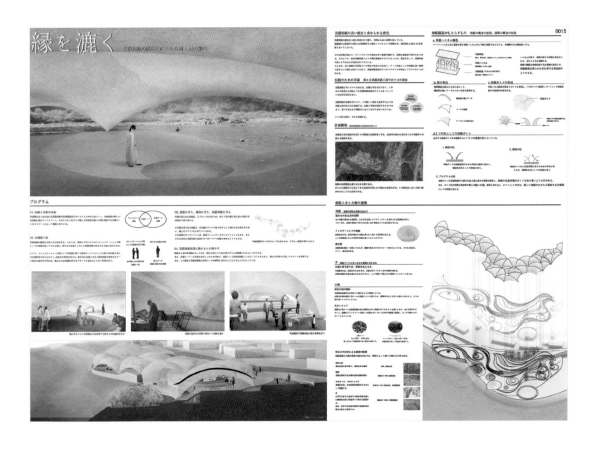

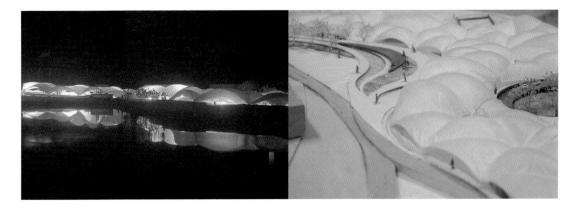

中川　加藤さんの提案はフレームは健在だけれど、面の部分は全部和紙という提案ですか？

加藤　いや、面体自体が和紙のハニカムでできていて、うっすら見えているように、面体の中にハニカムが仕組まれていて、それが構造体になっています。

中川　そうなんだ。それが成り立つかどうかはとりあえず置いておいて、和紙でつくられているということですよね？ 先ほどプレゼンで話されていた、和紙で建築をつくると定期的な張り替えが必要ということですが、この建築がコミュニティを持続させていくための起点でもあるということだったので伺いたいのが、何人くらいの人がどれくらいの頻度で、この建物全体をメンテナンスするイメージなんですか？

加藤　具体的には面体の単位があるので、それを5ブロックに分けて、年に一度1ブロックずつ張り替えていくイメージです。そうすることで、5年で1周分張り替えられるという形になっています。

中川　町民総出とは何人くらいなのですか？

加藤　橘町では今は30人ほどです。

中川　1ブロック何平米なのですか？

加藤　大きいもので20m四方には収まります。

中川　400平米くらいということか。メンテナンスの頻度などはわかったのですが、1年で例えば400平米くらいの和紙をつくるのに、どれくらいの時間が必要なのですか？

加藤　400平米の和紙をつくるのは、1日もあればできてしまう量ではあります。

中川　え？ 400平米？ 和紙はどうやって製造するのですか、手漉きではないの？

加藤　手漉きです。わかりづらくて申し訳ないのですが、この円形になっているところというのは、テラスが外れて、巨大な紙漉き場として活用することができます。そこで巨大な和紙を漉くこと自体もイベントというか、地域のコミュニティをつくっていく1つの行事としてつくります。現存するものとして、16m×16mの巨大和紙を漉く技術は日本に

POSTER SESSION

もうあるので、プラス4mにはなるのですが、20mのものも可能だと思っています。

畑　和紙の建築は少し興味があります。現実にできるかどうかは、どちらでも良いと僕は思います。仕組みを考えることが重要で、淡い光が入ってくる和紙構造の建築ができたらすごいことだと思います。膜構造ではないんだね。シェルだから膜なのかなと思ったらハニカムだから、結構硬いガチっとしたピースをつくるイメージですか？

加藤　そうですね、ピース自体にハニカムが入っているので、梁のようなものに膜を張るという形ではないです。

畑　ないですよね。そうすると、シェルのようなものがいくつかのパーツに分かれていますね。それで、谷になるところのイメージというのはどうなるのですか？ 和紙ハニカムと和紙ハニカムのつなぎ目になるところというのは？

加藤　中から見るとエッジが効いているようなデザインになっていて──。

畑　つまり、そこには何も入っていないのですか。

加藤　はい。ハニカムとハニカムの中に……。

畑　ハニカムというのは、中に入っている心材も和紙なのですか？

加藤　そうです。和紙を樹脂で固めたものになっています。

畑　なるほどね。そこに骨組みさえも入れたくないと思ったのはどうしてですか？

加藤　和紙というのは古くから建築に使われて来ましたが、使われ方としては骨組みに和紙を張るという形だったので、この概念を越えたかったというのが……。

畑　なるほど（笑）。いや、よくわかりました。骨組みを入れても良いのではないかと個人的には思ったというか、シェルにするなら特にそうな

のですが、もう一歩踏み込んでその仕組みを考えられると、すごく面白くなりそうだったんですよね。だからそこが少し聞いてみたかったということです。でも考え方はよくわかりました。

古森　つくるのに検討しなくてはいけないことがたくさんあるだろうけど、できあがったら和紙のミュージアムとして楽しそう。一方で、材料の楮の問題とか、和紙を新しいデザイナーがどのように普及させるかとか。そういうことに対するアプローチは特にないのかな？

加藤　楮の問題については、アクソメを見ていただくと、1番下の緑の木が生えているところは全て楮畑で、美濃楮を育てる場所になっています。また、別の場所にも楮畑は用意しています。あと、何でしたっけ……。

古森　実際にデザイナーとかが交わってきたりしないの？

加藤　全体の構成として、工房ゾーン・アトリエゾーン・公園ゾーンというように大体分けることができて、このアトリエゾーンには、新しいデザイナーと職人の交流であったり、和紙を使った新しいアート作品の制作だったりという活動が行える場所を用意しています。逆に工房ゾーンでは、伝統的な工法を守ることに主眼を置いています。

古森　その2つの接点として公園があるのだけれど、実際に工房ゾーンの人とアトリエゾーンの人が一緒にご飯を食べるような場所もあるの？

加藤　あります。カフェを用意しているのと、和紙の作品を販売するショップなどもつくっているので、そのような場所で交流が行われるようになっています。あとは、このパースのように、実際につくっているところをデザイナーや地域の人々が通って、今までになかったような人と人との間の化学反応が期待できるのではないかと思います。

古森　いろいろな人たちが触れ合うことによって、それが和紙の発展につながるということよね。

加藤　はい、そうです。

THE POWER PLANT ODYSSEY

― ユーグレナで進化する火力発電所 ―

ID59

山本 知佳

近畿大学建築学部建築学科B4

化石燃料をエネルギー資源とする火力発電所は、将来ブラウンフィールド化する可能性がある。様々な可能性を秘めたユーグレナという微生物を解決策として、火力発電所の未来を考える。このプランでは、天然ガスをエネルギー資源とする関西電力の姫路第二発電所を敷地とし、ユーグレナを用いることで100年後に向けて「発電所」の機能を残しながら長期的に進化する、「宇宙ポート」という敷地と未来に適合した施設を計画する。

Answer 1. Illustrator, Photoshop, Rhinoceros, AutoCAD, Grasshopper, LUMION　2. 2万円程度　3. 1〜2ヶ月　4. 背景を白にしない　5. インタラクティブアート、コンセプトアート、ゲーム制作、服飾、ダンス、演劇、楽曲制作、プロダクトデザイン　6. サグラダ・ファミリア　7. 建築以外にも携わっているところ

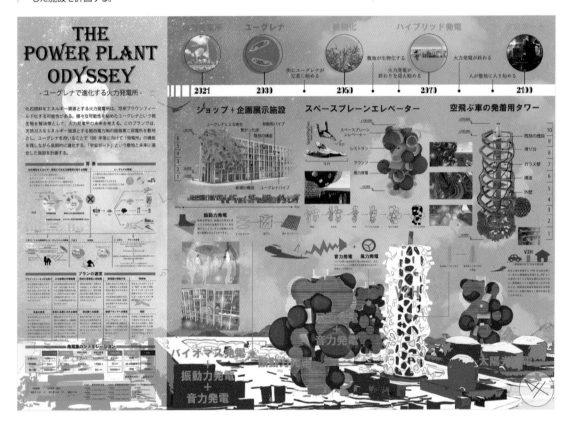

高木　これでそこまでの発電ができるかは、僕がちょっと知らないので、技術的なところは不問にします。建築的な展開の仕方なのですが、今回の提案は既存の火力発電所に対して、当てつけのようにユーグレナ発電に代えるという提案でしょ？

山本　そうですね、ユーグレナを用いたら発電所がどのように変わるかということで、ユーグレナを用いた発電だけでなく、それ以外の自然に優しいさまざまな発電方法も考えています。

高木　あなたのポイントとしては、ユーグレナを使いたいということですか？ それとも、既存の発電所を新しくしたということですか？ つまり、ユーグレナによる発電であれば、発電所にする必要があるのかという議論はないのですか？

山本　私の卒計の始まりがユーグレナに興味を持ったことで、それを使ったターゲット先が発電所だったので、発電所を展開しましたが、この卒計で1番言いたいのは発電所の今後で、あと、ユーグレナを建築にどう生かせるかというのと、宇宙ポートの3本立てになっています。

高木　塔はわかりました。煙突の周りを丸い球体がポコポコ付いているのは、これは何が変化したのですか？

山本　それを生物的なもので浸食したというイメージからこのデザインは生まれていて、この球体の中に、空飛ぶ車が駐車することで発電をするというのと、この中に車を停めてすべり台でグルグル回って降りりるというイメージになっています。

高木　すごいですね。発電所がリノベーションして、このようになるのは面白いけれど、おそらく本当に真面目に社会を考えていった場合、発電所だけでやっている場合ではなくなってくるでしょう。火力や原子力というのは集約的にそこで発電すべきというのがあると思うのですが、ユーグレナ発電なら、その必要はないのだろうな。風力や太陽光と似た感じかな、どのような場所でもやるべきではないかな。集約的にやる必要がないような気がする。

山本　そうですね。確かにいろいろなところに

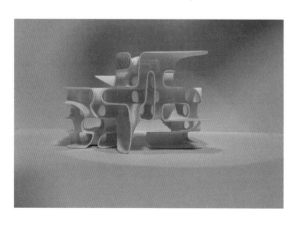

POSTER SESSION

点在させて増やしていくのも考えられると思うのですが、バイオマス発電というのは自然に優しい素材を使っているので、今の火力発電所よりは優しく、これから広がっていくべきものなのですが、ただ、システムとしては火力発電所と同じようなもので燃やしている様子のものなので、施設としては集約が必要になってくると思います。

中川　山本さんの提案は建築の規模を超えて、人類の問題のような話だったと思います。だから間違っていることは言っていないし、むしろ全部理由があるというか、とりあえず建築の規模を超えて、その意義を考えて設計をしていったのはよく伝わりました。一方で、意義が大き過ぎて建築をつくるための理由がすごくたくさんあるから、実際の建築の設計としては、どこが1番の見所なのかが少しわかりづらいところがありました。計画やコンセプトとしてはよくわかったのだけれど、設計はどうなのかといった時に、どの設計を1番見るといいのかとか。どれかということはないのかもしれないけれど、設計の説明をもう気持ちしてもらえるといいかな。

山本　はい。企画の面じゃなくて、デザインとか設計ということですかね？ 現在この発電所の中には5号機と6号機が入っています。関西電力の方に話をうかがうと、機械をなくす時は、一気にではなく、徐々になくしていくらしいので、東側から西側にかけて、どんどん生物的に侵食されていくようなデザインにしています。また、これを発電と絡めると、模型写真にもあるのですが、1枚の床で繋がっていて、少しの振動で全体を振動させることができ、振動力発電というのに繋がっています。あと、ユーグレナを通したチューブを設けることで、利用者が、ユーグレナを身近に見ることができます。生物というのを概念的に考えた時に、秩序と無秩序でできていると考えていて、こちらとこちらはリノベーションで既存の煙突があり、それに対してこちらは

新規に建てたもので秩序を与えました。それは四角のものなのですが、それに対してランダムに丸を与え、無秩序を与えて生物を表現しています。風力発電を設けることで、これもデザインとして取り入れるようにしています。ユーグレナを使ってこの形になっているのですが、車が入るところも装飾にするというデザインになっています。こんな感じで……回答はあっていますかね？

中川　わかりました。山本さんがユーグレナをテーマに設計しようと思った理由は何ですか？

山本　そうですね。ユーグレナに目をつけた理由は、生物は人間が考える以上にものすごく自由度が高いし、アールヌーボーなどの建築を見ていて、そういうのをすごく感じました。そこから生物を調べていくと、ユーグレナの可能性の多さに気付き、それを建築に生かせるのではないかと考えたのが始まりです。

古森　これは微生物のユーグレナのバイオの力で……。

山本　火力発電所でユーグレナを使い、バイオマス発電などの自然に優しい発電所に代えたプランです。

古森　実際にできる可能性があるんだ？

山本　そうですね。背景として、現在パリ協定などがあると思うのですが、パリ協定や政府の方針で2050年に向けて火力発電所が減らされる。減らしていく計画があるのと同時に、バイオマス発電など自然に優しい発電所を増やす計画があるのですが――。

古森　それはあるね。それがイコール、ユーグレナなのかなという点が気になるの。

山本　現在バイオマス発電だとパーム油が主流だと思うのですが、ユーグレナを使ったバイオディーゼル燃料というのがすでに開発されていて、それをバイオマス発電に使うことができると実証されています。今後それが増えていくのではないかと考えて、このプランを計画しています。

古森　それで、建築が先ほどの煙突を取り巻いていたようなものに変わっていくと？

山本　そうですね。これはバイオマス発電と直接関係するものではなく、バイオマス発電は先ほどのバイオディーゼル燃料を用いたものなのですが、こちらはユーグレナを使って装飾性を持たせたもので、なおかつユーグレナから生物的なものを抽出して、この形が生まれています。発電方法としては、このポコポコしたところに車が入り、そこにV2Hにて蓄電という形で施設全体が発電するようになっています。

古森　なるほど。建築だけの世界ではなく、サイエンスも絡んでいる感じ。その可能性がこれからの新しい建築に繋がるかなと思いました。

135°Park ～自転車で回遊する都市型公園～

昨今、流行しているコロナウイルス感染症により人々の活動が制限されている。本課題は愛知県名古屋市中区栄のオアシス21の横に位置する敷地を対象としている。交通網の起点としての利便性の高いこの場所は感染症の影響は多大であった。そこで我々は閉め切られた内部空間を、栄の交通手段の1つであり、問題視されている自転車を利用して今後の施設の在り方を考え提案する。

ID61

大枝 拓真
駒田 名菜
伊藤 真央

名城大学理工学部建築学科B3

Answer 1. Illustrator, Photoshop, Vectorworks　2.1万円程度　3.1～2ヶ月　4.パースの見やすさ　5.インテリア・内装　6.平等院ミュージアム鳳翔館、佐川美術館、軽井沢千住博美術館　7.空間デザイナー

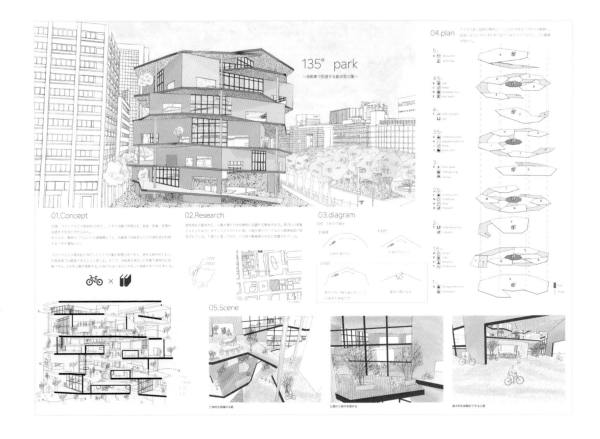

TAKAGI's SESSION

高木　非常に単純に言うと、運動不足の人が自転車を無理やり漕いで、上に上がることによって運動もできるということですか？

大枝　そうですね、交通量が多い栄の地域に自転車のままで通れる公園のような施設を。

高木　1番上は駐輪場などになるわけではない？

大枝　そうですね。1番上は屋根になっていてレストランやワークショップのデッキになっています。

高木　もし駐輪場になっているとすると、意味合いは合った気がするな。今は地下にわざわざお金をかけてつくっているじゃないですか。知っていますか、都市では皆が自転車を利用するから自転車があふれてしまっているんです。だから問題はスロープそのものよりも駐輪場の問題があるんですよ。だから駐輪パークだとすると、社会的にすごく良かったんだけどね。結局、上まで上がれるけれど、わざわざ上まで上がるだろうかという話にもなりますが。

大枝　駐輪場……。一応本棚をまとめて分散して置いているのですが。

高木　1番上？

大枝　いや、全体的にスロープで。パースのようにグルっと回るのですが、その裏などに停めたり自分で居場所を見つけたりという感じです。

NAKAGAWA's SESSION

中川　ありがとうございました。都市公園ということなのですが、自転車が乗り入れられるから、周りが螺旋状に上がっていくのはわかったのですが、中央はどういう機能なのだろうか、中央は内部なの？

大枝　中央にはエレベーターがありますが。

中川　うん。黄色いところが内部だと言っていたよね。

大枝　黄色いところには一応雨などは入らないのですが。

POSTER SESSION

中川　中間領域というのは何だろう。半外部？

大枝　半外部になっていて、内部はこのボックス化されたところだけになっています。

中川　では、その内部のところには何があるんだっけ？

大枝　カフェやキッズパーク、ショップが入っています。

中川　半外部は何に使うんだっけ？

大枝　半外部は公園や広場のような感じで使います。

中川　大部分が半外部の建物を、1つの建物として統合してタワー状にしているじゃないですか。これを平面的な展開ではなく、立体化させた理由は何でしたっけ？

大枝　都市に建てるということで、公園のような自由な平面的なだだっ広い空間ではなく、周りのオフィスの建物などのように積層させて、積層させた都市型の公園を目指してこの形になりました。

中川　パースを見ているのだけれど、提案している建物の右側が既存のビルだとすると、既存のビルの2倍ぐらいの階高を持っている建物ですよね？　そういう時に、積層する意味をもう少し言えると良いかな。できているものが悪いとは言っていないんですよ。積層することによって平面的にやるよりも、もっと良いことを言って欲しいんだよね。例えば、既存のビルが全て立体化しているから接続がしやすくて良いのだけれど、立体化した意義について、もう一声ないでしょうか。

大枝　公園の要素として、開放的なものを出すために吹き抜けの要素を取り入れて、立体的な視線の交錯などといった、公園でありつつも都市の要素を交えるよう立体的にしました。

HATA's SESSION

畑　これは久屋大通りの中につくるということですか？

大枝　いや、久屋大通りが隣にあり、このオフィスの隣の……。

畑　なるほど。その大通り沿いということですかね？　面している所ということですよね？

大枝　はい。

畑　あなたは自転車に乗られる方ですか、自転車は好き？

大枝　乗ります。

畑　このスケール感でグルグル回って自転車で上っていくというのは、身体的にどうですか？　わりと気持ち良い速度で走れる感じですか？

大枝　そうですね。ユニバーサルデザイン的に、勾配10度以下に坂は設定しており、下からも登れるようになっていますが……。

畑　そうだよね。法律のこととか、ルールとかは置いといて、直線ではなくグルグルグルグル回るからその辺りはどうなのかなと思って。僕は自転車に乗らないので気持ち良いのかがあまりわからないので、教えて欲しいと思ったんですよ。グルグルグルグル緩いスロープを回りながら上っていくというのは、おそらくこのスケッチのスケール感ではないよね。どちらかというと、断面図のスケール感ではないかな。開口部の高さが10mくらいありそうなスケール感ですが、この建物はそのスケール感なの？

大枝　日射の開口部の高さはだいたい4、5mで設定しています。スラブは10m間隔で設定しています。

畑　なるほど。いや、すごく着眼点はいいし、面白いと思ったのだけど、同じようにずっと回っていくのが少し気になりました。自転車に乗る人にとって、それが気持ち良いのかどうかが知りたい。もう少し反対回りになったり、ほどけている所があったりしてもいいのかなとは思いましたが、内容はよくわかりました。

街に学びをちりばめて

本計画は、ひと・建築・歴史など、こどもたちの学びとなり得る資源が豊富に存在する福岡県糸島市の前原商店街に、新築・減築することによって周辺との関係を形成し、公園のように街に開けた建築をちりばめる。そしてそれらが、学校の枠を飛び出した地域の学び舎と地域住民のコミュニティスペースとして機能することにより、日々のひととのふれあいや何気ないひと時の中で学びを育む街を目指す提案である。

ID62

山口 真希

福岡大学工学部建築学科B4

Answer 1. Illustrator, ArchiCAD　2. 3万円程度　3. 11‐12ヶ月　4. 私の作品は、地域の資源を大切にしています。「地域の資源MAP」から「5つの建築の位置関係がわかる地図」、「それぞれの建築と周辺との関係を示す地図」といったように、計画する建築が「地域の中」にあることを意識して見てもらえるよう、図面の順番やレイアウトを工夫しました。　5. 教育　6. 人の笑顔が集まる温かみのある柔らかなデザインの建築が好きです。　7. 建築の意匠設計

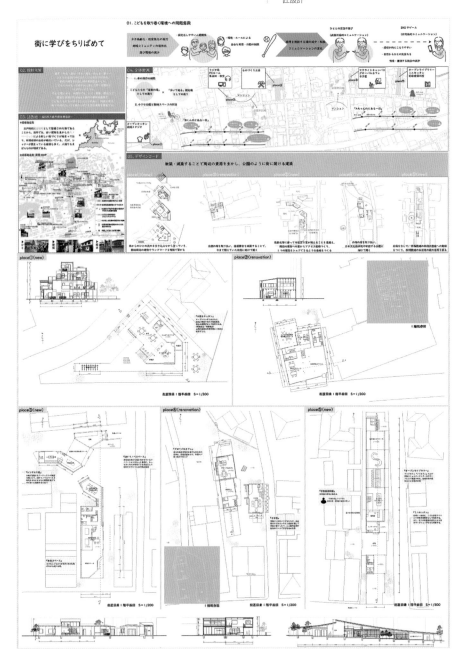

高木　この計画の面白いところは、一連の建築群が1つの機能によって繋がっているのだけれど、新築とリノベが混じっているところが面白いですよね。混じっていること自体が意外と面白くて。もう建築的な楽しみなのだけれど、リノベーションする対象は木造ですか？ リノベーションを選ぶのにどういう取り決めをしたのですか？

山口　選んだ基準としては、いろいろな建物を見せていただいたなかで、ここの持ち主の方が誰かの居場所にしたいとか、こういう学びを提供したいという思いを持たれているものを設計しました。

高木　では実際に条件があったのですね。実際の話としてやっているわけですね。5つのうちの2つはリノベーション。ずばり聞きたいのは、リノベーションの建築的な面白さと新築の面白さは異なりますよね。設計者として、その使い分けが面白いところだと思うんですよ。それについて何か考えはありますか？

山口　これを計画するにあたって、減築することや新築することで周辺の敷地や資源を生かすことをテーマに挙げていて、リノベーションと新築・減築と操作が分かれているのですが、減築に関しては特に今まで閉ざされていた方向というものを減築することによって立体的な外部空間にして、広く活用を図ることを意識しています。新築に関しては、現在、駐車場として空き地のようなかたちになっている場所を設定していて、そこに新しい建物を建てることによって、他の建物に接続していく動線を、新築したことによってそういったものの活用を図ることを意識して計画しています。

高木　わかりました。まだ聞きたいけれど仕方ないですね。新築は新築なりに新しい周りともアジャストができるということはわかりました。でも、5つの建物を同じ利用者が使っていった時に、違いが出るじゃないですか、それを知りたかったです。この建築群同士のコントラストが知りたいです。

POSTER SESSION

かった。新築です、リノベーションですというのはわかっているのですが、新築にしかできないことがあるというように5つの建築の中でリズムをつけることが意識化されていると面白かったと思うんですよ。まあそれは明日の審査にでも。

畑　学べる場所を街の中に散りばめていくというのはすごく共感する企画なのですけれど、例えば先ほどのCG会社が関連付けたPCルームというのは誰が運営することになるのでしょうか？

山口　運営に関しては、糸島市の前原商店街という、移住者の方々によって地域活性化の運動が活発に行われている商店街があり、例えばここの小さいオープンスペースやコミュニティスペースでも前原商店街の活性化に向けて3名が集まって会社が設立されていて、そういった方々のもとで運営される建物として考えています。

畑　つまり商店街という組合が運営するイメージでしょうか？

山口　組合という大きな枠組みのようなものではないのですが、商店街で活動されている方々が運営する。

畑　個人個人がという意味ですかね？

山口　はい。

畑　なるほど。個人がということになると、個人でやっている学習塾と何が違うのだろうかと少し思えてきちゃって、もう少しそこに仕組みが欲しいかな。ちょっと大げさな言い方をすると"エリマネ"にしたほうが良いのではないかな。要するに、敷地境界や建物の区画などはなしにして、エリア全体でマネジメントをする。子どもたちの学習料をタダにしてあげる代わりに、商店街に出店している人たちからいくらかお金をもらうとかね。

山口　なるほど。

畑　エリアマネジメントにしたら運営できる

かもしれないなと思いました。

古森　今、僕は糸島でお寺の仕事をしています。

山口　そうなんですね。

古森　場所も良くわかるし、提案の内容もよくわかりました。すごく街にフィットしたものができそうだし、できあがったらすごく良いものになるとしても、何か新しいことを提案しないと論文にならないのと一緒で、ここはこれまでになかった建築の価値を提案する場だと思うんだよ。卒業設計とはそういうものだと理解しているのですが、そういう意味で、これまでになかった新しい価値というのは何ですか？

山口　私は子どもたちがもっと軽やかに楽しく学べる場所を計画したくて、学校を飛び出した地域の学び舎という点を新しさとして考えました。

古森　それはおそらく用途的にあることだと思うんだよね。それは文系の人でも考えられることで、建築学科の人ではないと考えられない建築的な新しさ、電通の人などが考える新しさではなく、建築家としての新しさというのはどこにあるのですか？

山口　建築の新しさとしては、この5つの建物を計画するにあたって、新築することと減築することによって周辺を生かすというテーマを設定していて、リノベーションでいうと、place②・④における、リノベーションする際に新しいものを足すのではなく、減らすことによって街に開いていくという手法が新しさではないかなと、自分では考えています。

ROUND-TABLE TALK

座談会

例年、大会後にはクリティークの方々との懇親会を行っていたが、
今年は懇親会の代わりとして座談会を行うことにし、ここでしかできない交流の場を設けた。

ID10 青山 剛士
「菌床のマチ」118ページ

DR　それでは、座談会を始めたいと思います。今年は例年行われている懇親会の代わりとして座談会を企画しました。それでは、学生の皆さんから質問などを募集しますので、全体チャットに向けてコメントをお願いします。時間が限られているので、先着順となります。それでは、10番「菌床のマチ」の青山さんお願いします。

青山　自分の案について全体的にどうすれば良かったか、あれば教えてください。

古森　ちょっと1箇所気になったのは、高低差を扱っていること以外で場所をつくるうえでの工夫が感じられなかった。高低差を除くと、あまり内容がないのではないかと思っています(笑)。

百枝　審査時より厳しくないですか(笑)。

古森　いやいや、志願して聞きにきたわけだから、それなりのことを言ってあげようよ。高低差がなく、もしフラットだったら、これほど魅力的な場所にはならなかった。でも実務をしている僕らからすると、深く穴を掘るのはいろいろなリスクを考える勇気のいることで、なかなか一歩踏み出せない。そこがあと一歩推せなかったところではないかな。

高木　僕の推せなかった理由は古森さんと重なりますが、地下に掘り下げている理由として、冷暗所をつくるために地中冷熱を使うことを話していたと思いますが、オープンに掘ると冷熱エネルギーが残らないんです。細く深く掘ると5m下は15℃均一になるのですが、大きく掘るのはグランドレベルとなるので地表面の温度と変わりません。だから、冷暗所という土台の話が崩れるので推せなかった。作品としては良い点もたくさんあり、発酵を通して生活空間での生産行為が成されるというのが僕は良いと思っています。ただ、最初のスタートからシナリオとして成立していないんですよね。

中川　青山くんは東京出身ですか?

青山　いえ、名古屋出身です。

中川　東京都文京区のこの敷地に行ったことはありますか?

青山　この敷地は東京藝術大学と東京大学の間にあるのですが、先輩が東京藝術大学にいて自分の論文の敷地にしていたので、先輩からいろいろ話を聞きつつ、町内会の会長などとも知り合いに

なりながらいろいろ話を聞いて調査していました。

中川　調査自体は青山くん自身が行ったのですか？

青山　そうですね、現地でも行いました。敷地周辺は東京藝術大学などの大学があり、論文などがたくさんあるので、それからいろいろ調査をしていました。

中川　私は東京出身で大学院も東京藝術大学なのですが、根津でなければもう少し違ったものになったのではないかなと正直思いました。

百枝　どういう意味ですか？

中川　根津はそれなりに土地高いし、空き家でもそれなりに需要はまだあるんですよね。だから、あれほどセットバックしていいのか疑問に思ったし、畑さんの質問（どういう仕組みで運用していくのか）に対して、"行政がやります"と答えていたけれど、むしろ街の人たちのコミュニティがそれなりに活発で、HAGISOなどができるような場所で、そういうネットワークが徐々に構築されつつある街なわけだから、むしろ住民の力で頑張ることにもう少し専念して事業計画などを含めて考えると良かった。そうすると、建物の適切な規模や配置計画の設計といった、設計にもう少しストレートに結びつくようなものができていたのではないかなという気がしました。

青山　はい、ありがとうございます。

ID38 篠山 航大
「長島協奏曲」36ページ

DR　続いて38番「長島協奏曲」の篠山さん、お願いします。

篠山　中川さん、最後まで推していただいてありがとうございます。あんなに推していただいたのにすみません。質問ですが、最後におっしゃられていた"自分の建築をどう語るかというところで推しきれなかった"というところについて、卒業設計を通して建築を説明する時の言葉が自分の課題かと思いました。別に話すのが苦手なわけではないのですが、今までの設計課題もそうだったので、建築における言語といったところに何かある気がしています。でも、自分ではあまりわかりません。その辺り

を教えていただければと思います。

畑　あなたの作品についてはかなり迷ったんですよね。最後にちょっと投げかけた質問（どういう仕組みで音が鳴るかなど）は、やはり音楽をテーマにしているので知りたかった。昨日の審査時にも話しましたが、僕も個人的に長島に行ったことがあり、ある時間になると突然スピーカーから音楽が流れ始め、ものすごく奇妙な感じがしました。最初はどこか牧歌的な感じでお昼の音楽だろうと思っていたのですが、人がほとんどいないところにスピーカーはたくさんあって音楽が流れ始める風景に対して、途中から怖いもののように思えてきました。だからこそ、この提案が僕にとって少しリアルな問題として映っていました。今回の提案場所となった、もともと半分埋まっているところなども実際に見て来ました。それらを見たうえで、すごく良い提案をしているのではないかと思っています。音楽にこだわり、音が人を癒していたというか、ここにいた人たちにとってもそれが救いだったというような。教会もあるので救いの1つとして宗教もあったかもしれない。それで、音楽がすごく良いと思いました。それで、中川さんがおっしゃったようにすごく良い批評をされたから僕も悩み始めたのですが、良い音でなくても美しくなくても良いから、隙間風のようなものでこんなことが起きるとか、潮騒が少しだけ反響して何かが起きるという話をしてくれると。あなたが音をどのように考えているかは語って欲しかったね。簡単なメカニズムは説明して欲しかったかな。どうすれば音響反射板になるとか、フラッターエコーになるとか。でも興味を持って少し掘り下げてみたらどうですかね？　音というのはものすごく面白いと思いましたので。

篠山　基本は音楽が中で奏でられることをずっと考えてきました。建築自体が楽器になるというのも、ここで言っていいのかわかりませんが、最初から意識していたわけではなく、途中から言語化されていったというか。それで気づいて言い始めたのですが、やはりサブでしかなかったのでそれらを解析する暇もないという感じでした。そちらのほうがもし可能性があるとすれば、この先もずっと考えたいと今思いました。

古森　先ほど言葉の話をされていましたが、少し内容からずれるのだけれど、この最後の言葉は消去法ではないんだよね。これはきっと2、3回この場に立たされると、何日かしてあの時こう言えば良かったとなり、それらを思い出す経験がいくつかあれば、きっと次はこういう場でキレのある単語が出てくるようになってくると思う。消去法ではないと僕は思うし、こういう場では僕も意識して話すようにはしています。

百枝　追加となりますが、具体的な

言葉もだけれど、今の座談会のほうが篠山さんの人間性のようなものが伝わってくるような感じがしました。先ほどの長島の話について、畑さんの説明のほうが迫力というか、体感できるというか。こういう場所にするという伝え方は人それぞれなのではないかと僕も思いました。

篠山　それは畑さんの説明が上手いということですか？

百枝　説明が上手いとは違うかな。伝えたいことが伝わるようにするには、こうすれば良いというのは僕も言えることではないので。あなたに合った説明の仕方を考えるしかないのかな。

篠山　今日プレゼンをしましたが、話し合っていくなかで考えたいと思っているので、プレゼンの原稿はつくらずその場のノリで話しています。

百枝　すごく上手だったよ。滑らかでよどみなく流れていた。それが良かったかはわからないけれど、説明は上手だと思いますよ。

篠山　こうやって話しているほうが好きです。

会場　（笑）。

中川　畑さんが先ほどおっしゃられていたのは、具体的に音にまつわるどういうシーンがあるのか、どういう音でどういうシーンがあるのかという話で、篠山くんの設計をもとに具体的な説明をして欲しいという話だと思うんですよね。ともすると、別の審査員の人が篠山くんにどういう意義があるのか話したとしたら、設計を通じてもう少し抽象的な、どのような大きな問題を問うているのか、抽象的に説明して欲しいということだと思います。つまり、自分のことを棚に上げて言うと、自分の設計を通じて抽象的にも具体的にも語れるという幅を持っていることが重要だと思うんです。特にこのような講評会の場にはいろいろな審査員の方がいるから、いろいろなことを聞きます。ただ、それに対して自分の設計を材料にどちらの振り幅にも対応できるようにするには、質疑応答とその対策のメモを持っているだけではダメで、自分がどれだけ厚みを持って考えているかが重要な気がします。そういう意味で、篠山くんはある程度追従して頑張って戦っていたし、設計の厚みを感じました。設計の厚みというのは、設定自体の話ではなく、その背景にどれほどの厚みがあるか、それは本人の語る言葉によって知るところがあるといつも感じています。

平瀬　審査員ではありませんがコメントをすると、篠山さんの造形に既視感があると僕は思いました。例えばBの建物はRCRアーキテクツ、Cはピーター・ズントーのノルウェーでの作品（「魔女裁判の犠牲者達のための記念館」）。だから、オリジナルのものが少ないのかなと。力作だとは思いますが。

畑　Dはかっこいいと思います。かっこよくないですか？

平瀬　Dのバイオリンの建築はかっこいいですよね。

篠山　そうですね、造形について似ているとよく言われるのですが、確かに似ているとは思います。最初にそれらの作品から造形を考えるわけではなく、必要に迫られてそれらを参考にしたという流れです。

百枝　最後に平瀬さんが鋭かったですね。

古森　でも、参考にした作品から意図的に逃げないと捕まるよ。意図的に捕まらないように逃げないと、かたちは似てきてしまう。

篠山　Dのバイオリンは何も見ずに設計しました。

畑　Dの作品が1番良いと思いました。

篠山　僕がつくるとこのような造形になってしまうのですが、それを5個並べるとデザインがうるさくなるじゃないですか。静かな設計をしたいと思って、造形を抑えるためにそれらの作品を参考に見たというか。そうすると、なんだか似てしまいました（笑）。ありがとうございました。

ID64　小笠原 隆
「伊勢ノ水面二柱ハ眠ル」26ページ

DR　それでは、64番「伊勢ノ水面二柱ハ眠ル」の方お願いします。

小笠原　理解しようと聞いてくださってありがとうございます。畑さん、僕の1年間の制作をたどるように深く考察してくださってありがとうございました。僕はこれから、大学を出て建築家として活動していくつもりなのですが、僕自身が建築に向かう姿勢として、強い信念を持っています。それは、人と土地の意思を、建築をもって生命とすることです。それでクリティークの先生方にも、建築に向かう信念がもし言語化されているのであれば、ぜひお聞きしたいと思って質問しました。よろしくお願いします。

畑　なかなか難しい質問ですね（笑）。お寺を継がれるのかと思っていたから、ちょっと予想が外れました、建築をやられるんですね（笑）。

小笠原　はい、建築をやります。

畑　信念は人それぞれあると思うんですよね。今パッと反射的に答えるとすれば、建築は社会をつくるためにあるのではないかと思っています。それがすごく小さなプロジェクトだったり、個人的なものだったり、大きかったり、社会的であったりすると思うのですが、それらが社会をつくっていくのだと思います。小さな集団から大きな集団までいろいろなものがありますが、そういった志があることが自分にとっては重要なことかと思います。

小笠原　ありがとうございます。

高木　極論、この信念というのは建築をやっている人間だけではなく人間はなぜ生きているのかということに絡まっていくと思うんですよね。僕は何をやっても良いと思うんですよ。単純な話、人のためにやっていると思うんです。直近は自分の収益だったり、自分の向上心だったりといろいろありますが、最終的には人のためになっているかが一番深いところにある。それで、それぞれ限られた能力の中で、消去法の度合いもありますが、僕は建築だったら人の役に立てるのではないかということで、今もやっているところがあります。だから、前提としてそれぞれ何をやっても良いと思うんですよ。逆に、小笠原さんこそ仏教で習われているのではないかな（笑）。こちらが説教を受けないといけない質問だと思います。

小笠原　ありがとうございます。僕はまだまだひよっこなので、どうやったら人の役に立てるかがすごく難しいと思いながら、頑張っていきたいと思います。

ID58　増田 真由
「借りぐらしの公共空間」48ページ

DR　ありがとうございました。次、58番「借りぐらしの公共空間」の方お願いします。

百枝　チャットの質問に"話すのが苦手"と書いてありますね。

増田　話すのが下手なので、念のためチャットに書かせていただきました。

古森　読んでもらったほうがいいな。

増田　いろいろな講評会で、コロナ禍による影響やエネルギーなどの話に絡めて卒制のフィードバックをいただくのですが、良し悪し関係なく、20数年間育ててきた疑問というのが作品の核であり、コロナはその後にかかってきたものなのです。でも、こういった社会の転換期はこれから院で学ぶ時にも必ず文脈に添えられて、制作していく時も文脈の中に入ってくると思うんです。だから無視してはいけないし、片手間でもいけないけれど、小さな地域の疑問や小さな生まれてきたものにも同時に危機感を感じています。でも、社会情勢が大きく変わった時に、多くの人が住む社会情勢に目を向けられがちですが、同時に小さな困難も身近に落ちている場合、皆さんは大きな社会情勢の変化と小さな混乱にどのように向き合っていかれるかをお聞きしたいです。

古森　東日本大震災後にある建築家がテレビで、"この震災時に動かないやつは建築家ではない"という言葉を言ってすごく腹立たしかった。九州にいると、東京にいる人よりリアリティを感じなかったんだよね。だけど、建築家であるならそこに何か意見なりコミットなりをしなくてはいけないと言われた気がした。でも、そうではないと思ったんです。君のメッセージもそういうことではないかな。今コロナが問題になっているけれど、それに全員でアプローチしなくてもいいのではという話ではないかな？

増田　それも捨ててはいけない大事な問題だとは思うのですが、それぞれにとってまた大きな問題があるのではないかと。

古森　それは正しいと思うけどな。

増田　個人の問題を差し置いて、社会情勢に向き合っていく姿勢とか……。

古森　必ず必要ですかということ？

高木　いや、大きなものがより優先されて、小さな物事に気づいても、それは小さいことなのでしょうかということかな？

増田　皆さんがどう思っているか聞きたいです。

百枝　おそらく増田さんの作品を見てコロナ的なものとして論じたがるというか、そういうことはそういうことであるのは事実だと思うんですよ。それで自分自身がそういうことをずっと考えていたのもありえるし、逆に20年という時間の中で必ずその人とか社会とかに少なくとも影響は受けているわけ

だから、それが何かしら自分だけのアウトプットというか、自分だけができるかたちで何かをやるというのでまず良いと思うんですよね。それが小さかろうか、大きかろうかはその人の勝手で。だから増田さんがやっていることに光を当てるというのは、たまたま光が当たったり当たらなかったりするのに左右されず、自分が感じるようにやれることをやるしかないかなと僕自身は思っています。

高木　こちらはわかっているけれど、どう受け止められているかはちょっと僕にもわからないんだよね。なので、僕の感想となりますが、1番「編戸」とあなたの提案は面白いなと思いました。僕も家具レベルの設計や小さいのが好きなんですよ。でも、この大きなステージの中で、小さなディテールの話を決勝まで持って行っていいのか少し葛藤がありました。ところが畑さんや他の審査員があなたと「編戸」に票を入れたので、僕も見直そうと思いました。大小に差がないというか、同率に天秤にかけるのはすごいと思ったんです。だから、それで良いのではないですか。やっぱりわかっている人ほど、ものの大きさに関係なく同じ天秤にかけられるのだと思います。そういう疑問じゃないですか？

増田　ありがとうございます。

ID55 柳澤 嵩人
「マチの『核』は呼応する」186ページ

DR　今のところ、決勝に進んだ人からしか質問が来ていませんが、本選に出場している方でしたら順に質問を受け付けています。どんどんコメントをお願いします。では、55番「マチの『核』は呼応する」の方、お願いします。

柳澤　今回の卒業設計は自分の主観を押し切ってしまって説明が甘かったという自覚があり、昨日の質疑でもそれを言ってくださった先生方もいらっしゃったのですが、自分の作品に対するご意見をもう一度お願いしてもよろしいでしょうか？

百枝　高木さんが投票した作品ですか？

高木　僕はもう話しましたよ。

百枝　では僕が先に話しましょうか。昨日も指摘したのですが、プログラムや敷地がないことによって、それらを考慮しないというか置いておくというやり方だったら、もっとできることがあるのではと思いました。これに特化するのが悪いわけではないのですが、単純にあまり驚かなかったというのが感想です。

畑　まず、僕はこの案にすごく共感します。要するに、演繹的に導かれるものではない、もう少し先天的なかたちというものを帯びてしまう空間性にまず向き合い、それを人がどう使うか、あるいは人がそれをどう用

いるかという順序。演繹的ではない考え方に可能性はないのかという向き合い方は、僕はやはり可能性があると思っているんです。ですが、このような使い方やあのような使い方もできますと言うわりに、それが1つも描かれていないのは、汎用的であるといって何も描かないのは、つまり汎用性ではないと思ったんです。だから、洞窟のくぼみを何かに見立ててちょうどいいので腰を掛けるとか、火を焚くとか、火を囲むというように、後からでも良いので、演繹的ではない方法でも空間として発見し、いかに用いるか、どう暮らすか、どう過ごすかというビジョンをやはり描けないとダメなのではないかと思いました。それがないと、その先天的な形態が持っている力や可能性がわからないのではないかな。オブジェクトでしかないのではと思ったのですが、逆に柳澤さんはどう思っているのか聞きたいです。

柳澤　本当にその通りだと思います。

百枝　先ほど中川さんが"提案"と"設計"という言葉を使い分けているのがすごく面白いと思ってメモしていたのですが、柳澤さんの作品には提案と設計のどちらもないように僕は感じています。どちらも著しくない。

柳澤　最終的な提案までしきれていなかったということですか？

百枝　その最終的な提案が何かというのが難しいところですが、かたちというのをベースに語ると、畑さんが言った"ではかたちが何を生み出すか"というのを逆の順序で良いので、そこまで検討して欲しかったという意見はよくわかる。

柳澤　はい、わかりました。

高木　僕は建築になっていない、彫刻かもしれないが、建築になっていないという話をしましたよね。皆、異口同音、同じことを言っています。建築にはなっていないんですよね。

古森　それは用途ということですか？

高木　用途でしょうね、単純にいうと。

中川　高木さんが、"柳澤さんの提案は彫刻かもしれないけれど、設計になっていない、用途がないのではないか"という話をされましたが、百枝くんが話してくれた、私が"提案"と"設計"の言葉を使い分けているのは、建築はやはりサイズの芸術であるのに対し、パースだけだとサイズがない。何m×

何mの場所なのかわからない。それで、良い建築というのはやはりサイズがすごく良いんだよね。一方で柳澤さんの提案はサイズに対する感覚が少し欠けている気がしました。なぜそう思ったかというと、50m×50m×50mの立方体からヴォイドを抜いて空間をつくっていくと話していたけれど、引いてつくっていく場合はもともとのボリュームがどれくらいのサイズかによって引き方も変わるわけ。最初のサイズのボリュームを決める設定が、設計のルールを決めるようなところがあり、どれくらいのサイズで勝負するかを決めることになる。それで、もともとの立方体に対する説明がないところが私としては事を単純にしている気がしたんです。

柳澤　はい、ありがとうございます。

中川　でも、打設していて良かったですよ。

百枝　うん。素材のリアリティはあった。

中川　だから柳澤さんがやろうとしていることは皆におそらく届いていると思うし、だからこそ、一次審査で258作品の中から60選に残ったのだろうとは思いました。もう少し上に進むためには、もう少し設計が必要ではないかなと思ったんです。

柳澤　はい、ありがとうございました。

ID59 山本 知佳
「THE POWER PLANT ODYSSEY」192ページ

DR　続いて59番「THE POWER PLANT ODYSSEY」の方お願いします。

山本　ユーグレナをテーマにした59番です。個人的に聞きたいことがあります。私はこの後も学生生活が続くのですが、今回票を入れてもらえなかったということで、良く言えば伸びしろであり、課題であると思っています。今後のためにその課題を教えていただけたらと思い、質問させていただきました。

高木　今、何年生なのですか？

山本　今4年生で、大学院に進学します。

古森　作品のほとんどが化学の問題だったような気がしました。

山本　おっしゃる通りです。

古森　だからこちらも突っ込みようがないというか。問題が化学に完結すると、こちらがものを言う領域ではない気がする。いろいろな人が論拠を持って自分の案に正当性があることを説明していくのに、例えば昔の建築家の本を出した人もいるし、昔の建築家の思想を持ち込んだ人もいるけれど、君の場合は化学を持ち込んで正当性を持たせようとしたのだと思う。それがあまりにも化学に寄り過ぎていて、こちらが入る余地がない感じが少ししました。

山本　なるほど。化学よりも、もう少し建築を見たほうが良いということですかね？

古森　案の中で、建築に関する比率が多少増えて

くると思います。

山本　なるほど。ありがとうございます。

百枝　提案されたのは突飛な造形ですが、いろいろな建築を見たり勉強したりするなかで考えるしかないんじゃないかな。

山本　それは造形的な話ですか？

百枝　造形的も化学的な話も。これを提案したいなら、いきなりこの丸いのをボコボコ建たせるにはどういうことを起こすのかを本当に考えるしかないのでは。これは絶対建たなそうだと言われるのだから、このすごく不思議なものが建つのであれば、建つためには何があればそれを説明できるか。それらがあまりなかったと思います。

山本　それは、もう少しリアルなところをということですか？

百枝　まあそうだね。リアルにも考えなくてはいけないかなと思います。

山本　今回、60年後とか将来の設定をしているのですが、それでも、もっと現在の技術でどれだけできるかを言わないといけないということですか？

百枝　自分が生きていない未来だから、そこまで考えなくて良いという話は通じないよね。そこへ、未来へ行き着くまでの過程を描かないと。未来だから、これらがあり得ますという話では誰も共感しないのでは？

山本　そうですね。

百枝　技術とか何かしらの根拠の積み重ねがないと。そもそもユーグレナでいいのか、という疑問もあるから。あと、あなたの話ではないけれど、他の出展者に質問したら、提案なのでそこまで考えていませんという返事がありました。卒業設計だからリアルに考えなくて良いということはなく、例えばヴォイドを出すなら柱がいるとか、抜かれたらそこがどうなるかとか、そのようなリアリティはあったほうが良いのではないかと僕は思います。それらを考えたうえで、そうしなかったというのが聞きたい。

中川　今、百枝くんが話されたように、リアリティを踏まえて考えると、審査員の人が自分も普段抱えている問題に引き寄せて考えやすいから、そういう意味で共感を得やすいというのはおそらくあると思います。でも一方で、山本さんの提案や20番「墓、あるいはモニュメント」のようなSF系の作品も中にはあると思う。そういう作品の場合は、現実性というものを入れた瞬間につまらなくなる可能性もあるから、とりあえず現実性を置いておき、何が必要かを考えると、建築に対する相当な批評性だと思うんです。それで、その批評性が非常に切れ味良く、かつ、非常に印象的なビジュアルや映像などだったら、おそらく私たちも心にグッと刺さると思うんですよね。山本さんの現況のプレゼンテー

ションだと、それほど批評性があるようには感じられなかった。ちょっと個人的な趣味に見えたところが、審査の土壌に上がりづらかった理由かな。個人的に好きというものだと、今日の議論を見て思ったかもしれないけれど、最後まで推しきれないんです。議論も好きか嫌いかで終わって深まらない。だから、現実ではない路線で進むとしたら、やはり批評性が必要かなと思いました。

山本　なるほど。確かに批評性はそこまで考えていなかったですね。

中川　現実性と批評性のどちらを取るのか。敷地が姫路第二発電所という妙にリアルなことを言う一方で、実際にできるかどうかという話もあり、どちらなのかがわかりづらかったというところでしょうか。

山本　学内でエスキスなどをしていただいた時に、今の技術でどれだけできるかも考えたほうが良いとか、リアルな敷地を考えたほうが良いというのを言っていただきました。それで、リアルな敷地を設定してそこの敷地から仮定するという設計の仕方でした。先ほど百枝さんに言っていただいたリアルな点というのは、造形にはあまり出ていないのですが、発電所という点で発電量はリアルに考えたつもりではありました。そういうのではダメなのですか？

百枝　発電量の話が建築に影響すれば良いけれど、特に影響していなかったように思えた。考えたことで建築を変えないと。

山本　ありがとうございました。

ID43　兵頭 璃季・二上 匠太郎・松尾 和弥
「オリンピック島」166ページ

DR　43番「オリンピック島」の方、お願いします。

二上　まずはこのような貴重なクリティークの機会を丁寧にご指導いただき、ありがとうございました。僕は建築が本当に好きで、最後に卒業設計で自分の愛する作品をつくり、それをたくさんの人に見ていただけたのはすごく嬉しかったです。学内で友人と話していると、卒業設計とは実務に出る前の最後であり、建つことを考えずに暴れられる機会

なのだから好き勝手につくると考えている人もいたのですが、先ほどの話に何回か出ているように、卒業設計は初めて自分が建つかもしれないというのをつくれるところに僕はすごくワクワクしました。僕が日頃思っている社会の疑問のようなものを、最後まで建築であることを諦めずに提案することをすごく重要視しました。SFやユートピアのようなものと現実のバランス、環境や構造など、あとは僕自身が歴史系というところもあり、様式に挑戦することをすごく考えて本当に最後まで設計したつもりです。でも、いろいろなコンペにたくさん出したのですが、今回の"Design Review"もそうですし、"SDL"や中川さんが審査されていた"卒"などで、ファイナリストの1つ下まで、あと1票あれば決勝へ進めるところまではギリギリ行けて、学内でも銅賞の1つ下の順位までは進めたのですが、あと一押しのところから、どうしても進めなくて。僕の今年のコンペ人生は今回が最後だったのですが、そこに対する設計に関するアドバイスをいただけませんか？

高木　この作品はものすごく基本的な社会の仕組みから疑っているので、僕はその姿勢が良いと言ったのですが、言ってみれば反体制なんですよ。だから、これは1等賞にはなれないんです。ダメだと言っているのではなく、あなたの視点は良いけれど1等賞を狙わなくて良いということです。

百枝　いや、決勝に残りたいという話ですよね。1等賞までは望んでない（笑）。

高木　そういうことね（笑）。

中川　では銅賞を取りたいということで、1等ではなくてもいいんですよね。先ほどのユーグレナの作品、59番「THE POWER PLANT ODYSSEY」のようにSF系の作品だと思うんです。現実的な話もしているけれど、実現すると良いというよりかは、オルタナティブなカウンターの提案もあって良いのではないかということだと思います。問題の風呂敷の広げ方がすごく大きい、かつタイムリーということで、初見のフックはバッチリなわけ。だから、票はある程度集まる。そして、最後まで推したいかどうかというところなのですが、決勝手前まで勝ち残っているのは批評性があるからだと思うんですよね。それであともう一歩を何で推したいかというと、勝負するビジュアルか、設計の強度か、テーマ以外のもうひとネタが欲しいかな。それと、私が個人的に感じたのがすごく規模が大きいけれど、少しプロダクト的に感じました。建築というよりプロダクト、決まっている土俵の中で設計しているような気がしました。例が少し変ですが、いろいろなところに接岸できるというのが外国のコンセントのようにC型とかF型とか組み換えてつくるようなイメージで、そこが少しプロダクトっぽい。建築だったらもう少し違う問題があったのではというのが個人的に気になって推せなかったかな。

畑　僕は基本的にあなたの案に賛成なんですよ。賛成だし、票も入れましたが、最後までは推し

きれない。推しきれない理由は中川さんのおっしゃる通りで、企画は良いと思います。あとは、機能的なことや構造的なこと、スケジュールのこと、全て過不足なく答えられることは別に求めていないので、逆に言えば一通り考えましたというのも別に求めてはいない。可能性というのは鋭く突き抜けた一点があるかどうかだと思うんですよ。それで、構造のこととか設備のこととか、運用のこととか形のメカニズムのこととかについて一定水準の説明を、構造は少し怪しいと思いましたが一通り話しましたよね。でも、建築の空間として、祝祭的な空間としてここに行きたいというような高揚感があるだろうか。メキシコにこれが行っている時にこんなことが起きそうとか、メキシコと中国に行っているところのような違いが表れるというような、移動建築ならではの夢がそこに示されているか。全部ではなくても良いけれど、どこか一点鋭く見せて欲しかった。移動の仕方だけでも良いかもしれませんが。

二上　早稲田大学は3人で卒業設計に取り組むのですが、僕が歴史系なので歴史兼デザイナーとして意匠系と二人で考えました。世界中に接岸するということで、いろいろな建築様式の要素を踏まえながら、かつ、どこの国にも寄り過ぎていないような、それこそオルタナティブなデザインを歴史から読み解けないかとか、あとは過去のオリンピックが持っている歴史などをバランスよく考えるというプログラムに、大学の教育自体がなっています。大学ではおそらく総合力というのが判断基準となっているのですが、このようなコンペの場で戦うなかですごく思うのが、先ほど"突き抜けた一点"とおっしゃいましたが、すごく強いエゴのようなものがある作品は、多少どこか欠けていてもグッと一押ししてもらえるのかなと感じました。コンペというのは、そういうものなのですかねっていうことを――。

畑　すみません、誤解があるようだから言っておくけど、"エゴ"ではないです。鋭く突き抜ける一点という言い方がおそらく誤解を招いているようなので、ここだけはきちんと言っておきたいけれど、"掘り下げているか"ということ、"厚み"にあたります。要するに、歴史性を掘り下げて設計に厚みを持たせたと言っているわりに、具体的に設計しているものが本当にそうなのだろうかと疑問に思える。例えば、風を解析したということだけど、実際に風を受

けた時にどのように動くか、突風が吹いた時の風の受け流しだけの側面を見ているのではないかとか。もう徹底的に風のことを考えて、移動するときはこうなり、停泊している時はこうなるという風を読んでいくだけでも良い。だから、エゴではないんですよ。鋭く突き抜ける一点というのは、他の人がやらなさそうな、真新しそうな、奇妙なことを手繰り寄せて盛り込むという意味ではないんですよ。

二上　はい、ありがとうございます。

中川　ちなみに設計が超良ければ1等になれるかはまた別の問題ですけれど、少なくとも私は推しますよ。その人が1等になれるように応援演説もします。設計が良ければ絶対応援します。でも、そもそも少し設計が足りなく見えたというところかな。

二上　はい、ありがとうございます。

畑　僕は基本的に企画には賛成です。

中川　皆、企画には賛成しています。設計に若干疑義があるという感じです。

畑　そうなんです。

高木　このような学生のコンペだと、今言われたように研ぎ澄まされた何かだけで評価が高くなるのですが、実務になってくると総合性は必要となるので、君たちのような全てを80点以上取っていこうとする方は絶対必要なんです。だから、今の姿勢は将来すごく役立つのではないでしょうか。

中川　設計を続けて頑張ってくださいという意味です。

二上　はい、ありがとうございます。

ID12 岸本 結花
「Maison de sphère」120ページ

DR　続いて12番「Maison de sphère」の方、お願いします。

岸本　12番の岸本です。2日間ありがとうございました。私は次年度から卒業設計と卒業論文に取り組むのですが、今回の作品の講評と一緒に、こういう視点から建築を見たほうが良いとか、考え方に関してもっと大切にしたほうが良かった点などがあれば教えていただきたいです。

中川　私は、提案ではあるけど設計ではないと思ったかな。というのも、平面の模式図はあったけれど、まず図面がなかった。卒業設計の時はもう少し図面にして欲しいと思ったし、岸本さんが断面図と言っていたのは、断面図ではなく立面パースでは。図面になっていないのが、やはりまだ設計になっていないのではという印象に。せめて図面はなくても、模型があってどのようになっているかサイズとしてわかれば少し違ったのかもしれない。まだイメージに留まっているかなというのが推せなかっ

た理由。逆に、卒業設計するとしたら卒業設計という名前通り、設計にして欲しいと思います。

百枝　中川さんと同じ意見なのですが、先ほど岸本さんがチャットに書かれていた"自分の作品の批評性"についての質問は、岸本さんの作品には批評性があると思ったので、畑さんも僕も票を入れました。ただ中川さんが言われたように提案にはなっているけれど、設計にはなっていない。模型写真かパースがあって面白そうだから見るけど、寸法などが微妙。構成としては、20番「墓、あるいはモニュメント」の人と同じで、家を積んでいるということだけれど、光環境とか、どうやって暮らすのかとかがしっかり考えられていない。挙句、あなたはここで住めますかという質問をしたら、住むのは難しいですかねというような、自分が住むことを全く考えていない感じだったので、身体性すらなく設計していると思った。これは大阪市立大学の誰の課題でしたっけ？

岸本　宮本佳明さんの課題です。

百枝　宮本さんですね。課題が良くて、課題力で作品ができたのかなという感じがしました。

中川　でも、集合住宅に何かの躯体をコンバージョンするという課題で、先輩たちがあらゆる名作躯体を使い尽くしているから、使われていないものだとアンビルドが良いかもしれないと考えたことから、企画は岸本さんのオリジナルなんだよね？

百枝　そうなんだ。畑さんが決勝選抜で話していたように、実際には建たなかった、空想の歴史上の批評性がある建築を土台にしたという、二重の入れ子構造になっているのが、あまり見たことなくて良かった。

畑　逆に少し聞いてみたいのだけれど、あなたはエティエンヌ・ルイ・ブレの作品をコンバージョンしたわけですが、コンバージョンしみてどう思いましたか？　この空間や存在は、あなたにはどのように映りましたか？

岸本　球で150mの直径があるということで、想像できないくらい大きかったので、スケール感が全くわからなくて、空間の使い方が正直わかりませんでした。そこが解け切れていなくて家を積み重ねていってしまった感じになりました。建たなかったということが、こういう建築の使い方を全く理解せずにつくられているところなので、そこに建築を落と

し込むというところが難しいと思いました。

畑　僕はそこに批評性があると思っていました。ブレとかジャン・ジャック・ルクーとか、この時代のドローイングを先天的な形態と受け取ったわけですよね。つまり、どう使っていいかわからないという。それで、それを使おうとした時に、先天的形態が可能性を持ってしまうことを示せたのではないかな。それから、僕がなるほどと思ったのが、百枝さんが"コロナの時代に良いのでは"という。そういう見方もあるのかと思った。設計になっていないという話もありましたが、せっかくこういうものに向き合ったのだから、そこにスケールを与えて、2階建ての木造のようなものにスケールをきちんと当てていくと、その持っている距離感やスケール感が出てくると思うんですよ。受け止めざるを得ない、わからないでは済まなくなってくる。何段積み重なるとか、向こう側は暗闇に沈んでいくとか。その部分がもっとあれば、より鋭い批評性を持ったのではないかと僕は思います。

高木　僕は昨日の審査時に、おとぎ話として、挿絵としては良いと言いましたが、昨日の繰り返しになるけれど、現代にどういう意味合いがあるかが見えてこなかった。なので、もとの躯体がアンビルドであるかどうかはどちらでも良く、現代に球体の内側に住まうということが、先ほどコロナという話もあったけれど、もしそこへ接続してくれれば僕は票が入れられました。ただ、ちょっと遊び過ぎているので、2年生の建築に入る時の遊びのような課題作品としては良いですが、学年が上がると建築は実際に建ててなんぼなので、建った時にどうなるかということの批評性が大切。その点で、この作品はまだおとぎ話の挿絵にしか見えなかったので、そこを越えていけば、どれほど遊びを加えても良いと思います。

岸本　わかりました、ありがとうございます。

ID02 柴田 智帆
『『外の世界』との関わり方。』102ページ

DR　残り4人質問者がいて、残り時間20分程度ですので、ここで質問の募集は締め切りたいと思います。続いて2番「『外の世界』との関わり方。」の方、お願いします。

柴田　2番の柴田です。まず、長時間のクリティークありがとうございました。決勝選抜の議論では、中川さんと百枝さんから票をいただき、ありがとうございます。先ほどの岸本さんと全く同じ質問になってしまうのですが、私は今3年生で今年卒計に取り組むのですが、今後の課題や逆にもっと伸ばしたほうが良いところがあればご指導いただけるとありがたいです。

百枝　柴田さんの作品は昨年も見たのですが、スマートにできてしまう感じなので、あまり器用にな

らないように気を付けたほうが良いかなという気はします。他の審査員にいろいろ言ってもらったほうが身になるかな（笑）。

古森　今回最優秀だった中野さんのような、いろいろリサーチをして細かく設定していくようなビジョンはないのですか、そういう類ではない？ いろいろなデザイン、ボキャブラリーを編集して、それをパタン・ランゲージのようにプロットしていくという類の作品ではない？

柴田　ボードには載せていないのですが、1人だけど外とも繋がりたいというのに分類される人、14人程度に話を聞きました。例えばマンションから出る時に隣の家の人と同時に出てすごく気まずい思いをしているだとか、逆にずっと中に籠っていて若干うつ状態のようになった友達とか、そういうターゲットに分類されるであろう身近な人から話を聞き、窓を開いたら屋根になるとか、植物の侵食とか、足の影がチラッと見えるとかは聞き取りした人たちから不快ではないか聞いて、リサーチの段階でつくったものになります。

古森　やっぱり最優秀系になるのかな、最後は。

百枝　ただ柴田さんはスケールや寸法などは、小さいものをきちんと組み立てるような図面などもあって、なんか違う気もしますが、どうですかね。

中川　例えばですけれど、今日出されている提案を仮にそのまま同じ問題意識で卒業設計にするとしたら、規模を大きくすると良いと思うんですよね。8世帯だとある程度実感が湧きやすいスケールだと思うので、今の柴田さんのありのままの実感で設計できてしまううえに、それでまた良いものができてしまう。だから、普通にやると上手くいかない難題に立ち向かったほうが、人に訴えるメッセージが大きくなるじゃないですか。すごく適当に言いますが、例えば10倍をして8人が80世帯だったらどうなるかという時に、現在のものを10倍して10個並べてもおそらくダメだよね。だから別のアイデアが必要で、それも一つではなくて何個もアイデアが必要となった時に、それに対する壮大さとそれに立ち向かう厚さというのが卒業設計なのではないかなという気がしました。

高木　僕は票を入れなかったのですが、柴田さんは実施設計をするようになったら、すごく良い設計をしそうなんですよね。中川さんが今大きさの話

を言われたけれど、柴田さんの案には挑戦している要素があまり見えなかった。日常的なものをクリアするのは、実際の建築には大事なことですが、そこから遠くに投げるというのがなかった。この集まっている住居を設計して全ての人に関係する問題をきちんと解いていったということで、問題そのものに飛躍はなかった。そこではないかと思います。ただ僕は、柴田さんは実施設計をこのままやっていけば、良い設計というか良い目線を持っていけると思いますよ。

古森　でもこの大きさというか、それぞれのボキャブラリーのレベルのものをいくつ並べてもゴールはしないと思う。それをパッケージするとか、もっと全体をつかみ取るとか、メンバーが増えた時にコミュニティとしての何か覆いかぶさるものを設定していかないと、これをいくらずっと詰めたところで、ゴールはしない気がする。もっと大きなストーリーが加えられてきたら、もっと価値を生むのかなと思いました。

畑　僕はそれもそうだと思いつつ、そうではない世界も少し見てみたいと思ったというか。解像度を上げるというのはあるかな。

古森　逆にね。

畑　まだ模式的であるというか、もっとマテリアリティとか、解像度を上げるとか、いろいろな方法があると思うんですよ。密度という言い方が良いのかはちょっとわからないです。

高木　皆さん同じこと言っていますよ。言われたこと全部覚えておいてください。

柴田　ありがとうございました。

ID04 日比野 遼一
「ドローンは町工場街区のみちを拓く」106ページ

DR　続いて4番「ドローンは町工場街区のみちを拓く」の方。チャットに質問を書かれていますが、直接お話されますか？

日比野　質問の前にまず、この場にいられることがすごくありがたいです。ありがとうございます。それ

で質問なのですが、どういう人が建築家を目指すべきなのかすごく疑問を持っています。それをすごく聞きたいと思いました。短くでもいいので、ぜひお願いします。背景を話すと、おそらく僕の設計は他の人がやると全然違う形になると思うので、自分がやるべきだったのかとか、すごくネガティブに考えてしまうところがあります。それで、どういう人が建築家を目指すのだろうと思いました。

百枝　学生にはどう言ったらいいですか(笑)。難しいな。

古森　どういう状況かにもよるけれど、九州の僕たちの周りで建築が好きな人は建築家としてやれている感じがしますね。東京などの大きな都市になるとまた別でしょうけど。

百枝　やれているというのは経済的にということ?

古森　いや、建築家として続けられている。辞めている人はあまりいないのではないかな。好きな人は皆続けている感じはする。

日比野　なるほど、細く長くですかね。

古森　細いとまでは言わないけど(笑)。

高木　あらゆる職業の選択で、全て満足できるということはないと思う。建築をやっていて何を犠牲にするかは人によって違うけれど、まず建築家というのは多少の犠牲があっても建築が楽しいという人たちですよね。あとは、建築で役に立っているかという自己反省だと思うんです。これをしないとおそらく成立はしないでしょうね。独りよがりだとやっぱり人から頼まれないと思います。

日比野　ありがとうございました。

ID22 福田 晃平
「Architecture Is More」134ページ

DR　続いて22番「Architecture Is More」の方、お願いします。

福田　よろしくお願いします。先ほどの話にも出ていたのですが、自分の作品も現実性のないSF的な提案なので、自分の中でも批評性で勝負していることは自覚しているのですが、この提案がもっと評価を得るために、または、より多くの人々に共感してもらうためには何が必要だったのかを審査員の方々にお聞きしたくて質問させていただきます。

中川　福田くんは昨日のプレゼンテーション時に、"作家性ではなく土器のような豊かさを考えたい"と話していましたが、それはすごく良い言い方だなって感心しました。すごく良い問題意識だと思ったのだけど、福田くんが実際につくったものはどう考えても土器じゃないというか(笑)。

百枝　土器って土の器?

中川　そうです、文明の人たちの民の力によって、土地の地域性を加えながら生まれてくるものを評価したいと話していて、すごく良いと思ったけれど、

土器ではない(笑)。問題意識と設計が少し違うかもと思ったのが推せなかった理由かな。

古森　匿名の作家がつくるようなもの。

高木　では民藝運動のようなものを少し勉強したほうが良いかもしれない。

古森　それは思った。

福田　わかりました。

中川　柳宗悦の著書にて"目の前にあるものを知るよりもまず先に見たのである"という言葉があるらしく、要するに、理解するよりも前にまずよく見るという姿勢があるということらしいんです。それで、福田くんの作品は、どちらかというと意味でつくっていくというか、つくり方の意味で構築していくところがあるじゃないですか。この土器はつくり方の時点ではそれほど意味はなく、できたものに意味を見出すようなところがあるから、その順番が逆ではないかなという気はしました。

福田　ありがとうございます。

ID50 力安 一樹
「天皇ハ神聖ニシテ侵スヘカラス」178ページ

DR　続いて50番「天皇ハ神聖ニシテ侵スヘカラス」ですが、チャットではなく直接クリティークの先生方に聞かれますか?

力安　結構前の質問の時に、中川さんが批評性の切れ味の話をされていましたが、すごく興味深く聞かせていただきました。そういうSF系の提案というものがSF系として消費される以外の可能性というのは、建築における議論の中においてあるのでしょうか、という質問をさせていただきたく。

中川　アーキグラムやセドリック・プライスなどの時代の人たちは、時代が生んだ新しい材料を用いて、それまでになかったものが実際にできるかどうかというよりは、ドローイングでプレゼンテーションし、イベントという言葉を使って今までになかった問題を建築に持ち込んだ。だから、設計と同じくらい重要な問題を、設計ではない表現によって持ち込んだと言えると思う。そういうことは批評として

生きながらえると思うし、SF系と言っていいのかわからないけれど仮にSF系とすると、SF系の提案に表舞台で戦う強度を与えるとしたら、そういう方法があるのではないかなという気がしました。

畑　皆はそういうものをあまり見ていないのかもしれないね。アーキグラムとかスーパースタジオとか、面白いSFですよ。根源的な問題を突き詰めていった時に、技術の問題ではなくビジョンの問題として、建築が未来をどう描けるかということに対して、ある種の創造性はあると思うんですよ。ファンタジーでも良いと僕は思っているのだけれど、そこにビジョンがないと、何を見て良いのかわからないということはあると思うんです。そこにあるビジョンを見ると、批評性は多様ですから、批判的な姿勢でニヒルな視点で現実を攻撃しているということなのか、あるいは先ほど話したように導くべき姿を見ようとしているのか、全然違うんだよね。だからそういう作品を少し見るといいかもしれません。具体的に見れば、それらが少しわかってくるような気がします。良い批評性を持った作品を見てみたらどうでしょう。スーパースタジオの作品などもおすすめですね。

中川　力安くんの卒業設計はもう終わったかもしれないけれど、最近の卒業設計は正しいことを皆がやるので、そういう批評性ですごく切れ味が良い作品が、すごく切れ味のあるドローイングとともに出てきたら来年のコンペは荒れるのでは(笑)。

畑　うん、荒れる(笑)。

中川　そういう期待はあります。

畑　そうですね。

力安　ありがとうございます。

DR　そろそろお時間となりますので、ただいまを持ちまして座談会を終了したいと思います。クリティークの皆さん、出展者の皆さん、ありがとうございました。司会の平瀬先生、出展者の皆様、本当に2日間ありがとうございました。

ROUND-TABLE TALK

高校生レポーター活動報告

「建築・設計」に興味がある高校生に向けて、本大会に見学参加できるよう企画。全国各地の学生たちの建築への取り組みや建築作品に触れることで、建築の楽しさや魅力を感じることができる場となった。

※選出した学生はランダムで、地域や学年が異なるようにした。

審査員の方からの質疑応答でも、学ぶものが多かった

佐賀県
松尾 奈美
鳥栖工業高校3年

最初にDesign Reviewというものを先生の方からお話されるまでは知らなかったのですが、高校在学している内に知っておきたかったと悔やむほどとても楽しく、貴重な時間でした。また、私は本選からの視聴だったのですが、他の作品の中にも興味があるものがいくつかあったので見られなかったのが少し残念です。

9つの作品の発表がありましたが高校卒業したばかりの私にはどれも難しく圧倒されるものばかりでした。特に好きだったのが、1番の方の「編戸」です。実際に半ミシンを使い編む動画は印象的で驚嘆しました。また知識不足な私にとっては形として魅せられるこの作品が分かりやすかったです。ただ、建築設計というよりは作家という声がありました。審査員の方から編戸の可能性を見出して欲しいとの声がありましたが、もともとの役割や存在理由を持って生まれている物の可能性を広げていく事はとても難しいなと思いました。

また、今回の最優秀賞ともなりました18番の方の作品も学ぶことが多かったです。いくつかのパターンのルール・きまりを作成し、それらを組み合わせた設計をしていて、応用も可能なものでした。特にスケッチが魅力的だったなと思います。

発表後の審査員の方からの質疑応答でも、学ぶものが多かったです。10番や46番は都市開発をテーマとした設計で、いかに詳しく調べていったかの課題研究の成果がとても分かるものでした。知識・技術がとても大事になってくる設計ですので、審査員の方から隙を突かれたりと厳しい面もありました。都市を活性化するには現実的な技術と専門的な知識も新たに必要ともなるし、私たちが目指している設計士としても大事になってくるので、知識を土台に考え、その上でデザインしていくという大切さを学びました。

今回、コロナ禍ということで会場で行われるはずでしたがリモートの形での視聴でした。実際に発表者からの直接的なレビューと作品を目で見てみたいという気持ちがあります。改めてコロナの終息への思いを強く感じたレビューとなりました。機会があればまた視聴したいと思いました。

大分県
内田 ひな
鶴崎工業高校2年

今回、私がこのDesign Reviewを見て、思ったのは1つ1つの作品にすごく時間がかけられていて、タイトルだけでも目をひくものがたくさんあるなと思いました。建築デザインの中で狭い範囲にとらわれず公園のベンチや網戸、高速道路など広い視野から私たちが普段生活している中であまり目につかないものに注目し研究をしている視野がすごいと思いました。

今回見た決勝のプレゼンテーションは、どれも目的や構成がしっかりあって、現代のことだけでなく、歴史や病気に関わっている内容もあって面白かったです。最優秀賞に選ばれた作品は私が一番興味を持ったものでした。自分が居心地が良いと思う場所をデッサンし、それを項目ごとに分類し、自分なりの空間をつくっていく過程が分かりやすくて、少しだけど話についていくことが出来ました。デッサンが建物の特徴をすごくとらえていて、地形も具体的でいいなと思いました。質疑応答の中で審査員の方の問いかけに対して、分かってもらえるまで時間一杯まで答えたりしているところで作品への熱量がすごく伝わりました。どんなところでも、評価する人の目を引く面白さや可能性、熱いテーマを持つ作品は評価が高いことが分かりました。

建築はただ設計をするのではなく、デザインや問題解決、プレゼン力がすごく重要だと思います。私は、意匠設計にすごく興味があって、自分もやってみたいので、広い視野を持って、自分が伝えたいことを相手に伝えることが出来る人になりたいです。高校生でも参加できるコンペの大会もあるので、そこに参加して、今のうちから建築というものに磨きをかけたいと思います。

宮崎県
井野 湧介
宮崎工業高校1年

Design Review 2021を見て感じたことがあります。

1つ目は、レベルが高いと感じたことです。まだ、自分が高校1年生ということもありますが、どれも濃いと感じる作品でした。特に「木雲」は、初めて聞く構造システムが使われていました。プレゼンを聞いて、設計が難しいという事と部材それぞれの形が違うということは分かりました。それをあえて使い作品をつくったことが凄いと感じました。

2つ目は、プレゼンが上手だと感じたことです。自分の作品を相手にどれだけ上手く伝えられるかという事が建築の仕事には必要だと思います。今日のDesign Reviewではそのことがより感じられました。特に「長島協奏曲」と「墓、あるいはモニュメント」ではよく感じられました。前者は声の大きさや話す間隔、言葉遣いが上手だったので聞きやすかったです。後者は他の作品とは違ったプレゼンの仕方をしていて面白く感じました。

3つ目は、建築物以外のことを発表していたことです。建築を学んでいる学生がデザインしているので、「借りぐらしの公共空間」のような作品が出るとは思っていませんでした。建築の知識を他の分野にも使い、生活を便利にすることもできるのではないかと思いました。

Design Reviewを通して建築に対してさらに興味が湧きました。自分は大学進学を希望しているので、いずれ今日のような作品がつくれるようになると思うと楽しみです。そのために今できることを少しずつでもしていきたいです。専門知識や説明能力を身につけられるように高校生活を過ごしていきたいです。

アンケート結果

在籍校

大学名	人数
九州大学	10
神戸大学	10
九州産業大学	4
近畿大学	4
立命館大学	4
熊本大学	3
名城大学	3
早稲田大学	3
慶応義塾大学	2
佐賀大学	2
名古屋工業大学	2
日本大学	2
福岡大学	2
大阪工業大学	1
大阪市立大学	1
京都大学	1
京都工芸繊維大学	1
京都府立大学	1
島根大学	1
東京理科大学	1
東北大学	1
名古屋大学	1
日本福祉大学	1
合計	**59**

Q1 製作にどのようなソフトやツールを使用しましたか？

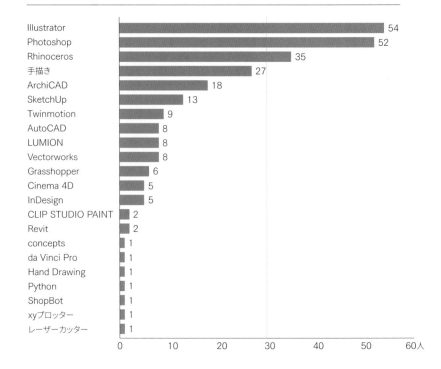

ソフト・ツール	人数
Illustrator	54
Photoshop	52
Rhinoceros	35
手描き	27
ArchiCAD	18
SketchUp	13
Twinmotion	9
AutoCAD	8
LUMION	8
Vectorworks	8
Grasshopper	6
Cinema 4D	5
InDesign	5
CLIP STUDIO PAINT	2
Revit	2
concepts	1
da Vinci Pro	1
Hand Drawing	1
Python	1
ShopBot	1
xyプロッター	1
レーザーカッター	1

Q2 模型の制作費用は？

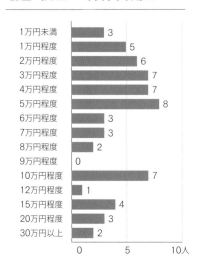

費用	人数
1万円未満	3
1万円程度	5
2万円程度	6
3万円程度	7
4万円程度	7
5万円程度	8
6万円程度	3
7万円程度	3
8万円程度	2
9万円程度	0
10万円程度	7
12万円程度	1
15万円程度	4
20万円程度	3
30万円以上	2

Q3 模型の制作期間は？

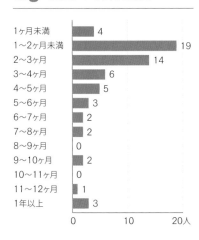

期間	人数
1ヶ月未満	4
1～2ヶ月未満	19
2～3ヶ月	14
3～4ヶ月	6
4～5ヶ月	5
5～6ヶ月	3
6～7ヶ月	2
7～8ヶ月	2
8～9ヶ月	0
9～10ヶ月	2
10～11ヶ月	0
11～12ヶ月	1
1年以上	3

Q4 プレゼンボードをつくるうえでの工夫、こだわりは?

- グリッドシステム
- ダイアグラムで出来るだけ表現して言葉を少なくし、直感的にわかるようにする
- 制作する際に自分をはじめ見る人が楽しめるようなボードをつくる
- パースを大きくシンプルにする
- 自分の世界観を出せるよう図面からパースまで全て手描きで表現する
- 原本をつくりたかったため、5mのロール紙に図面およびパースを鉛筆で4度重ねて描く
- 建築の雰囲気と合うデザインにする
- パッと見た時に、自分が何を伝えたいのかがわかりやすいようにした
- テーマに合うレイアウトデザインをする
- 模型写真、要素などの配置
- 配置と色合い
- 色彩、テイストの統一感
- 楽しそうな感じ
- かっこよさよりもわかりやすく表現する
- 多くの人に見てもらい意見をもらう
- 表現方法を過去の優秀作品から学ぶ
- 色味を可愛くする
- 全体の構成がわかる平面図を大きくする
- 見やすさ、インパクト
- 図面もパースもすべて手描き
- コンセプトに合うかどうか
- ボードに海を想起させる色、画像を使うなど雰囲気づくりを行う

Q5 建築以外で興味のある分野は?

- ファッション
- デザイン領域全般
- テキスタイル
- 工芸
- 芸術
- 科学
- グラフィックデザイン
- 音楽
- 絵画
- 水彩画
- イラスト
- プロダクトデザイン
- スニーカー
- 福祉
- 構造主義
- デベロッパー
- 都市、物流、林業、農業
- YouTube、海外ドラマ
- 宇宙、地球環境
- コーヒー
- 哲学、文化人類学
- 不動産開発
- ゲームのステージ制作デザイン
- 言語
- XR、AI、デジタルファブリケーションなどの最新テクノロジー全般
- 星
- 第五次産業
- 映画や写真などのメディア
- 経営
- 都市計画、英会話
- カレー
- 筋トレ、アニメ
- 歴史
- 食
- 動物の生態、TVドラマの製作
- 舞台
- 料理
- 風景画
- 社会学
- 政治、社会問題
- 映像
- 心理学

Q6 好きな建築・建物は?

- 海の博物館
- ユハ・レイヴィスカのマンニスト教会
- 金沢21世紀美術館
- BONUS TRACK
- 筑紫の丘斎場
- 三十三間堂
- 九龍城砦
- 尾道の街並み
- サグラダ・ファミリア
- ローマのパンテオン
- ロイヤル・オンタリオ博物館
- 東大門デザインプラザ
- Rem Koolhaas、Yves Brunier、Yona Friedman
- みんなの森 ぎふメディアコスモス
- 豊島美術館
- バウスベア教会
- 地中美術館
- 豊田市美術館
- 東京カテドラル聖マリア大聖堂
- Guggenheim Museum、Helsinki
- ポンピドゥー・センター
- リボンチャペル
- 高い建物
- 蟻鱒鳶ル
- 中銀カプセルタワービル
- モエレ沼公園
- 森の墓地
- ソーク研究所
- Smiljan Radicの炭焼き小屋
- Casey Brown ArchitectureのMudgee Permanent Camping
- バイエラー財団美術館
- もりのみやキューズモールBASE
- アンビルド
- 京都府立陶板名画の庭
- The Vessel
- 武蔵野美術大学図書館
- JPタワー(丸の内)
- 投入堂
- セイナッツァロの村役場
- 世田谷区役所
- 六甲ガーデンテラス・自然体感展望台 六甲枝垂れ
- Israels Plads
- コロンバ美術館
- 臥龍山荘
- 江之浦測候所
- 金沢海みらい図書館
- 福井県立恐竜博物館
- 太田市美術館・図書館
- 平等院ミュージアム鳳翔館
- 佐川美術館
- 軽井沢千住博美術館
- 名護市庁舎
- ホロコースト記念碑
- 人の笑顔が集まる温かみのある柔らかなデザインの建築

Q7 将来就きたい、就く予定の仕事を教えてください

- 建築設計事務所
- 建築設計を軸に、クリエイターと共にモノをつくり上げてのびのび制作・活躍できる場や仕組みの計画
- 設計職
- 模型店
- 組織設計
- アトリエ
- アカデミア
- デベロッパー
- 建築以外にも手をつける仕事
- 研究職
- 都市デザイン
- 建築デザイン
- ディスプレイ業界
- インテリア、もしくは意匠系
- 現場監督
- 日建設計→大学教授
- 行政
- ものづくりに携わる仕事
- 異空間設計
- 宇宙飛行士
- 愛着の持てる街をつくる仕事
- 内装関係
- ゼネコンの設計部
- 居場所をつくる仕事
- ランドスケープデザイナー

OVERALL COMMENT
全体講評

TAKAGI's REVIEW

今でも自分がつくった卒業設計を思い出すので、一生取り組み続けられる題材かどうかが選考基準としてありましたし、メッセージとしてもずっと言っていることです。僕自身もそうありたいと思っています。やはりそのくらい深い所に通じる対象、もしくは姿勢のどちらかがあれば票を入れました。ここに集まっている人たちというのは、言わないでもずっと深く一つのことを追求していく能力があると思うので、是非これを機会に今後も評価を得られたり、得られなかったり、いろいろあると思うのですが、皆共通して諦めず考え続けることを使命にしてもらえたらいいのかなと思います。

NAKAGAWA's REVIEW

作品の幅がすごく広くて、審査員が違ったら全く違う結果になると思われる作品群でした。ただ、やはり最終的に18番「まちの内的秩序を描く」が選ばれたのは、審査時にいろいろチクチク言ってしまいましたが、自分が決めたテーマを最後までやりきるということや、設計の厚みというより提案の厚みがあるところが、人の心を打ったのかなという気はしました。20番「墓、あるいはモニュメント」の三枝さんが審査の途中で、作品を2週間でつくったということを話されて、審査員席がざわめくということもありましたが（笑）、もし2週間で本当につくったということならそれはそれですごいことだと思いました。Design Reviewには多くの方が卒業設計を出されているということですが、卒業設計は、提案の厚みを重ねて自分の立ち位置をはっきりさせて追及していく、探求していくような姿勢を含め、最初に自分の作品をつくる第一歩であるし、いろいろな人から幅広い批評をうける第一歩でもあります。今日言われた良いことや悪いこと、時にはスルーされるなど、いろいろあったと思いますが、それらを踏まえて自分の問題として持ち続けていただけたら嬉しいと思いました。ありがとうございました。

HATA's REVIEW

正直選ぶのが大変だったというか、もう一度審査したら違う作品を選んでしまうのではないかというくらい、作品にいろいろな幅がありました。この短い時間の中で読み切れた情報の中で議論できそうなことを話させていただきましたが、どれも切り口が面白かったです。それはやはり、しっかりと自分なりに掘り下げてあり、それを議論されていたのではないかなと思います。非常に見応えがありました、面白かったです。ありがとうございました。

FURUMORI's REVIEW

特にプレゼンシートやプレゼンテーションが驚くほど良くできていて、僕たちの時代とは雲泥の差だと思いました。ただ、深く掘り下げていくと、考えなどはそれほど変わらないというか、やはり同じようなことを考えているように感じたので、改めて皆さんの卒業設計のビジュアルのレベルの高さを感じました。

MOMOEDA's REVIEW

僕は何回か審査員をしたことがありますが、審査というのはいろいろな流れの中で浮き沈みがあり、他の建築家の方々の意見を聞くと、目から鱗のような気付きがあるので、そういう問いや気付きのようなものが醸成される案が最終的には光が当たるということに気付かされ、非常に勉強になりました。ありがとうございました。

HIRASE's REVIEW

司会進行と予備審査を昨年もしていたので昨年と比較して状況を見ていましたが、例年は180や200くらいのところを今年は応募が258と、応募数がかなり増えていました。そこから62作品を選んで決勝には9作品が進みましたが、今年はどのような作品傾向なのか、決勝選抜の作品で考えました。20番の"墓"、38番の"ハンセン病"、64番の"伊勢神宮"といったモニュメント、人のいないモニュメントという意見もありましたが、そういうモニュメント的なものが3つ。10番の"手前味噌"と46番の"新島ガラス"で生業や産業系が2つ。それから1番の"編戸"、18番の"宇和島の内的秩序"、58番の"借りぐらし"、63番の"木雲"のような作家の身体性や原寸プロジェクトのようなのが4つ。そのような傾向が今年は見て取れました。昨年はどうだったか思い出して先ほどいろいろ見ていたのですが、昨年は12作品が本選に上がりましたが、都市的なものが4つ、風景を考えるのが4つ、生業系や産業系が3つ、それから身体系のものが1つでした。それがなぜか考えたのですが、コロナ禍によって、身体系や原寸のような身近なものに対して希求するものがあったのだろうし、モニュメント性のような、建築とは何かを考えるきっかけとしてもすごく大きかったのでしょうし、生業や産業系はここ数年の傾向としてあり、地域にあるものを今後どう生かしていくかが皆さんの興味の傾向としてあるのではないだろうかと、何となく勝手に分析させていただきました。そのように昨年とは少し傾向が違いますが、皆さんがおっしゃっていたようにすごく力作が多く、内に籠っていたエネルギーが発散されているようなDesign Reviewだったように思います。昨年はコロナ禍が急に始まった時期だったので、東京の教室で審査員の方と籠って手探りで急遽行いましたが、今年は審査の仕方も手馴れてきたというか、オンラインが昨年よりもうまく稼働している印象でした。運用はすごく大変なことなので、学生の皆さんには最大限の感謝をしたいと思っています。

EXECUTIVE COMMITTEE

実行委員会

実行委員会／総務部

実行委員長	板谷 尚樹	佐賀大学3年
副実行委員長	小村 茉優	佐賀大学3年
副実行委員長	永田 美咲	佐賀大学3年
庶務	鈴木 亜由美	佐賀大学3年
配信	成枝 大地	九州大学2年

運営部

部長	松藤 加寿己	福岡大学3年
副部長	恒冨 春香	福岡大学2年
	石橋 勇瑞季	佐賀大学3年
	淺川 泰誠	九州産業大学2年
	犬丸 桃花	九州産業大学2年
	友廣 佳太	九州大学2年
	濱 大貴	佐賀大学2年
	宮口 結衣	佐賀大学2年
	丸橋 礼奈	福岡女子大学2年
	永松 布季子	福岡大学2年

広報部

部長	坂本 叡女	佐賀大学3年
副部長	岩野 圭祐	佐賀大学3年
	浅岡 柊	九州大学2年
	竹尾 郁美	九州大学2年
	塘口 慧	九州大学2年
	中山 亘	九州大学2年
	岩佐 一輝	佐賀大学2年
	吉地 雄亮	佐賀大学2年
	山川 蒼生	佐賀大学2年

財務部

部長	牛島 啓多郎	九州産業大学2年
副部長	伊子 和輝	九州産業大学2年
	岩本 優馬	佐賀大学3年
	大竹 健生	佐賀大学3年
	林 健太	麻生建築＆デザイン専門学校2年
	熊本 亮斗	九州産業大学2年
	宇野 薫子	九州大学2年
	角南 萌々子	九州大学2年
	吉屋 碧衣	九州大学2年
	井上 尚也	佐賀大学2年

NIKKEN

EXPERIENCE, INTEGRATED

日建設計

代表取締役 社長 　大松　敦

執行役員 九州代表 　鳥井信吾

東　京	東京都千代田区飯田橋2-18-3	Tel. 03-5226-3030
大　阪	大阪市中央区高麗橋4-6-2	Tel. 06-6203-2361
名 古 屋	名古屋市中区栄4-15-32	Tel. 052-261-6131
●九　州	福岡市中央区天神1-12-14	Tel. 092-751-6533

支社・支所　北海道、東北、神奈川、静岡、長野、北陸、京滋、神戸、中国、熊本、沖縄
上海、北京、大連、成都、ソウル、ハノイ、ホーチミン、シンガポール、バンコク、
ドバイ、リヤド、モスクワ、バルセロナ

http://www.nikken.jp

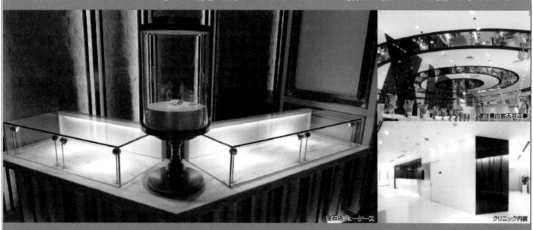

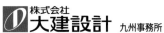
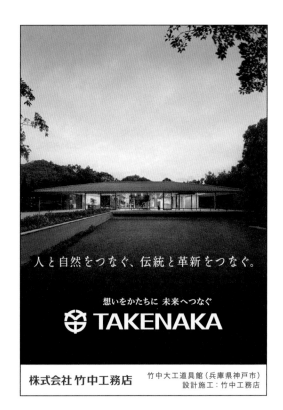

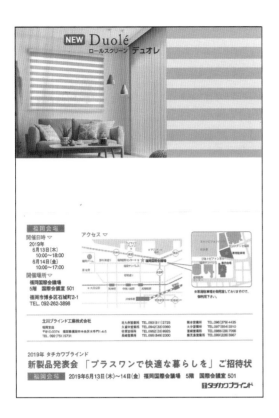

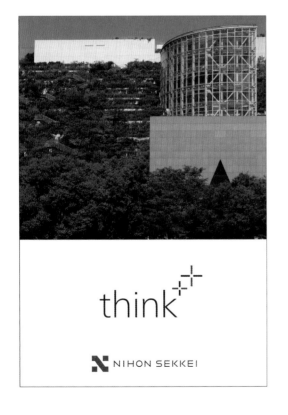

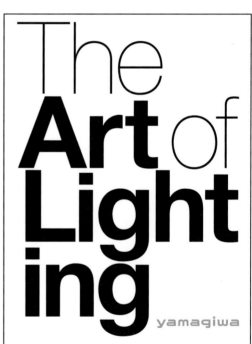

株式会社総合資格の『就職支援サービス』

企業選びからご入社まで、総合資格ならではの
全国ネットワークを活かし、皆様の転職・就職をサポートします。

※エージェントサービスのご利用はすべて無料ですので、ご安心ください。

ご入社まで
サポート

会社選び、
仕事選びの
**的確な
アドバイス**

提出書類の
**チェック
＆
添削**

面接対策

建設業界の会社を紹介します!
全国、約90拠点のネットワークを活かした企業との太いパイプ

まずは
naviに
登録!

▶ サービスご利用のSTEP

1 ご登録	2 キャリアアドバイザーとの面談	3 求人紹介	4 選考日程調整／フォロー	5 内定／入社
後日、アンケートとともに面談日程調整のメールをお送りします。	対面、WEB対面、電話を活用し、皆様のご都合にあった手段での面談が可能です。	これまで蓄積した総合資格ならではの求人紹介ならびに企業情報を提供します。	各選考プロセスの合否連絡、面接日程の調整など、弊社が調整させていただきます。	ご不明な点の確認からご入社まで、しっかりとサポートさせていただきます。

お問い合わせ

株式会社 総合資格 人材センター事務局
［E-mail］career-info@shikaku.co.jp 　［TEL］03-6304-5411

1級建築士試験 全国 No.1 合格者占有率

総合資格学院は「今」最も合格者

令和2年度 1級建築士 学科・設計製図試験

全国 ストレート合格者占有率

60.8%

他講習利用者＋独学者 / 当学院当年度受講生

全国ストレート合格者1,809名中／
当学院当年度受講生1,099名
〈令和2年12月25日現在〉

令和2年度 1級建築士 設計製図試験

全国 合格者占有率

53.8%

他講習利用者＋独学者 / 当学院当年度受講生

全国合格者3,796名中／
当学院当年度受講生2,041名
〈令和2年12月25日現在〉

令和3年度 1級建築士 学科試験

全国 合格者占有率

45.6%

全国合格者4,832名中／
当学院当年度受講生2,202名
〈令和3年9月7日現在〉

令和3年度 2級建築士 学科試験

当学院基準達成
当年度受講生合格率

94.0%

全国合格率 42.0%

8割出席・8割宿題提出・
総合模擬試験正答率6割達成
当年度受講生763名中／合格者717名
〈令和3年8月24日現在〉

令和2年度 2級建築士 設計製図試験

当学院基準達成
当年度受講生合格率

82.6%

その差 31.9%

当学院基準達成者
以外の合格率 50.7%

8割出席・8割宿題提出・模試2ランクI達成
当年度受講生841名中／合格者695名

当学院当年度受講生合格者数 1,974名 〈令和2年12月10日現在〉

令和3年度 1級建築施工管理 第一次検定

当学院基準達成
当年度受講生合格率

81.4%

その差 45.4%

過去10年で最も
低い全国合格率 36.0%

6割出席・6割宿題提出
当年度受講生440名中／合格者358名
〈令和3年7月16日現在〉

令和3年度 建築設備士 第一次試験

当学院基準達成
当年度受講生合格率

75.0%

全国合格率の 2倍以上

全国合格率 32.8%

8割出席・8割宿題提出
当年度受講生40名中／合格者30名
〈令和3年7月29日現在〉

令和3年度 2級建築施工管理 第一次検定 (前期)

当学院基準達成
当年度受講生合格率

75.7%

全国合格率の 2倍

全国合格率 37.9%

8割出席・8割宿題提出
当年度受講生103名中／合格者78名
〈令和3年7月6日現在〉

令和3年度 1級土木施工管理 第一次検定

当学院基準達成
当年度受講生合格率

82.4%

全国合格率 60.6%

6割出席
当年度受講生102名中／合格者84名
〈令和3年8月19日現在〉

※当学院のNo.1に関する表示は、公正取引委員会「No.1表示に関する実態調査報告書」に沿って掲載しております。 ※全国合格者数・全国ストレート合格者数は、（公財）建築技術教育普及センター発表に基づきます。 ※学科・製図ストレート合格者とは、令和2年度1級建築士学科試験に合格し、令和2年度1級建築士設計製図試験にストレートで合格した方です。 ※総合資格学院の合格実績には、模擬試験のみの受験生、教材購入者、無料の役務提供者、過去受講生は一切含まれておりません。

 総合資格学院

東京都新宿区西新宿1-26-2 新宿野村ビル22階 TEL.03-3340-2810

スクールサイト https://www.shikaku.co.jp
コーポレートサイト http://www.sogoshikaku.co.jp

Twitter ⇒「@shikaku_sogo」 LINE ⇒「総合資格学院」 Facebook ⇒「総合資格 fb」で検索!

を輩出しているスクールです！

令和2年度 **1級建築士** 設計製図試験 卒業学校別実績

卒業生合格者20名以上の学校出身合格者のおよそ6割は当学院当年度受講生！

卒業生合格者20名以上の学校出身合格者合計2,263名中／
当学院当年度受講生合計1,322名

下記学校卒業生
当学院占有率 **58.4%**

他講習利用者＋独学者／当学院当年度受講生

学校名	卒業合格者	当学院受講者数	当学院占有率	学校名	卒業合格者	当学院受講者数	当学院占有率
日本大学	162	99	61.1%	東洋大学	37	24	64.9%
東京理科大学	141	81	57.4%	大阪大学	36	13	36.1%
芝浦工業大学	119	73	61.3%	金沢工業大学	35	16	45.7%
早稲田大学	88	51	58.0%	名古屋大学	35	22	62.9%
近畿大学	70	45	64.3%	東京大学	34	16	47.1%
法政大学	69	45	65.2%	神奈川大学	33	22	66.7%
九州大学	67	37	55.2%	立命館大学	33	25	75.8%
工学院大学	67	31	46.3%	東京都立大学	32	21	65.6%
名古屋工業大学	65	38	58.5%	横浜国立大学	31	15	48.4%
千葉大学	62	41	66.1%	千葉工業大学	31	19	61.3%
明治大学	62	41	66.1%	三重大学	30	16	53.3%
神戸大学	58	27	46.6%	信州大学	30	16	53.3%
京都大学	55	28	50.9%	東海大学	30	16	53.3%
大阪工業大学	55	34	61.8%	鹿児島大学	27	18	66.7%
東京都市大学	52	33	63.5%	福井大学	27	11	40.7%
京都工芸繊維大学	49	23	46.9%	北海道大学	27	13	48.1%
関西大学	46	32	69.6%	新潟大学	26	18	69.2%
熊本大学	42	23	54.8%	愛知工業大学	25	17	68.0%
大阪市立大学	42	22	52.4%	中央工学校	25	12	48.0%
東京工業大学	42	17	40.5%	京都建築大学校	23	19	82.6%
名城大学	42	27	64.3%	武庫川女子大学	23	13	56.5%
東京電機大学	41	25	61.0%	大分大学	21	12	57.1%
広島大学	38	29	76.3%	慶応義塾大学	20	9	45.0%
東北大学	38	26	68.4%	日本女子大学	20	11	55.0%

※卒業学校別合格者数は、試験実施機関である（公財）建築技術教育普及センターの発表によるものです。※総合資格学院の合格者数には、「2級建築士」等を受験資格として申し込まれた方も含まれている可能性があります。〈令和2年12月25日現在〉

あとがき
Afterword

今年で26年目を迎えたDesign Reviewは、コロナ禍の中で対面形式での可能性を模索しておりましたが安全面を最優先し、昨年に引き続きオンライン形式で開催され無事に終えることができました。開催に際しご支援をいただきました関係者の皆様、また会場をご提供いただきました福岡大学の関係者の皆様に、共催者を代表して厚く御礼申し上げます。

本戦に残った学生と第一線で活躍する建築家がマンツーマンで対話する形式はDesign Reviewの醍醐味でもあります。これまでのような大きな会場に一同集結しての盛り上がりとは異なり、静寂な空間でのプレゼンテーションは一味違った緊張感もあり、学生の皆さんにとっては大変貴重な体験であったと思います。また、クリティークの建築家の皆様には、模型の展示が無い中、オンライン上で1つ1つの作品を読み解くことは大変なご苦労があったかと思いますが、限られた時間で作品の本質を見極め、議論を展開していくその洞察力に、改めて建築家としての凄みを感じた瞬間でもありました。

2日間、学生と真剣に向き合ってくださいました、高木正三郎様、中川エリカ様、畑友洋様、古森弘一様、百枝優様、そして司会の平瀬有人様に心から感謝申し上げます。

また、258作品の予選審査を務めていただきました、末廣香織様（九州大学）、田中智之様（熊本大学）、矢作昌生様（九州産業大学）、平瀬有人様（佐賀大学）、四ヶ所高志様（福岡大学）にも重ねて御礼申し上げます。

対面に劣らない議論が展開された今年の成果は、今後の開催方式にも大きな可能性を残した一方で、パンデミックを経験した今だからこそ、大量の模型が会場を埋め尽くすあの熱気と、縦横無尽に駆け巡るあの躍動感の尊さを感じています。この難局を乗り越え来年は本来の姿に戻れることを期待し、またお目にかかれますことを心待ちにしております。

最後に、公益社団法人 日本建築家協会 九州支部は今後もDesign Reviewをサポートして参ります。関係者の皆様には引き続きお力添えいただけましたら幸いに存じます。

公益社団法人 日本建築家協会
九州支部長　松山将勝

私たち総合資格学院は、「ハイレベルなスキルと高い倫理観を持つ技術者の育成を通じ、安心・安全な社会づくりに貢献する」ことを企業理念として、創業以来、建築関係を中心とした資格スクールを運営してきました。昨今、「労働人口の減少」は社会全体の問題となっており、建設業界の「技術者」の不足が深刻化しています。当学院にとっても、技術者不足解消は使命であると考え、有資格者をはじめとした建築に関わる人々の育成に日々努めております。

その一環として、将来の活躍が期待される、建築の世界を志す学生の方々がさらに大きな夢を抱き、志望の進路に突き進むことができるよう、さまざまな支援を行っております。Design Reviewをはじめとした全国の卒業設計展への協賛、設計コンクール・コンペティションの開催やそれらの作品集の発行、建設業界研究セミナーなどは代表的な例です。

本年もDesign Review 2021に協賛し、本設計展をまとめた作品集を発行いたしました。本年度も新型コロナウイルスの感染拡大のため、オンラインでの開催となりましたが、例年の目玉であるポスターセッションにてZoomを用いるなど、出展者の方と審査員の先生による活発な議論が行われました。

本誌では、出展者の皆様の熱意の込められた作品を詳しく紹介しているほか、審査・講評での貴重な議論を多数収録しており、資料としても大変価値のある、有益な内容となっております。また、出展者とクリティークによるライブ感溢れるリアルな対話が収められた本誌は、これから学校の課題や卒業設計などに取り組む学生の方々にとって非常に参考となる一冊です。本誌が社会に広く発信され、より多くの方々に読み継がれていくことを、そしてDesign Reviewの今後の益々の発展を願っております。

Design Review 2021に参加された学生の皆様、また本誌をご覧になった若い方々が、時代の変化を捉えて新しい建築の在り方を構築し、高い倫理観と実務能力を持った建築家そして技術者となって、将来、家づくり、都市づくり、国づくりに貢献されることを期待しております。

総合資格学院 学院長
岸 隆司

編集後記
Editor's note

はじめに、Design Review 2021を共催、後援、協賛いただいた多くの企業、団体、個人の皆様、出展者の皆様、本年度の立ち上げから当日の運営までの長い期間ご指導いただいた社会人実行委員の皆様、当日の配信をご視聴いただいた皆様に、今年度も無事に大会を終えることが出来ましたことを心よりお礼申し上げます。

本大会のテーマは「玲明」です。本大会はこのテーマのもと、審査員の方々との議論や他の出展者の方々の作品を通して、自分の作品について再度深く考え、さまざまな視点や価値観を発見する場になり、参加者が自分の思いを相互に語り合うことで、未来に向けた新たな一歩を促すきっかけとなることを願って開催されました。本誌はそのかけがえのないきっかけを記録として残し、これからの変わりゆく社会の中での道しるべのようなものになれば、という思いを込めて制作いたしました。

今年は、いまだ猛威をふるっている新型コロナウイルスの影響により、YouTubeによる審査会の配信という運営方法で実施いたしました。昨年度に引き続き、対面での交流が憚られる中、多くの作品に触れる機会を設けようと、受賞者の作品以外にも予選通過者の作品をすべて掲載させていただきました。また、当日配信を視聴してくれた、九州の高校生の皆さんからの感想を誌面の都合上一部ではあります

が掲載しております。

私自身はDesign Review実行委員として1年目ですが、記録誌の制作に関わらせていただきました。未熟な部分が多く、右も左もわかっていなかった私をさまざまな面で支えてくださった、昨年度記録誌制作に携わっていた永田美咲さんをはじめとするDesign Reviewの実行委員の皆さん、この場を借りて心より感謝いたします。コロナ禍で出来ることが限られている中、記録誌の制作という自分にとっては初めての貴重な経験をさせていただいて、多くのことを学ぶことができました。たくさんの方々のご協力のもと、少しでも本大会に貢献できたなら幸いです。

本誌を制作するにあたり、誌面デザイン及び編集作業に尽力いただいたゴーリーデザイン大川松樹様、さまざまなデータ提供にご協力いただいた出展者の皆様、クリティークの先生方、予選審査員の先生方に心より御礼申し上げます。また、本誌発行を引き受けてくださった総合資格学院 岸隆司学院長及び金城夏水様をはじめとする出版局の皆様、そして本大会に関わっていただいたすべての方々へ重ねて御礼申し上げます。

Design Review 2021実行委員会
広報部　竹尾 郁美

協賛リスト
Sponsor

共催

公益社団法人日本建築家協会 九州支部

特別協賛

株式会社総合資格　総合資格学院

協賛団体

一般社団法人日本建築学会 九州支部

公益社団法人日本建築家協会
九州支部 鹿児島地域会

公益社団法人日本建築家協会
九州支部 長崎地域会

企業協賛

アサヒ製鏡株式会社

株式会社梓設計　九州支社

株式会社甲斐建設

株式会社佐藤総合計画

株式会社スズキ設計

株式会社大建設計　九州事務所

株式会社竹中工務店　九州支店

立川ブラインド工業株式会社

タニコー株式会社　大分営業所

株式会社日建設計　九州オフィス

株式会社日本設計　九州支社

株式会社野口直樹建築設計事務所
一級建築士事務所　代表取締役　野口 直樹

公益社団法人福岡県建築士会
会長　鮎川 透

株式会社フロンティアSDP

株式会社メイ建築研究所

株式会社森裕建築設計事務所

株式会社YAMAGIWA

株式会社ライフジャム一級建築士事務所

株式会社LIXIL

個人協賛

鮎川 透　　　株式会社環・設計工房一級建築士事務所

有吉 兼次　　有限会社ズーク / 一級建築士事務所

家原 英生　　有限会社 Y 設計室一級建築士事務所

池浦 順一郎　DABURA.i 一級建築士事務所

板野 純　　　ナガハマデザインスタジオ一級建築士事務所

伊藤 隆宏　　伊藤建築都市設計室一級建築士事務所

上田 眞樹　　有限会社祐建築設計事務所

川津 悠嗣　　一級建築士事務所かわつひろし建築工房

白川 直行　　株式会社白川直行アトリエ

田中 俊彰　　有限会社田中俊彰設計室一級建築士事務所

田中 康裕　　株式会社キャディスと風建築工房

豊田 宏二　　トヨダデザイン一級建築士事務所

東大森 裕子　東大森裕子時空間設計室

福田 哲也　　株式会社アーキタンツ福岡一級建築士事務所

堀田 実　　　有限会社堀田総合設計

前田 哲　　　株式会社日本設計　九州支社

柳瀬 真澄　　柳瀬真澄建築設計工房

山澤 宣勝　　てと建築工房一級建築士事務所